开放

[美]金伯莉·克劳辛 著

曲磊 译

中信出版集团 | 北京

图书在版编目（CIP）数据

开放 / (美) 金伯莉·克劳辛著；曲磊译. -- 北京:
中信出版社, 2021.1
书名原文: OPEN: The Progressive Case for Free
Trade, Immigration, and Global Capital
ISBN 978-7-5217-1532-3

Ⅰ.①开… Ⅱ.①金… ②曲… Ⅲ.①国际贸易—研
究 Ⅳ.①F74

中国版本图书馆CIP数据核字（2020）第031583号

OPEN: The Progressive Case for Free Trade, Immigration, and Global Capital
by Kimberly Clausing
Copyright © 2019 by the President and Fellows of Harvard College
Published by arrangement with Harvard University Press
through Bardon-Chinese Media Agency
Simplified Chinese translation copyright © 2020 by CITIC Press Corporation
ALL RIGHTS RESERVED
Author photo credit: Nina Johnson
本书仅限中国大陆地区发行销售

开放

著　者：[美] 金伯莉·克劳辛
译　者：曲磊
出版发行：中信出版集团股份有限公司
　　　　　（北京市朝阳区惠新东街甲4号富盛大厦2座　邮编　100029 ）
承 印 者：北京楠萍印刷有限公司

开　本：880mm×1230mm　1/32　　印　张：10.75　　字　数：235千字
版　次：2021年1月第1版　　　　　印　次：2021年1月第1次印刷
京权图字：01-2020-1261
书　号：ISBN 978-7-5217-1532-3
定　价：69.00元

谨以此书献给阿瑟、威拉、厄休拉和霍尔登

目 录

第三部分

————————

**经济全球化
是一件好事**

第四部分

开放与合作
的未来

序

美国的错误

2017 年 1 月，特朗普正式宣誓就任美国总统。尽管的确有其他一些因素帮助特朗普从总统大选中胜出，但他的获胜表明美国国内涌现出了一股对经济发展停滞不满的民粹主义浪潮，同时体现出美国民众察觉到全球化和移民造成的威胁。

在其总统就职演说中，特朗普明确且反复地表达了美国民众对全球化的不满。其中的一段话为：

"从今天开始，我们只会优先考虑美国利益。美国利益至上毋庸置疑。我们在贸易、税收、移民和外交事务上的一切决定将造福于美国普通劳动者和美国家庭。我们必须保护我们的边境，防止那些制造着我们的产品、窃取着我们的公司和破坏着我们的工作的国家给我们带来危害。保护主义将会使美国变得更加繁荣和强大。"

尽管措辞强硬，但特朗普对问题的剖析和提出的政策解决办法深得大多数美国民众的欢心，其中包括一部分左派人士。然而这些民族主义情绪并不为美国所独有。在很多国家，来自右派和左派政治势力对全球化的抵制愈演愈烈。

本书从美国普通劳动者的角度出发，为全球经济一体化发声。尽管中产阶级收入增长停滞和日益加剧的收入不平等所带来的严峻挑战，要求美国在制定政策方案时胆大心细，但这并不意味着美国应对全球化应退避三舍。

闭关锁国，伤害了谁？

美国普通劳动者正身陷窘境。数十年来，经济不平等有增无减，美国经济所体现出来的绝大部分收入增长只在极少数人身上得以实现。收入中位数增长极其缓慢，美国数十年来第一次出现儿童不再期望其生活水准会自然而然地超越其父辈的情况。[1]

与此同时，资本和企业利润在经济中的重要性凸显；自 2000 年以来，企业利润相较于前几十年在国民收入中的比重提高了 50%，但美国普通劳动者收入在国民收入中的比重却在持续下跌。[2]

这些持续数十年且规模巨大的系统性变化成了当今美国面临的最迫切的经济问题。然而，对这些问题采取感性的解决方案只会让事情雪上加霜，伤害那些饱受这些问题困扰的美国普通劳动者，破坏美国经济的发展潜力，削弱美国的国际关系和应对政策挑战的能力。

指责外人（无论是贸易伙伴还是移民）并不是解决经济问题的根本办法。比如，美国通过颁布更加苛刻的移民法案，加强边境管控，设置贸易壁垒，与贸易伙伴进行咄咄逼人的谈判，甚至恫吓美国本土的公司，以期重现美国的辉煌：那时，美国梦十分真切，人人受益于经济增长，儿童长大后的收入远超其父母的收入。

尽管这些草率和简单的办法可能在政治上颇受欢迎，但它们是危险和错误的，可能会对那些投票支持这些办法的人造成进一步的伤害，而非帮助美国重回往昔的繁荣岁月。譬如，对外国产品征收关税使得美国人在商店购买外国商品时需要支付更高的价格，这会削弱美国消费者的购买力。尽管关税能够帮助美国公司在与其他国家公司的较量中处于优势地位，但如果要生产原本依靠进口的产品，美国就必须重新在国内寻找资源。这将削弱经济的其他层面，给劳动力市场带来更大"冲击"。尽管生产这些产品的产业会获得发展，但其他产业会因资源"转移"而出现萎缩。

尽管生产这些产品的公司会产生更多的劳动力需求，但关税无法让寻求创新和机械化来提高生产效率的想法消失。事实上，与对外贸易相比，科技进步给美国普通劳动者造成的威胁更大。几乎所有将二者进行比较的研究都认为，科技变革对美国劳动力市场造成了更大的影响。

那么应当将矛头掉转来指责电脑吗？或许吧。但如果草率地抛弃我们的电脑，如同当年从港口将茶叶倾倒入海里，那么美国经济对劳动力的需求的确会大大提高。美国将需要人手来从事那些曾经由电脑以更高效率完成的工作，比如运算、整理文档、数据录入和各种类型的消费者互动服务（从旅行预订到服装销售，再到金融财产交易）。毫无疑问，相较于拥有这些技术的外国工人和消费者，抛弃电脑会让美国陷于十分不利的境地。放弃技术将会对经济产生巨大的影响，因为那些在生产环节依赖于电脑的产业将会遭受损失，那些因为电脑而变得高效的工人的生产率会降低。人们其实很享受电脑所创造的便利性，他们不会轻易抛弃智能手机、在线观影、电脑游戏和在线购物，或者他们所看重的工作效率。

采取贸易保护主义和减少移民数量所带来的冲击，将会与抛弃推动技术进步所产生的冲击类似。30% 的关税将会使盖璞商店或沃尔玛商场里几乎每件商品的价格增加 30%。钢铁关税损害了建筑业等使用钢铁作为投入的行业工人的利益。来自贸易伙伴的报复行动会伤害美国出口贸易行业的工人。限制性的移民政策会降低美国公司在科技方面的领导力，移民数量降低意味着硅谷和其他地方企业家数量的减少。从贸易协定中抽身而出以及与贸易伙伴进行咄咄逼人的谈判，必将让美国身陷失道寡助的窘境，让美国在应对恐怖主义和气候变化时困难陡增。[3] 削弱维系中美关系的共同经济利益很有可能将小异议演变成大斗争。

简言之，指责外人是一件很容易的事情，但将这种指责通过政策落实到行动上却是一种危险和短视的做法。当对全球化采取威胁性行为时，美国有可能错失国际贸易、国际资本流动、国际商务和全球人口迁徙带来的诸多裨益。几乎全世界的经济学家都重视全球经济一体化，这有其必然原因。发展全球市场是毋庸置疑的。

尽管如此，宣扬全球一体化的经济学家并没有向人们清楚且令人信服地对全球化的重点问题进行解析。同样，他们也没有花足够多的时间去关照那些被全球化浪潮伤害的群体。尽管研究经济不平等、失业和由全球化浪潮以及科技变革所造成的问题的经济学家不在少数，他们却避而不谈如何采取一种政治上可行的方法去解决这些问题。这是因为，让一名经济学家信心满满地阐述一项最佳政策，然后承认这一政策可能在政治上引发争论或者不可行，最后把问题归咎于"政治"——洁身自好者不愿涉足的肮脏领域，对他而言是一种折磨。

今天，经济学家还有更多的工作要做。仅简单地指出自由国际贸易和蓬勃发展的科技是社会发展的最佳方案，是远远不够的。同样，经济学家不应当只告诉我们国际贸易和科技进步为社会提供了足够多的益处，让"受益"可以为"付出者"做出补偿，然后收工，拍屁股走人。我们要善于运用"可行性的艺术"。有时候，接受一点儿不公平和采纳第二好（甚至是第三好）方案这种退而求其次的做法，反而比忽略现实的政治问题而不切实际地追求一个理想化的结局要好。

为了让关于贸易、移民和科技进步的论据具有说服力，那些受到政策伤害的群体的利益必须予以考虑。政策受益者实际上应当对这部分人进行补偿。经济增长的覆盖面必须足够宽，以使所有美国人都能获益，或者至少能够使得他们中的绝大多数人获益。此外，还应当实施很多明显倾向于美国普通劳动者利益的政策，比如，更加合理的税收政策、社会覆盖面更广的教育和基础设施投资政策、为保障那些受到政策伤害的美国普通劳动者而制定的更加健全的保障政策等等。

然而，尽管美国在各方面已经取得了长足的进步，但政策制定者更加喜欢制造矛盾而不是达成妥协。这一现象目前已经演变成一个严峻的政治问题。由经济不平等造成的政治极化使制定出能够有效解决经济不平等的政策变得难上加难。[4]

解决这一问题并不容易，但首先要从一场思想斗争入手。本书认为，经济不平等的确是当今美国面临的一个棘手的经济问题，但也认为，解决这一问题的政策办法应当是：既要对全球化、贸易协定、移民和国际贸易持开放的态度，又要制定出更加完善的政策框架以确保这些经济因素所带来的利益能够惠及所有美国人民。而与之对立的做法——设置障碍和贸易壁垒，取消保障政策（比如向贫困人口收取更加高昂的医疗保险费用），向盘踞在收入分配顶层的人群减免税收——是危险和错误的做法。这些会让美国陷入更加贫困和缺朋少友的境地，并最终伤害应当得到保护的美国普通劳动者。

开放之道

本书的结构如下。

第一章详述了中产阶级工资增长停滞和收入不平等扩大等严峻的问题。尽管从 1946 年到 1980 年美国国内经济繁荣，但是从 1980 年至今，情况却变得不一样了。收入分配顶层群体的工资实现了巨幅增长，而低收入群体的收入增长已完全停滞。这些趋势让大部分人感到失望。家庭负债累累，经济不安全感广泛扩散，人们通过将选票投给践行政治极端化的候选人来表达自己内心的不满。第一章探讨了这些趋势的根源。最重要的应是自 20 世纪 80 年代起持续改变我们生活的科技变革。贸易和全球竞争也使得职场竞争变得更加激烈，一部分美国普通劳动者因此受伤。但是其他因素也发挥了关键作用，包括催生出顶层收入群体巨额高薪的"超级巨星"现象，市场势力和创新带来的企业利润增长，社会规则和群体间谈判能力的变化，税收政策的巨变。

第二章到第四章对国际贸易进行论述。第二章通过感性的方式论证发展国际贸易的必然原因。如同个人几乎不可能生产出其所需的所有消费品一样，认为一个国家能生产出满足其人民所需的一切产品，无异于痴人说梦。美国能生产T恤和鞋等产品，也能种植香蕉等农作物，同时，美国可以放弃进口国外生产的汽车、家电和红酒，但这样做的代价十分高昂。美国不得不从经济的其他环节抽调资源，用以生产之前依靠进口的产品，此举同时削弱了这些环节。自己生产一切产品的做法，将意味着规模经济缩小以及消费者选择减少。最终，美国将会因无法从国际贸易中获益而变得极其羸弱。

实际上，国际社会通常采用贸易限制措施来惩罚不遵守规则的国家；实施经济制裁恰恰是因为其能通过移除贸易获益而迫使被制裁对象付出巨大的成本代价。第二章解释了国际贸易为何是当今世界经济一股能造福他人的强大力量，并能提高全世界人民的生活水平。该章也解释了美国、丹麦和日本等高收入国家是如何设法与工人收入更低的印度、中国和墨西哥等国家在世界经济中展开"竞争"的。

第三章论述了贸易带来的影响深远的收入分配后果，指出国际贸易会同时产生赢家和输家。如果不能采取有效的应对政策，就无法保证大多数社会群体免受贸易伤害。在美国，国际贸易对资本家和高收入、高技能工人而言更多是一种褒奖，而对于那些低收入、低技能的工人而言则是工资和机遇的缩水。第三章同时论述了给美国普通劳动者造成伤害的其他原因，其中最重要的是摧枯拉朽的科技变革所造成的影响，具体包括自动化、电脑和互联网的迅速普及。就对中低收入工人造成的伤害而言，这些科技因素造成的影响要远甚于国际贸易。机械化和数字化使得很多领域的人工劳动被取代，也正是这些科技变革为社会顶层群体创造了巨大的利润。除了这两大科技趋势，垄断利润和运气也在帮助社会顶层群体斩获巨额利润时发挥了重要作用。根据最新报道，世界上最富裕的八位富豪的财富之和相当于地球上最贫穷人口一半的总财富。[5] 这种财富的积累就是运气和市场势力综合的结果。收入聚集在少数人手里对社会规则、工人群体的谈判能力以及政治权力的集中都产生了重大影响。

第四章分别对贸易政治和贸易政策做出论述。人们在日常生活中扮演着两种重要的经济角色，即每个人既是生产者，又是消费者。当我们扮演生产者时，贸易会通过强化竞争让我们的生活变得艰难。（如果一位印度或瑞典的教师能够在网上提供更好的经济学课程，那么我是否会失业呢？）但是当我们扮演消费者时，贸易又使得我们的生活变得更加舒适。低廉的物价和充足且种类繁多的商品供应使得所有消费者获益，其中最大的受益者当属中低收入家庭。

美国如何能够既保证从贸易中获益，又能减少贸易所造成的间接伤害？从贸易协定中抽身而出绝不是办法。相反，签订新的、更加合理的贸易协定有助于解决问题。国际协定能够帮助国家进行协作，避免带来危害的政策竞争。解决问题还有赖于我们自身采取的一些重要措施。帮助工人的最佳途径是以他们为中心。在教育、培训和基础设施方面的投资将会提高美国普通劳动者的生产效率和工资。税收制度的变革将有助于经济增长切实转变为福利增长，从而造福大多数美国人民。此外，工资保险会帮助那些失去高薪工作的美国人。

第五章到第七章以中美关系为例，就资本和劳动力的国际流动展开探讨。中国人善于存钱——他们的储蓄额多于他们对工厂和设备的投资额。相反，美国人的存款很少，其投资额超过了储蓄额。因此，美国（作为一个整体）便向中国借贷；这种借贷行为便是美国与中国贸易赤字的另一种结果。美国从中国进口的商品要多于美国向中国出口的商品，这样中国就积累了美国资产（比如美国政府债券），并向美国提供大量贷款。这使得中美两国同时获益。美国公司（和政府）能够享受低息贷款，而美国消费者能够享用更多的消费品。中国的储户则获得稳定的资产收益，而且中国能从出口导向型经济模式中获益。

政客和媒体常常将两国之间的贸易不平衡看作两国争夺全球霸权的体现，认为这是一种博弈的结果。美国对中国的贸易逆差并不是一种使美国在全球棋盘中处于不利地位的道德失败。同理，贸易平衡也无法体现一个国家的公司或劳动者的竞争力。就现阶段而言，减少贸易赤字不应该是一项优先政策。

第六章就国际商务展开讨论。不断扩张的跨国公司正日益发挥着越来越重要的作用。那些年销售额超过10亿美元的上市公司攫取了绝大部分国际贸易收入，并决定着股票市场的价值。国际商务一方面带来重大的利益，但同时也引发很多实际问题。员工的谈判能力远低于公司的谈判能力，而跨国公司的全球运营进一步加剧了这种不平衡现象。政府则担心税收或监管政策可能会使国内民众对国内经济活动失去信心。当各国政府企图通过税收从全球运营的跨国公司的利润中分一杯羹时，成群结队的公司的律师和会计师便很快将这些利润转移至避税港。的确，避税措施使得非避税港国家每年减少了3 000亿美元的税收收入！

但这并不意味着政府很无能。第六章解释了美国应当如何改进经济政策以适应全球经济的发展。各国会从不断加深的国际合作中获益。即使在不签订国际协定的情况下，美国也会有众多的政策选择。美国可以通过实施简单且合理的措施来保护企业税基，同时集中力量增强美国经济的基础实力。

第七章对移民为美国经济强大所做出的贡献进行了阐述。移民中有很多人是创新者和企业家，他们更有可能进行创业和获得诺贝尔奖。高技能和低技能的移民与美国普通劳动者在为美国经济做贡献时可以实现能力上的互补。移民能促进经济增长，并减少老龄化带来的人口压力。反过来，移民者自身可通过移民美国而获得巨大的经济利益。

既然移民为美国带来了诸多好处，为什么美国还存在强烈反对移民的声音？这种反对其实源自中产阶级的文化忧虑和经济恐慌。但是，事实已经证明，移民并没有对美国普通劳动者的工资造成巨大的负面影响；相反，绝大多数美国普通劳动者因移民而获益。即使一小部分美国普通劳动者受到了伤害，移民所带来的巨大利益也完全可以弥补这些伤害。结合这一事实，第七章提出一些移民政策改革的建议。

第八章到第十章一方面探讨了如何保持第二章到第七章所阐述的全球经济利益，另一方面又胆大心细地为第一章所描述的问题给出了解决建议。最关键的一点就是，美国不应该采取一些事与愿违的政策，那样无异于搬起石头砸自己的脚。此外，解决中产阶级发展停滞和收入不平等问题有许多灵活和有效的方法。我将结合三大领域来阐述相应的政策理念。

第八章将阐述帮助美国普通劳动者更好地适应全球经济发展的一些政策，比如关于现代化的贸易协定、更高端的设备、更完善的社区援助以及充足的基础设施投资等政策。

第九章阐述了关于举行一场双赢的税收改革谈判的益处：增加过去几十年生活困窘人士的税后收入；简化税收体系以减少税收扭曲和避税行为，简化纳税流程；降低税率并依靠碳排放税促进环保。这些改革措施既能满足左派人士（追求累进税制和改善环境）的目标，又能满足右派人士（希望降低税率和减少税收扭曲）的目标。

第十章对社会和企业建立一种更加合理的合作关系进行了描述。企业的目标能够实现，但是保证二者良好的合作关系也需要某些企业缴纳更多的税款以及越来越多的企业能够在纳税和劳务上表现得更加透明，同时也需要强大的反垄断法案来处理不正当的市场势力。

最后，美国必须直面政治极化，以应对这些巨大的挑战。我在第十一章中会用一些指导原则和建设性方案对本书进行总结。

美国目前正处于一个紧要关头，时代要求美国做出重大的决断。

美国是要挺身而出直面世界经济的挑战，并完善其政策以帮助所有美国人从一个更加平等的全球化中受益，还是要畏首畏尾，妄使美国的普通劳动者在面对摧枯拉朽的全球化风暴时偏安一隅？美国是要与朋友和盟友建立稳定的国际机制，让世界变得更加繁荣，还是要目光短浅地（和错误地）宣扬美国至上的理念，并疏远朋友，从而激化未来的冲突，使得问题变得更加难以解决？这些问题对美国的未来至关重要。

第一部分

美国经济怎么了？

第一章

中产阶级的停滞和经济不平等

最近几十年，中产阶级收入增长出现停滞，经济不平等问题加剧。经济增长没有像人们一直期望的那样使美国家庭受益，尽管经济增长在持续，但经济不平等问题凸显，经济繁荣并没有惠及中产阶级。这些趋势自20世纪80年代开始出现，并一直持续至今。本章将对这一严峻的问题展开详细的论述。美国中产阶级到底在经历什么？什么造成了这些令人沮丧的趋势？

经济发展未能普惠美国大众

经济增长应当保证人人受益。如果国民收入（国内生产总值）每年实现增长，且增幅超过人口增长，那么我们可以期待经济增长能够提高普通工人的生活水平。然而，当我们将人均国内生产总值增长和家庭收入中位数增长进行比较时，我们会清楚地看到存在的问题。

　　过去 30 年，美国人均国内生产总值增长了 2 万美元，增幅超过 60%。但同一时期，普通美国家庭的收入增幅只有 16%（如图 1.1 所示）。

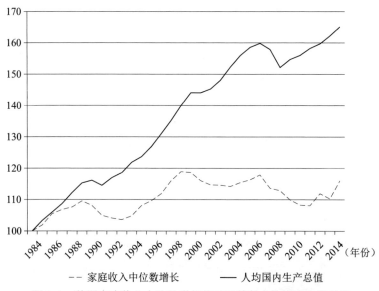

图 1.1　美国家庭收入中位数增长落后于美国人均国内生产总值

注释：两组数据均从 1984 年开始统计，初始指标为 100。收入中位数显示了收入分配中间位置的一般家庭收入状况。与平均收入不同的是，收入中位数不受收入分配顶层群体巨额收入的影响。数据来源：美联储经济数据。

　　这些数字解释了为什么普通美国家庭对这种经济发展方式并不满意。以往那种认为每一代人都应该比上一代人过得更好的期待落空了。大约 90% 的出生于 20 世纪 40 年代的美国人的收入都超过了其父母，而如今这一比例持续下滑。出生于 20 世纪 70 年代的美国人只有 60% 的人的收入超过了其父母。而这一数字对于出生于 20 世纪 80 年代的人来说只有 50%。[1]

在普通美国人没有从经济增长中获益的情况下，美国的国内生产总值如何实现如此高的增长呢？简言之，因为经济不平等加剧。但也有例外发生。从 1946 年到 1980 年，90% 的低收入人口的税前收入增幅超过 100%，而同期最富裕群体的收入增长百分比要低很多。

从那时起，情况出现反转。如图 1.2 所示，从 1980 年到 2014 年，

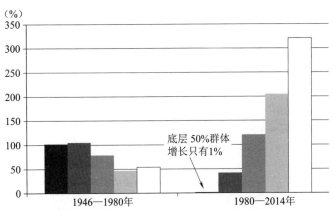

图 1.2　1980 年之前经济增长普惠美国大众，
之后的增长变成了少数人的福音

数据来源：美国国家经济研究局 2016 年发布的由托马斯·皮凯蒂、伊曼纽尔·塞斯和加布列尔·祖克曼合著的《收入分配的国民核算：美国的方法和估算》工作论文，文章编号 22945。

最贫穷的 50% 的美国人的收入增长只有 1%,而收入中等的 40% 的美国人的收入增长为 42%,收入增幅至此一路飙升,最富裕的 1% 的美国人的收入增长超过 200%。

结果就是,国民收入越来越集中于占据收入分配顶层的群体手中。美国最富裕的 1% 的人口掌握着 1/5 的国民收入,比低收入人群的收入总和高 50% 以上(如图 1.3 所示)。占总人口 90% 的低收入群体的收入总和在国民收入中所占的比例,从 1980 年的 68% 下降至 2015 年的 50%(如图 1.4 所示)。这些趋势与二战之后的情况截然相反,收入不平等问题在 1940 年至 1970 年有所缓和,在 20 世纪 70 年代没有发生大变化。

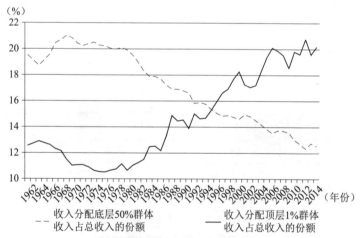

图 1.3　收入分配底层 50% 群体与顶层 1% 群体的收入变化

数据来源:世界顶级收入数据库 2017 年 3 月 14 日数据。

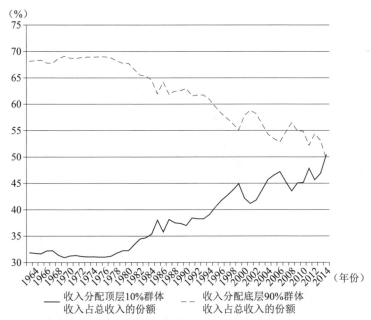

（%）

_____ 收入分配顶层10%群体　　＿ ＿ 收入分配底层90%群体
　　　　收入占总收入的份额　　　　　　收入占总收入的份额

图 1.4　2015 年，收入分配底层 90% 群体与收入分配顶层 10% 群体的收入相当

数据来源：世界顶级收入数据库 2017 年 3 月 14 日数据。

在全球经济中劳动作用下滑

中产阶级收入增长停滞、经济不安全感和各种日益严峻的经济不平等形式的出现，与劳动在经济中发挥的作用不断变化这一事实息息相关。[2] 劳动者目前的收入较过去几十年的水平有所降低。美国普通劳动者的劳动收入在国民收入中的比重，曾经在很长一段时间稳定在 75% 左右。[3] 但是最近几十年在美国和其他地区，劳动收入在国民收入中的比重出现持续下滑。由于从事高收入工作是提高中产阶级生活水平的关键，所以劳动收入在国民收入比重中下滑便引起人们严重的担忧。

假如资本收入（人们从投资，比如利息、分红和资本收益所获得的收入）在家庭中的分配方式与劳动收入分配方式相同，那么你可能不会有如此严重的担忧，因为就业机会丧失造成的损失会被以利息和分红形式实现的收入增长弥补。然而，相较于劳动收入，资本收入目前大量地集中在占据收入分配顶层的群体手中。比如，2012 年，根据纳税最多的 5% 的纳税人的报税信息，这一群体的收入占据所有收入（劳动和资本）的 37%，但是占据了所有分红收入的 68% 以及所有长期资本收益的 87%。[4] 由此可见，经济不平等的出现在很大程度上是由劳动作用下滑造成的。

很多研究已经证实，劳动收入在国民收入中的比重出现下滑。研究企业的经济学家发现，从 1980 年到 2012 年，美国劳动收入在国民收入中的比重下滑了 8 个百分点，从原来的 65% 下滑到 57%，这样的趋势也被其他研究证实。[5] 劳动收入在国民收入中的比重下滑的现象也出现在其他大型经济体中，只是下滑的程度不同（如图 1.5 所示）。[6、7]

劳动收入在国民收入中的比重与收入不平等并不是一回事，如果高收入劳动者的工资增长超过低收入劳动者的工资增长，那么劳动收入分配增长将会导致收入不平等加剧。[8]

值得注意的是，尽管各国的经济政策和情况大不相同，但很多国家（并不是所有国家）的收入不平等问题都进一步加剧。尤其是，美国的收入不平等发展速度超过了大多数国家（如图 1.6 所示）。

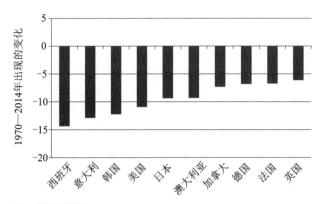

A组：发达经济体

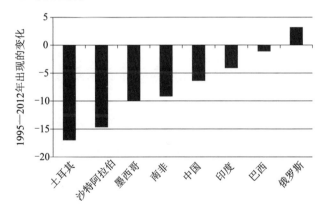

B组：新兴经济体

图1.5　对大多数国家而言，劳动的重要性在近些年出现下降

注释：数据显示了劳动收入份额的变化。这些数据也被国际劳工组织和经合组织2015年发布的"20国集团经济中劳动收入份额"报告所引用。数据包含了1970年至2014年发达经济体和1995年至2012年新兴经济体劳动收入份额的变化。这些数据不包含：韩国1991年至2014年的相关数据，沙特阿拉伯2002年至2009年的相关数据，土耳其和墨西哥1995年至2014年的相关数据，南非1995年至2013年的相关数据，巴西1995年至2009年的相关数据。请注意，1991年以前的"德国"指的是联邦德国。数据来源：国际劳工组织。

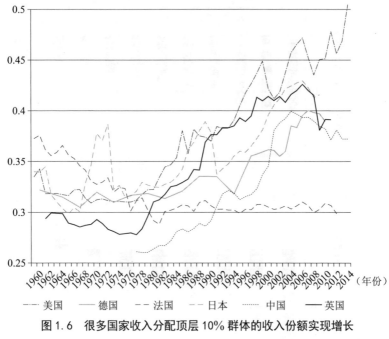

图 1.6 很多国家收入分配顶层 10% 群体的收入份额实现增长

数据来源：世界顶级收入数据库 2017 年 3 月 14 日数据。

令人不安的经济趋势

上文引用的数据均来自以广义收入为对象的统计结果，包括投资的资本收入。[9] 虽然使用其他种类的数据可能淡化收入不平等的扩大速度，但是所有数据都表明，美国的收入不平等最近几十年显著扩大。

收入不平等与工资增长停滞没有必然联系，但是后者的出现的确能让前者雪上加霜。[10] 一些人认为对美国中产阶级工资增长停滞的衡量并不准确，因为新产品的出现大大改善了劳动者的生活水平。本书引用的数据都考虑了通货膨胀因素的影响，通货膨胀的确能够对衡量新产品和服务所产生的益处造成影响，劳动者的实际生活水平也许比数据显示的要高。[11] 比如，30 年前互联网还没有问世时，我们还在使用安装在墙上的老式电话，而今天，任何能上网的人都可以接触到大量信息和娱乐内容，大多数人都在使用比 30 年前的高级电脑更先进的智能手机。通货膨胀的数据能准确地反映这些科技发明对提高消费者生活幸福感的贡献吗？

我们还需要考虑一些更重要的哲学问题。人们是只在乎他们的绝对生活水准，还是有其他重大的经济期待？有意义的工作是不是幸福的源泉？人们是否在一个较宽广的社会范围内做出比较之后再定义自己的幸福？如果是这样，那么这个范围到底有多大？是以社区为界，还是以城市或州为界？又或者是以国家，甚至世界为界？

无论这些重要问题的答案是什么，我们都不能忽视一些基本事实。首先，美国最近几十年来收入不平等问题愈演愈烈。其次，中产阶级收入增幅不如国内生产总值增幅快。再次，当代人并没有取得像前辈那样的经济发展成绩。

最后，经济上的不满和不安全感是美国政治话语中流行且被反复谈及的话题，我们有理由相信这种不满真实存在于现实中。比如，最近皮尤研究中心的调查显示，57% 的美国人声称他们没有从经济上做好面对意外事件的准备，1/3 的美国人没有存款。大多数美国人为 "月光族" 或入不敷出。[12] 经济不安全感比收入不平等的影响更大。当家庭收入与期望不符时，很多家庭的经济不安全感会更加强烈。

家庭经济困难的一个普遍标志就是家庭负债不断增加（如图1.7所示）。尽管有些种类的债务并没有出现增长，但考虑到自2009年以来的低利率情况，家庭负债增加的总体趋势便显得更加引人注目了。

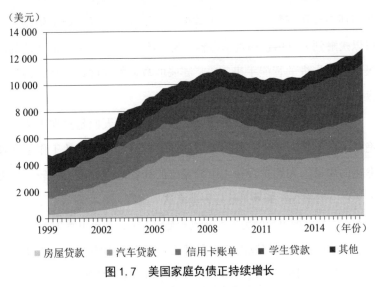

图 1.7　美国家庭负债正持续增长

注释：这是按美元计算的美国家庭人均负债。学生贷款直到2003年才被计算在内。
数据来源：纽约联邦储备银行和世界银行。

民粹主义兴起

除了在经济上给中产阶级造成明显的影响，这些令人不安的趋势还给整个社会带来严重后果。在经济衰退时期，收入增长停滞会带来危害，因为只有顶层群体实现收入增长不太可能拉动消费从而促进商品生产和服务的显著增加。伴随着工资增长停滞的收入不平等问题也会引发社会关系紧张和人们的不满。当劳动者的工资低于预期水平时，他们通常会寻求民粹主义方式来表达不满。[13]

伯尼·桑德斯和特朗普等民粹主义人士的出现深深地引起公众的不满。自 2016 年美国大选以来，政治极化在时间和范围上都进一步扩大。美国国会现在几乎无法正常运转，大部分原因在于政治极化的不断加剧。欧洲的极左和极右势力都在壮大。[14] 温和派影响力的减弱可能会造成部分损失：政策更加变幻无常，政策不确定性加大，政策执行难度增加，更多极端化政策出台。

收入集中也导致政治力量偏向富裕群体。盘踞在收入顶层的群体可以雇用游说者影响政策制定，也可以聘请律师和会计对现有政策产生影响。[15] 财富也可以让这些人接近政策制定者，因为富人更有可能成为精英机构和精英社交圈子里的常客。

这一切也对税收制度产生了深远影响。由于国民收入的增长份额大多数落入盘踞在收入顶层的群体之手，累进税制变得更加重要。与此同时，当国民收入中的劳动收入份额下降时，税基也随之被削弱——由于大部分联邦税收负担是通过所得税和工资税由劳动收入担负的，这也使得资本税变得更加重要。本书的最后章节将会全面阐述这些政策影响。

六大因素

六大因素导致这些令人担忧的趋势出现，我将在下文对每一个因素展开讨论。尽管这些因素并不是问题出现的全部原因，但至少它们在其中发挥了关键作用。一方面，六大因素中每一个因素的出现都有其必然的推动力量；另一方面，这六大因素相互也存在着重要的依存关系。

科技变革

今天的科技水平比起1980年，可以说出现了翻天覆地的变化。尽管当时电脑已经问世，但它们的体积跟桌子差不多大，且用户体验很差。大多数美国家庭虽然可以享受西尔斯百货的邮购业务，但是如果想订购产品，你就必须使用笨拙的固定电话，且得等待很长时间才能收到订购的货物。加油必须有加油站工作人员的帮助，大多数人在银行办理业务时要排长队，当时相对先进的自动取款机虽已问世，但数量很少，秘书的主要工作是职业打字和接听电话。长途电话很贵；国际长途电话更贵，且很少有人使用。制造业虽然已实现机械化，但计算机尚未普及。

自1980年以来，一场科技和互联网革命已经出现，而且改变了美国人生活的方方面面。电脑变得无处不在：我们的电话里，我们的加油站里，我们的桌面上，每一家商店里，每一辆汽车内，我们制造业的大部分链条，都有电脑的影子。尽管大部分人现在仍在使用电子邮箱和手机短信，但各行各业的人都可以自己打字，而且语音邮箱取代了电话消息的功能。互联网改变了我们购物的方式、获取信息的方式以及获取信息的数量，并使美国国内和国际交流变得简单、快捷。

这些无处不在的变化对劳动者和他们的收入产生了深远影响。

这些影响让人有喜有忧,对于一些劳动者来说,科技扮演了竞争者的角色,冲击了他们的就业机会,而对于另外一些工人来说,科技又扮演了助手的角色,帮助他们提高了生产效率。秘书、加油站工作人员、银行出纳员和工厂工人都面临着就业机会减少的情况,因为电脑可以代替他们完成现在的大部分工作。与此同时,电脑帮助投资银行家、软件开发人员、工程师、科学家和管理者提高了工作效率。

科技变革解释了为什么劳动在经济中的作用会下降。公司固定资产购买(电脑和机器设备等)价格一直在下降,而这些产品的性能却在不断提升。因此,公司对机器设备的需求越来越超过对劳动者劳动的需求。

科技变革对劳动的影响也解释了过去几十年收入不平等问题持续扩大的原因。数据表明,教育的回报越来越高。劳动者只有接受良好的教育,他们的收入才会持续增长——科技变革为这些劳动者带来更高的工作效率而不是失业的风险(如图1.8和1.9所示)。

美国普通劳动者要想从科技变革中分一杯羹,他们掌握的综合技能必须跟上经济发展的步伐。不幸的是,美国人接受教育年限的增长已经落后于科技创新的进步幅度。从1890年到1970年,美国人接受教育年限的增长一直稳定地维持在每10年增加0.8年。1890年,只有不到10%的美国人高中毕业,而到1970年,这一比例增长到80%。[16]从那时起,美国人接受教育年限的增长开始变得更加缓慢。最近的统计数据显示,美国高中生毕业率仅略高于1970年的水平。2015年,美国的高中生毕业率为83%。(这可是连续五年实现创纪录发展之后的结果，而之前数年的增长较 1970 年没有发生变化。）[17]

与1963年相比的每周实际收入情况（男性）

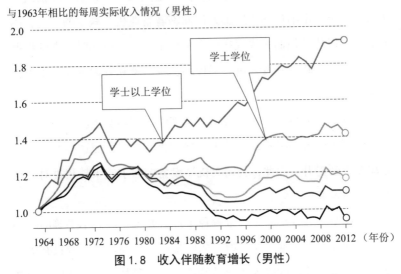

图 1.8　收入伴随教育增长（男性）

来源:《科学》杂志上发表的大卫·奥特所著的《技能、教育和其他 99% 群体中的收入不平等加剧》一文，344：6186 (2014)：843–851；获得美国科学促进会的允许进行重新印制。

　　美国学生的高中毕业率（在一组富裕国家的排名中位列第 12 名）和大学毕业率（位列第 11 名）也落后于一些国家。[18] 在 2015 年的国际学生评估项目测试中，美国学生的数学素养排名第 37 位，科学素养排名第 25 位，阅读素养排名第 23 位。[19] 美国教育的发展无法跟上科技发展的窘境可能是中产阶级身陷困境的一个重要原因。对于一部分工人来说，科技变革提高了他们的生产力。但是，对于另外一部分工人来说，科技变革则成了一种威胁，随之而来的机器设备和机

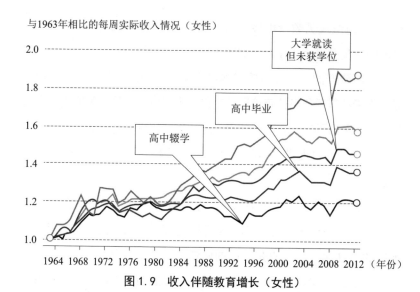

图 1.9 收入伴随教育增长 (女性)

来源:《科学》杂志上发表的大卫·奥特所著的《技能、教育和其他 99% 群体中的收入不平等加剧》一文,344:6186(2014):843-851;获得美国科学促进会的允许进行重新印制。

器人冲击了这些工人的工作岗位。这一问题我们会在第四章中进行详述。

贸易和全球竞争

最近几十年,全球贸易往来和投资流量出现大幅增长。其他国家和地区政府做出的政治决定是推动这些趋势出现的关键因素。曾经比较排斥国际贸易的国家和地区现在都加入了世界贸易体系,这推动了全球贸易往来的增长。比如,世界贸易组织成员的数量出现了显著增加(世贸组织旨在推动签署国际贸易条约以实现贸易自由化）。该组织成员数量由最初的 18 个，增加到 1980 年的 84 个，而目前的成员数量为 164 个（如图 1.10 所示）。[20]

不断降低的通信和运输成本也推动了贸易的增长。信息化和互联网带来的海量信息使跨境贸易变得极为简单。科技变革解决了全球供应链中复杂的物流难题，使得全球化生产流程成为可能。最后，海外的经济发展也促进了国际贸易往来，后者随着经济规模的扩大而增长。

对美国，甚至整个世界来说，今天贸易对整个经济的重要性相较于 1980 年来说增长了 50%。从那时起直到今天，世界其他国家和地区的全球化规模一直是美国的两倍（如图 1.11 所示）。其他国家和地区因为本身经济规模较小，所以非常依赖于国际贸易。[21] 国际贸易往来在间接投资（人们和机构购买境外股票、债券和其他资产）和直接投资（公司收购其他公司或在境外直接进行新的投资）上都实现了增长。在这一点上，美国和世界一起实现了全球化发展。

当然，外国投资是双向运行的，美国引进外资（外国公司在美投资）的数量与美国对外投资（美国公司在国外投资）的数量大致相当。这两种形式的外国直接投资一直在不断增长（如图 1.12 所示）。

一般来说，这些外国直接投资的数量并不能完全说明跨国公司在世界经济中的作用，它们只能显示每一年的投资数量变化，而反映不出全球公司的规模或重要性。但是根据绝大多数指标（销售额、利润、资产或总市值）的数据，跨国公司在最近几十年变得越来越重要。[22]

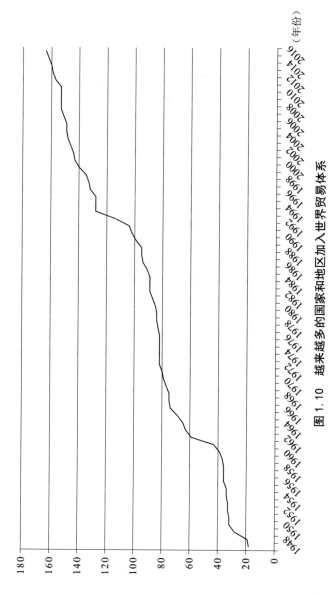

图 1.10 越来越多的国家和地区加入世界贸易体系

数据来源：世界贸易组织。

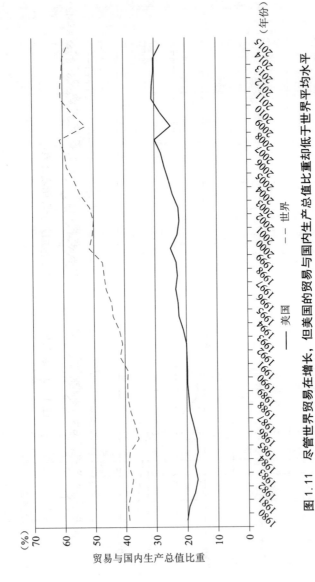

图 1.11 尽管世界贸易在增长，但美国的贸易与国内生产总值比重却低于世界平均水平

数据来源：世界银行世界发展指标数据库。

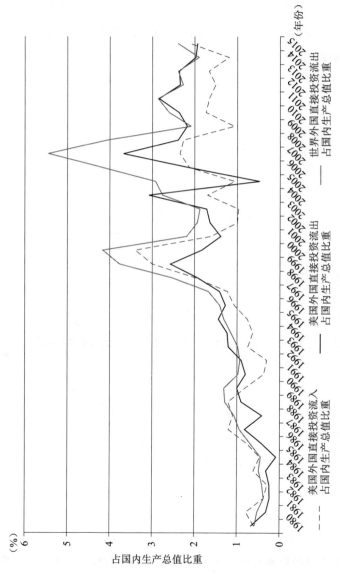

图 1.12 外国直接投资流量是 1980 年的 3 倍

数据来源：世界银行世界发展指标数据库。

目前美国的净移民人口已经趋于稳定。虽然最近几十年在国外出生的美国人占美国总人口的比例有所攀升，但仍然低于 20 世纪早期移民高峰时期的比例（如图 1.13 所示）。

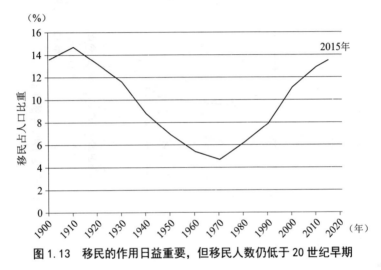

图 1.13　移民的作用日益重要，但移民人数仍低于 20 世纪早期

数据来源：移民政策研究所。

国际贸易、国际资本流动和国际移民都被怀疑为造成美国劳动力市场糟糕现状的罪魁祸首。比如，美国与发展中国家的贸易飞速增长，而这些国家大量的廉价劳动力可能会给美国普通劳动者带来更激烈的竞争，并降低其工资收入。来自廉价劳动力国家的竞争也会敦促美国公司进行创新以便节省劳动力成本，并加快采用先进技术，用机器设备取代人力。

外国直接投资和移民与美国普通劳动者的悲惨处境也脱不了干

系。如果移民更有可能与处于收入分配底层的劳动者产生竞争，那么这会减少这部分工人的工资增长，加剧收入不平等问题（尽管移民在很多方面能对工人提供帮助，这一点我们将在第八章中进行阐述）。跨国公司的全球经营可能会减少工人和工会的谈判能力，公司会以将业务移往国外为威胁来抑制工资增长。如果一些业务被系统性地移往国外，那么这将减少国内对从事这部分工作的岗位的需求量。

当然，其他问题也同时存在。首先，在较为贫穷的国家里，收入不平等问题伴随着劳动收入在国民收入中比重的下降而增加。[23]这与之前的期望背道而驰，因为人们相信参与全球经济发展能够为较为贫穷的国家带来更多就业机会。但实际上，由于科技变革依旧在全世界发挥着主导作用，其结果社会就是增加了对机器设备和高技能工人而不是低技能工人的需求。电脑、互联网和广泛的科技变革的确对整个世界经济产生了影响。[24]

另外一个问题就是盘踞在收入分配顶层的群体，包括收入最多的5%的群体、收入最多的1%的群体以及收入最多的1%的群体中最顶尖的10%的群体到底攫取了多少收入。贸易和科技变革都无法很好地对为什么只有社会顶层收入群体会斩获巨额收入做出解释。贸易应当增加我们对出口产业所生产产品的需求，从而减少对进口竞争产业的需求。这种需求变化应当让收入惠及广泛的群体，而不是让收入汇聚在顶层收入群体手中。同理，科技变革对那些劳动力被科技取代的群体造成了损害，而帮助了那些生产效益因为科技而提高的群体。这些变化应当对广泛群体产生影响，我们没有理由相信只有社会顶层群体会从中获益。下面要讲述的四个方面会对盘踞收入分配顶层群体的现状进行更好的阐述。

"超级巨星"

身处收入分配顶层的"超级巨星"赚取了巨额收入。顶级的投资银行家、信息技术企业家、公司首席执行官、对冲基金经理和公司律师像家喻户晓的文体明星，例如碧昂丝和勒布朗·詹姆斯一样，成了收入榜上最富裕的群体。这些劳动市场具有"超级巨星"或者"赢家通吃"的报酬模式特点，即使与档次稍低的同行相比，这些"超级巨星"的收入也高出数倍。

我们可以以美国人民喜爱的棒球运动为例。1970 年美国职业棒球大联盟中运动员的平均收入按照 2017 年美元价值计算大约相当于18.4 万美元。如今，一般美国职业棒球大联盟的球员收入提高了 20 多倍，每年大约为 450 万美元。这些运动员的工资从 20 世纪 80 年代开始出现了显著增长（如图 1.14 所示）。

尽管效力于美国职业棒球大联盟的球员收入不菲，但效力于低级别联赛的球员收入惨淡。美国职业棒球小联盟的球员在为期 5 个月的赛季期内的月收入一般为 1 200 美元至 3 000 美元不等，且在春季训练期内并无工资收入。如果这些球员只靠打棒球为生，那么他们的生活水平将在联邦贫困线以下。

音乐界也存在同样的现象，大部分收入流入那些最受欢迎的从业者的口袋。1982 年，顶层 1% 的音乐从业者的收入之和占当年所有演唱会收入的 26%，而这一数据在 2003 年达到 56%。[25]

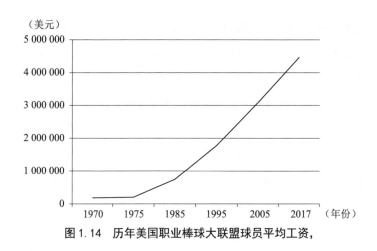

图1.14　历年美国职业棒球大联盟球员平均工资,

2017年工资为1970年的23倍

数据来源:保罗·D.斯图多哈在美国劳工统计局 1997 年秋季的《工资和工作条件》上发布的《棒球运动员的工资结构正在发生变化》一文,网址:http://hosted.ap.org/specials/interactives/_sports/baseball08/documents/bbo_average_salary2009.pdf。

　　全球化和科技变革加剧了"超级巨星"效应,使得巨星的周边收入实现成倍增长。巨大的全球市场以及信息数字化和传递的便利性为社会中这些效率最高(或幸运)的天才带来了巨额收入。由于全世界的粉丝都可以通过视频和直播观看比赛来欣赏巨星们才华横溢的表演,这些最受欢迎的文体明星赚得盆满钵满。娱乐业的规模也因此扩大。

　　二线明星(或欠幸运者)的收入则少得多。不太出名的歌手和球员(商人)面临的来自世界各地其他优秀人士的竞争不断增加。他们也面临着因支付超级巨星的费用而导致的不断增加的成本问题。超级巨星不菲的收入压低了其他同行的收入。一些超级巨星的回报也转化成资本，因为他们的投资者和经纪人也获得了丰厚的回报。

企业和公司的收入也以相同的机制分配。那些顶级搜索引擎、手机和社交网站的运营商能够将产品销往全世界，从世界经济规模中获益。顶级的对冲基金经理掌握着大部分投资资金，"2+20"的模式让他们大发横财。（对冲基金经理通常收取 2% 的资产价值作为管理费，并将所得利润的 20% 作为提成。）

由于必须有人为这些巨额收入买单，所以那些非超级巨星的娱乐界从业者、运动员、管理者或企业家的收入会被挤压。这些领域位列前 10% 的从业者和超级巨星的收入差距达到几个数量级，而不断增加的竞争意味着能成为超级巨星的只是少数。

快速增长的利润

与企业和公司成功所带来的超高利润（超过正常水准）息息相关的便是经济的全球发展。世界经济为最成功、最具创新力的企业家和公司带来了丰厚利润。这些利润极大地影响了劳动力市场的走向。

人们很容易将这些利润视为对创新和创造的褒奖，或者值得人们去冒险的经济"奖品"。的确，苹果公司、微软、谷歌和脸书改变了我们使用电脑和互联网的方式，造福了数十亿人。每个像比尔·盖茨和马克·扎克伯格这样的人的背后都有无数的科技人才默默地在该行业为他们做着贡献。尽管这些人具备同等的创新力并同样努力工作，但他们的财富甚至不及前两者的千分之一。

除了高利润，充足的证据表明大公司的市场势力也在增强。随着国民收入中劳动收入份额的减少，公司利润和公司收入出现普遍的大量增长。[26] 自 2000 年开始，美国国内的公司利润在国内生产总值中的比重比之前 20 年提高了 50% 以上，公司也越来越成为我们社会中的储蓄大户。[27]

与 1980 年相比，公司储蓄额已占社会总储蓄额的大头。从全球范围来看，自 1980 年以来，公司储蓄额在世界总储蓄额中的比例提高了 30% 以上（如图 1.15 所示）。[28] 这一惊人的增长也反映了家庭储蓄额比例持续走低的事实。为什么公司储蓄额会越来越多？简单地说，因为它们贡献了越来越多的国民收入，大多数国家的资本收入在国民收入份额中的比例相较于劳动收入比例来说在不断提高。

这些趋势与普遍存在的令人担忧的经济增长停滞现象有关：不断增加的公司利润和收入分配的变化导致储蓄增加，这造成投资机会的减少，并阻碍了经济增长。与此同时，公司却赚得盆满钵满。[29]

尽管我们期望所有公司在付出努力后都能够实现"正常"盈利，但是过高的利润（超出正常范围）现在成了美国公司界的一种常态。在美国，过高利润的比例超过 75%。[30] 这一现象不仅出现在美国。在全世界，公司业务变得越来越集中化，大公司在利润、销售和规模上的支配力越来越强。10% 世界顶级上市公司收割了全球公司总利润的 80%，绝大部分全球公司的收入和股票市值由年收入超过 10 亿美元的公司贡献和创造。[31] 鉴于这些超级巨星公司所雇用的劳动力比普通公司要少，并且这些具有影响力的公司参与了越来越多的全球经济活动，劳动收入在国民收入中的比重出现下跌。[32]

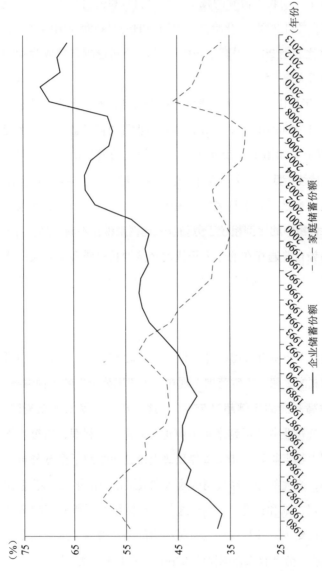

图 1.15 企业储蓄占全球总储蓄的 2/3

—— 企业储蓄份额   ---- 家庭储蓄份额

数据来源：美国国家经济研究局发布的由陈彼得、劳卡斯·卡拉巴尼斯和布伦特·奈曼合著的《企业储蓄全球崛起》的工作论文，文章编号为 23133（2017）。

谈判、支配力和规则

在公司利润增加和支配力增强的同时，工会的作用却在变弱，工人的谈判能力持续下降。在美国，工会入会率从 1960 年的 31% 降低到今天的 11%。而这一比例在私营公司中下降得更为严重。目前，只有 7% 私营公司的雇员加入了工会。而世界其他发达国家的工会入会率在 1960 年为 35%，2014 年降低到 17%。[33] 工会入会率降低对劳动力市场产生了重要影响，因为工会从一开始就在减少收入不平等方面发挥着重要作用。[34]

工会作用变弱的原因多种多样。让工会很难发挥有效作用的各种保障就业权法已在美国 28 个州生效，1980 年只有 19 个州出台了此种法律。[35] 制造业下滑也是其中一个原因，因为制造业工人通常会加入工会。同时，全球竞争和科技创新的双重威胁削弱了工人的谈判能力。

还有其他一些因素也对工人造成了影响。美国联邦最低工资的实际水平，最近几十年一直在目前的工资线上徘徊，且低于 20 世纪 60 年代和 70 年代的工资水平（扣除通货膨胀影响）。相较于管理层，社会规则的变化也降低了工人的谈判能力。比如，美国航空公司最近试图给员工加薪以达到其他航空公司的薪资水平，但这却导致其股票价格的惩罚性下跌。[36] 投资者施加的压力让工人很难在薪资谈判中取得成功。

尽管全球化和科技变革对工人谈判能力的削弱难辞其咎，但是它们显然不是造成这一后果的唯一原因。卡车运输等行业也遭受着类似的压力，但这些行业很少受到外国竞争和取代人工劳动力的科技创新的影响（至少目前情况如此）。比如，自 20 世纪 70 年代早期到今天，卡车司机和仓库工人的实际工资已减少了 1/3；根据美国劳工统计局的估算，卡车司机在 2013 年的平均收入比 2003 年下降了6%。卡车司机的入会率从 1983 年的 38% 下跌至 2016 年的 13%，而不断减少的工资就是工会入会率急剧下跌的结果。

同时，收入分配顶层群体工资水平被社会接受的程度达到前所未有的高度。公司首席执行官的工资是普通员工的 300 倍，这一比例比 1980 年增长了 10 倍，那时二者的薪资差额"只有"30 倍（如图 1.16 所示）。自 20 世纪 70 年代末以来，公司首席执行官的工资增长幅度超过 900%，而普通劳动者的工资只增长了 10%。[37] 尽管工资水平在多大程度上能准确地体现生产力水平是一个值得探讨的话题，但是相较于普通劳动者，今天这些首席执行官的工作效率不可能是20 世纪 80 年代首席执行官的 10 倍之多。社会规则、市场势力和税收政策可能共同导致了如此悬殊的差距。

税收政策

税收政策在收入不平等加剧、收入分配顶层群体的收入增加和普通劳动者收入减少方面发挥着作用。自 1900 年开始，美国收入榜顶层 1% 群体的收入份额呈现先下滑后增长的变化轨迹。[38] 这一群体的收入份额从 1929 年到 20 世纪 70 年代持续下滑，但自 20 世纪 80年代开始持续增长（如图 1.17 所示）。

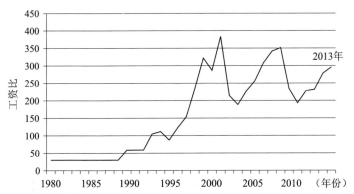

图 1.16　美国公司首席执行官的工资在 21 世纪是普通员工的 300 倍，但他们的效率是 1980 年的 10 倍吗？

注释：详见经济政策研究所 2015 年 6 月发布的由劳伦斯·米雪和爱丽莎·戴维斯合著的《顶级首席执行官的收入是普通工人的 300 倍》第 399 号简报。数据来源：经济政策研究所的数据来自电子计算机会计数据库中的行政报酬数据库、当前就业统计数据和美国经济分析局国民收入和生产核算表。

　　而税率的变化轨迹正好相反。最高边际所得税率在 20 世纪上半叶一直保持增长，但自 1980 年开始持续下降。

　　收入榜顶层 1% 群体的收入份额和最高边际税率之间的这种负相关性令人咋舌。[39] 避税在一定程度上可以为这一相关性做出解释，因为人们更可能在税率处于高点时隐瞒他们的最高收入。但是很多人认为工人和管理者之间的谈判过程也受税率的影响。如果针对顶层收入的税率降低，那么这会刺激这一群体更加大胆地提高他们的收入。

　　收入不平等不断加剧的时代也得益于较低的资本所得税税率，而后者是让收入源源不断地集中于高收入家庭的一个原因。资本所得税税率在 20 世纪 70 年代的大部分时间里都高于 30%，而在 20 世纪

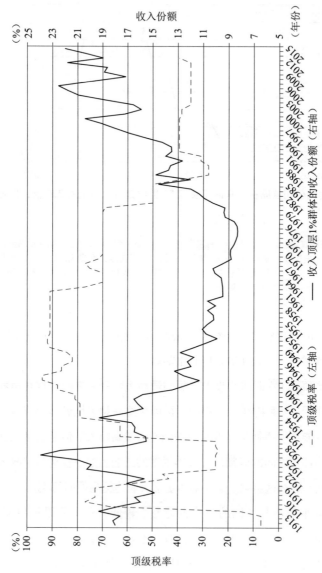

图 1.17 收入顶层 1% 群体的税率和收入份额

--- 顶级税率（左轴）   —— 收入顶层1%群体的收入份额（右轴）

数据来源：世界顶级收入数据库；哈佛大学出版社 2014 年出版的托马斯·皮凯蒂的《21 世纪资本论》一书。

80 年代至 90 年代则介于 20% 至 29% 之间，在进入 21 世纪后的大部分时间里，该税率跌破 15%，并终于在 2013 年又回调至 25%。[40] 尽管分红所得直到 2003 年才开始作为普通收入被征税，但税率一直很低——2013 年以前的最高税率为 15%，之后的最高税率为 20%。[41]

的确，高税率可以抑制或限制高收入群体的收入。但是在过去几十年里高税率的这种限制作用被极大地削弱了，而其他原因又帮助顶层收入者增加了收入。全球经济和科技变革加大了对资本、顶级技能型劳动者和"超级巨星"的需求。高收入群体也更加大胆地追求高收入，从而导致他们收入增长，并进一步造成普通劳动者工资增长停滞。[42]

通信和科技变革促进了国际贸易的发展，而国际竞争压力又是促进新技术被采用的原因之一。较低的税率可以说是对个人和公司的褒奖，可以增加他们的收入和利润，而顶层收入群体获得的高利润和高收入又提升了他们的政治影响力，使得税收和监管政策变得更加有利于高收入群体。全球市场和科技变革带来的产品销售便利化让超级巨星将更多的收入揽入囊中，而超级巨星的成功又加速了市场能接受的"合乎情理"的工资档次等社会规则的改变。

然而，不同的社会组织对这些相同的经济因素持不同看法。尽管很多国家也面临相同问题（收入不平等加剧、顶层收入份额增加、劳动收入份额减少），但美国在收入不平等加剧和中产阶级经济发展停滞方面的问题更加严峻和持久。贸易和科技变革等常见的经济因素在不同地区造成了不同后果，这是由不同的制度、社会规则和经济政策导致的。[43]

全球性因素（国际贸易、国际资本流动、国际商务和移民）并不是造成美国中产阶级身陷窘境的罪魁祸首，虽然这些全球性因素在某种程度上给美国普通劳动者带来了经济不安全感，但抵制全球化这一行为本身给美国普通劳动者带来的伤害要远远高于给他们带来的帮助。

同样，这并不意味着美国普通劳动者面临的问题不够糟糕。相反，收入不平等加剧与中产阶级工资增长停滞是我们这个时代最为严重的经济问题。[44] 我们需要快速且勇敢地应对这一问题。

更加平等的全球化

如何实现更加平等的全球化？其中包含三个关键因素以应对当前的问题，避免不断涌现的障碍性措施和贸易壁垒所造成的重大间接伤害。

首先，我们需要制定更好的政策，帮助工人更好地适应现代化和全球化经济的发展。这包括：改进贸易协定；加强对条件艰苦的劳动者和社区的支持；加大基础性投资，包括对教育、研发和基础设施的投资。

其次，一场重双赢的税收改革谈判至少能带来三点益处：增加过去几十年生活困窘群体的税后收入；简化税收体系以减少税收扭曲和避税行为，简化纳税流程；降低税率并依靠碳排放税加强环保。这些改革措施既能满足左派人士（追求累进税制和改善环境）的目标，又能满足右派人士（降低税率和减少税收扭曲）的目标。

最后，我们需要在社会和企业之间建立一种更加合理的合作关系。企业的目标能够实现，但是二者良好的合作关系也需要某些企业缴纳更多的税款予以保障，需要越来越多的企业能够在纳税和劳务上表现得更加透明，同时需要强大的反垄断法案来反对不正当的市场势力。

要实现这些重大的政策变革，美国需要改善其政治现状，只要能够勇敢地面对现代经济所带来的挑战，美国就能实现造福所有美国人民的更加平等的全球化，就能从世界经济中获益，并实现持久的和平与繁荣。

第二部分

国际贸易错了吗？

接下来的三章会探讨国际贸易对美国经济产生的影响。第二章解释了为何众多经济学家认为国际贸易对一个国家经济的成功来说是极具诱惑力且不可或缺的组成部分。缺少了国际贸易所做的贡献，美国经济远远不可能如此成功。

第三章讨论了为什么国际贸易会给社会造成严重的担忧。有证据显示，国际贸易可能造成美国普通劳动者工资的减少，加剧收入不平等问题。因为收入不平等不断加剧和中产阶级工资增长停滞已成为美国国内非常严重的问题，所以人们不得不重视这些担忧。此外，第三章还将论述贸易并不是造成美国普通劳动者身陷窘境的罪魁祸首，科技变革、市场势力和其他因素的责任更大。

第四章将阐述第二章和第三章的政策影响。美国经济和普通劳动者要想从国际贸易中获益，就必须忍受国际贸易带来的持久的负面影响。采取理想化的政策应对国际贸易需要美国签署更多而不是更少的贸易协定。更重要的是：美国需要给予美国普通劳动者所需要的一切支持，帮助他们在今天的经济环境中取得成功；美国需要为那些处境艰难的工人和社区提供更多帮助；美国必须采取现代化的经济政策，来适应以高科技为特色的全球经济发展。

第二章

国际贸易与经济发展

国际贸易在提高人们生活水平和为人类谋福祉方面所展现出来的优点（甚至是魔力）是任何一位优秀的经济学家都难以否定的。从根本上讲，发展国际贸易和发展市场经济的缘由并无二致，国际边界的存在并不能改变这一基本逻辑。

如果不贸易……

我们试想一下，在一个自给自足的极限挑战项目中，一个人要想方设法地生产包括食物、衣服、工具、药品等在内的所有消费品的情形。很难想象还有比这种做法更能让人快速致贫的了。即使在早期和最原始的人类社会中，人们也会很快地学会与别人以物易物，相较于自给自足，贸易的效率更高。

对很多国家来说，放弃贸易就好比家庭努力实现自给自足的生活。我们看一下人口达到 550 万人的芬兰。即使拥有数百万人口，该国也很难生产出足够多的商品和服务来满足现代家庭的需求。因为该国较小的生产规模不适合生产多种类的汽车，所以它制造汽车的种类越多，每一种汽车的价格越贵，无法享受规模经济效益。芬兰必须放弃那些不适合国内环境的粮食作物，如果有些家庭要种植这些粮食作物，那么其种植成本将变得极其昂贵。这样的话，每一种粮食作物很难形成规模效益，食品成本便会陡增。各种服装、鞋子、药品、家具和电子产品等我们习以为常的产品，也都无法在芬兰实行自给自足式的生产。

的确，很多国家与美国各州有相似的经济规模，这些国家如果放弃贸易，就相当于美国俄勒冈州（和该州 400 万居民一起）尝试进行无贸易的生活。该州居民在短时间内享用坚果和浆果(该州特产)并无大碍，甚至他们还可以用该州优质的黑皮诺葡萄酒来刷洗这些坚果和浆果，但是认为俄勒冈居民对放弃他们习以为常地享用数千种产品的生活感到满意，或者认为他们自己能够生产这些产品的想法，则是站不住脚的。俄勒冈州如何能自己生产汽车、飞机、香水、服饰、电脑、图书、鞋子和其他一切产品呢? 当然，作为美国一个较富裕的州，如果俄勒冈州能够充分利用其优势产品和服务（坚果、浆果、黑皮诺葡萄酒、鞋类设计、半导体研究和飞机部件等），并用这些产品和服务在更广阔的市场上去换取其他产品，那么该州居民的生活水平会更上一层楼。

一些让人感兴趣的早期证据表明，贸易甚至可能在人类自身的进化过程中发挥了作用。人类学家和历史学家曾对智人取代尼安德特人感到不解，后者更加强壮，在狩猎和财富积累上占据优势。尽管这一疑惑可能永远都不会有答案，但是一种令人信服的理论是，贸易在智人取代尼安德特人的过程中发挥了至关重要的作用。[1]我们的祖先拥有超强的认知能力和社交能力，这帮助他们建立起贸易网络。通过专业化和贸易，我们的祖先能够储存能源，并更好地利用资源。考古证据表明，智人经常使用一些产自离他们居住地很远的产品，而尼安德特人只使用当地的产品。

放弃贸易会使一个国家产生相当大的损失。正因如此，当要惩罚一个不遵守规则的国家时，国际社会通常会对其进行经济制裁，让其无法从国际贸易中获益。如果国际贸易真的对国家有害，那么这些被制裁的国家应当给制裁它们的国家寄感谢信了。相反，制裁通常是改变政府行为，或者让其重回谈判桌前的有效方式，因为这些被制裁的国家都渴望从无限制的贸易中获益。

比如，经济制裁给诸如俄罗斯的消费者造成了极大的麻烦。自2014年3月克里米亚事件之后，美国和欧盟通过施加制裁冻结了所有与俄罗斯克里姆林宫有联系的个人和公司的资产，限制向俄罗斯出口军事技术以及对俄罗斯原油产业至关重要的产品。这些制裁和2014年夏世界原油价格下跌，共同给俄罗斯经济造成了损害，如俄罗斯人均国内生产总值减少、卢布迅速贬值以及贫困率增加等。但俄罗斯拒绝服软，并实施了反制裁措施，禁止俄罗斯进口包括牛肉、猪肉、鱼类、水果、蔬菜和奶制品在内的很多美国商品。这导致俄罗斯本国食品价格飞涨，促进了黑市经济的繁荣。（俄罗斯政府甚至也吞下了经济制裁带来的恶果：俄罗斯国防部所订购的本国生产的

"俄罗斯平板电脑"的价格为每台 6 000 美元。)

有研究通过计算得出这样的结论:过去经济制裁造成的总影响比人类历史上所有大规模杀伤性武器,包括核武器、化学武器和生物武器所造成的总影响更为致命。[2] 投放到广岛和长崎的原子弹杀死了 12.5 万人,死于化学武器的人数也大致相当。联合国的调查称,仅针对伊拉克的制裁就造成至少 23.9 万名 5 岁以下伊拉克儿童死亡。1990 年至 2003 年针对伊拉克的制裁给该国的贫困人口造成相当大的影响:食物价格上涨了 25 000%,包括注射器在内的基本医疗设备无法进入伊拉克境内,其结果就是营养不良、传染性疾病以及关键药品的匮乏造成了大量伊拉克人民死亡。大规模杀伤性武器能够引起广泛的恐惧和厌恶,但是这些武器所造成的死亡人数却低于各种制裁所造成的死亡人数。

即便如此,有人可能会认为像美国这样的超级大国并不需要依赖其他国家。或许抵制全球化对美国来说行得通,对于规模与俄勒冈州相等的国家来说则不可取。但即便是经济大国也应当参与国际贸易。

美国可以试图用美国货来取代现在进口的产品,但这种做法会放弃贸易所带来的益处,凭借贸易美国可以出口其国内生产效率较高的产品以换取其他国家生产效率较高的产品。美国人可以自己种植咖啡豆、冬季水果和鲜花,美国人也可以只依靠国内原材料来生产葡萄酒、钢铁、药品和汽车,但是这些决定会导致严重的后果,并最终降低所有美国人的生活水平。接下来我们分析一下其中的原因。

工作、工作还是工作

如果漫步沃尔玛、宜家或者盖璞商店的货架之间，你就会发现货架上摆放着很多进口商品。实际上，你很难在美国一些商店里找到美国制造的商品。很多美国人会这样想：为什么我们必须进口这些商品？为什么我们不自己生产这些 T 恤、牛仔裤、家具和家用产品？如果我们自己生产这些产品，那么生产这些产品的工厂便会带来更多就业岗位，对从事这些工作的工人的需求量也会增加，这样就可以改善美国的收入不平等问题。

如果美国选择自己生产现在进口的产品，那么首先要考虑这种做法对总工作数量所产生的影响。2018 年 6 月，美国的失业率为4%。大多数经济学家认为这一失业率代表着充分就业。"充分就业"意味着什么？在动态经济中，一些工人总是处于失业状态，而一些工人可能生活在工作机会极少的地区，但是美国范围内的失业率远远低于4%时将会对工资和物价产生上行压力，这会带来通货膨胀而不是额外的工作机会。较低的失业率并不具有可持续性。历史数据支撑了这一观点：过去美国（或其他地区）很少有失业率低于4%的时候。[3] 因此，失业率可能再无太大的下降空间。

一些人认为劳动参与情况可能会被改变。然而，很多目前不工作的人都有各自不参与劳动的理由。他们或者在上学，或者提前退休，或者选择在家里照看孩子。这些人不太可能被生产 T 恤或家具的工作吸引而进入劳动力市场。

而且，劳动参与情况并不会长期保持不变。从 1980 年到 1995 年，美国的劳动参与率提高了2.5%（由最初的64%提高到66.5%），部分原因是女性劳动力的增加。自2000年开始，劳动参与率下降了大约4%（由67%下降至不足63%），劳动参与率在2008年经济大衰退时期降幅最大，而近几年劳动参与率渐趋平稳（如图2.1所示）。

显而易见，尽管经济大衰退迫使一些普通劳动者失业，但是人口增长还是源源不断地对劳动力进行了补充。最近劳动参与率下跌的一大原因是老龄人口增加，年龄较大的劳动者越来越趋向于提前退休。然而，一个并不起眼却能推动劳动参与率提高的因素就是国际贸易。[4] 在进口迅速增长的年份里，劳动参与率经常出现增长，而在进口疲软的时期内，劳动参与率跌幅最大。

因此，考虑到美国较低的失业率以及劳动参与对贸易的不敏感性，即便是大力抑制进口也不太可能将经济中的工作岗位数量提高1至2个百分点。

然而，如果美国要自己生产目前进口的产品，其需要的劳动力要远远高于目前总劳动力的1%~2%。实际上，美国之所以进口其自身能生产的产品，是因为生产这些产品需要大量劳动力。考虑到美国工资水平较高，让其他国家生产这些产品的成本要远远低于美国自己生产这些产品的成本。如果在美国生产这些劳动密集型产品，那么美国需要将一些劳动力从他们现在的岗位转移到目前进口的产品的行业。

那么，哪些行业将会受到削弱呢？这会是好事吗？考虑到削减进口的政策也会削弱美国的出口能力，首当其冲的将会是出口行业。

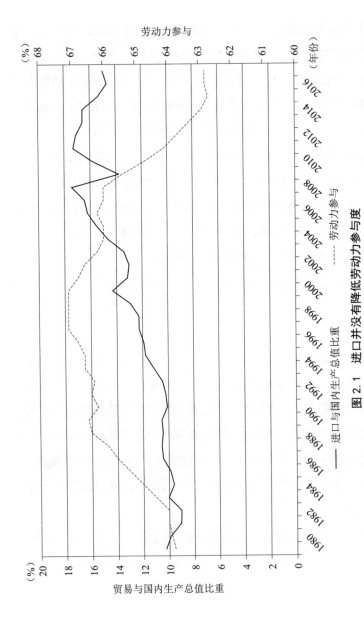

图 2.1 进口并没有降低劳动力参与度

注释：数据展示了相对于工作年龄人口而言的劳动力参与度。数据来源：美联储经济数据；世界银行世界发展指标数据库。

当美国提高贸易壁垒时，其贸易伙伴不太可能会按兵不动。如果它们也提高贸易壁垒，那么会直接削弱美国的出口能力。这一前景并不是美国人希望看到的，因为从总体上说，美国出口行业的工作比大部分工作更具有吸引力：这些工作的工资很高，而且生产率增长很快。[5]

即便美国能设法消除外国报复性措施带来的影响，在生产中投入品（之前依靠进口）的高成本也会损害美国生产者的竞争力，从而削弱其出口能力。我们可以以商业飞机制造业为例。飞机零部件的高成本会让美国制造的飞机更加昂贵，让波音公司在全球市场的份额低于法国空客公司，美国汽车制造商也不得不购买高价的进口汽车零部件。由于这些贸易摩擦，美国的苹果、英特尔和其他跨国公司都会面临成本增加的问题。

更进一步讲，美国做出削减进口的决定也会对自己的生产造成负面影响，很多在国外生产的产品都要依靠全球供应链体系，而美国的厂家通常在这一供应链体系中扮演着供应商的角色。例如，美国从墨西哥进口的产品能让美国厂家获得相当大的价值回报。[6] 从这一点来讲，美国最大的出口企业往往也是最大的进口企业。事实上，很难做到只削减进口而不造成其他间接损害。[7]

另一个例子就是苹果公司的产品。最近一份研究发现，虽然苹果手机和平板电脑都在中国组装并从中国进口至美国，但是中国的劳动投入只相当于这些产品附加值的2%。同时，苹果手机价值的58%和苹果平板电脑价值的30%都归功于苹果公司在美国加州的设计和营销行为。[8] 苹果公司把软件工程、设计、金融、营销和管理等

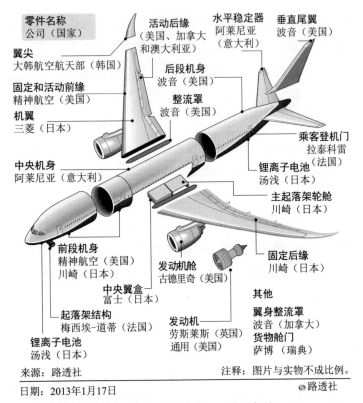

零件名称
公司（国家）

翼尖
大韩航空航天部（韩国）

固定和活动前缘
精神航空（美国）

机翼
三菱（日本）

中央机身
阿莱尼亚（意大利）

前段机身
精神航空（美国）
川崎（日本）

中央翼盒
富士（日本）

起落架结构
梅西埃-道蒂（法国）

锂离子电池
汤浅（日本）

活动后缘
（美国、加拿大
和澳大利亚）

后段机身
波音（美国）

整流罩
波音（美国）

水平稳定器
阿莱尼亚
（意大利）

垂直尾翼
波音（美国）

乘客登机门
拉泰科雷

锂离子电池
汤浅（日本）

主起落架轮舱
川崎（日本）

固定后缘
川崎（日本）

其他
翼身整流罩
波音（加拿大）
货物舱门
萨博（瑞典）

发动机舱
古德里奇（美国）

发动机
劳斯莱斯（英国）
通用（美国）

来源：路透社

注释：图片与实物不成比例。

日期：2013年1月17日

路透社

图2.2 进口帮助波音787客机起航

图片重印已获得汤姆森路透（行销）有限公司路透社图片部许可。

高薪工作都留在了美国。对中国进口的苹果手机和平板电脑施加关税的行为会给美国普通劳动者造成最大的伤害。

面向国内市场的美国行业也会面临贸易壁垒造成的成本增加问题。如果只依靠国内的钢材，美国建筑行业的成本也会增加，其结果就是销量会越来越低。遭遇相同问题的零售行业会发现其顾客越来越少,该行业最终会衰退。简言之,那些在制造先前进口商品的行业中的新工作不会凭空而来。而这些行业的普通劳动者可能来自其他衰退的行业,包括出口业和像建筑业那种面向美国国内的行业。

美国大部分地区都依赖于贸易,出口业务遍布各州。[9] 布鲁金斯学会的一项研究列出对贸易最依赖的美国地区。[10] 美国的城市扮演着最大贸易商的角色,纽约、芝加哥、洛杉矶、休斯敦、达拉斯和西雅图的出口业务总计占了美国总出口额度的 1/4。但是很多小城镇甚至更加依赖于贸易,贸易在它们较小的经济总量中占据着相当大的比例。印第安纳州拥有美国最依赖于贸易的 10 座小城市中的 4 座:哥伦布、埃尔克哈特、科科莫、拉斐特的贸易份额在当地收入中的比重均超过 30%。

如果美国采取故意削减国际贸易的政策,那么可以肯定的是,一些行业会出现新的工作岗位,而另外一些行业会失去原有的工作岗位,但是我们不会相信工作岗位总量将出现变化,因为美国目前的失业率实际上已经下降到最低点,并且没有证据能够证明,减少进口将会提高劳动参与率。工作岗位总量是由宏观经济因素驱动的。[11] 与此同时,贸易限制会让就业机会在各行业重新分配,从而引发严重的问题。比如,会产生新的失业群体,让经济蒙受额外冲击,从而阻碍经济发展。如同经济学家保罗·克鲁格曼所说:"这如同那个经典的笑话所讲的,一名司机碾轧了一名行人,为了救助受害者,他决定向后倒车——结果又碾轧了受害者一遍。"[12]

贸易开放和经济增长

绝对不会有证据证明那些采取更加封闭的贸易政策的国家，
会因为较高的劳动参与率或者较低的失业率而拥有较高的就业率。
相反，有证据表明，从事国际贸易能够促进一个国家的经济增长，
创造就业机会。图 2.3 显示了按照贸易增长率分类的三组国家的
经济增长率。

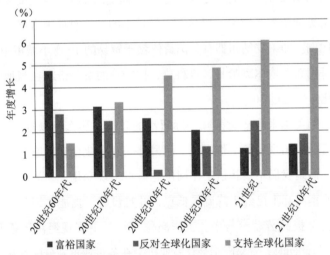

图 2.3　从事更多贸易的国家的人均国内生产总值增速较快

注释：作者的计算结果以世界银行数据为基础。数据来源：世界银行世界发展指标数据库。

图 2.3 所采用的方法与经济学家杜大伟和阿尔特·克雷在 2004
年发表的一篇被广泛引用的论文采用的方法一样，这两位经济学家
将国家分为"富裕国家"成熟经济体、"全球化"发展经济体以及"非

全球化"发展经济体三种类型,并计算出了每一种类型的国家在过去
40年人均国内生产总值的实际增长情况。本书利用世界银行的数据
对他们的结果进行了更新。[13] 在经济增长以及图2.4显示的就业方面,
"全球化"发展经济体的表现要一直优于"非全球化"发展经济体。
当然,其中的关系并不是因果关系——但是如果贸易有损于国家的
经济发展或就业前景,我们就会在这些图表中看到不一样的数据。

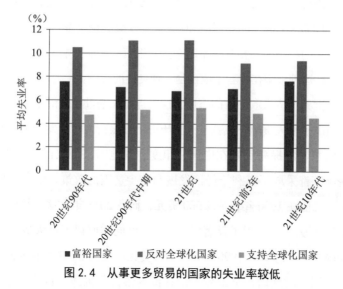

图 2.4 从事更多贸易的国家的失业率较低

注释: 作者的计算结果以世界银行数据为基础。数据来源: 世界银行世界发展指标数据库。

除了贸易,还有更多重要的因素能够决定一个国家是否有能力维
持强劲的经济增长,包括德隆·阿西莫格鲁和詹姆斯·罗宾逊在《国
家为什么会失败》一书中所提及的那些有助于建立更加包容的经济
和政治制度的因素。这里我要论述的不是国际贸易政策是经济持续

发展的最关键因素，而是没有证据能够证明国际贸易有损经济发展。相反，在我看来，国际贸易经常有助于经济发展。

关于国际贸易和经济发展的关系，我们到底了解多少呢？通常来说，相关分析都显示出贸易开放和经济发展之间存在着一种良性关系，尽管二者的因果关系较二者的相关性来说更难显示出来。考虑到贸易改革通常出现在规模较大的政治改革之中，所以我们很难对贸易开放的影响进行单独评定。[14] 此外，更大程度的开放带来的无形影响通常与较大的贸易额度密不可分。但是没有权威的论文能够将扩大的开放与弱化的经济增长相互联系起来。如果贸易能够影响一个国家的发展，那么这种影响在我看来应该是一种良性的影响。

对世界经济采取开放的态度，这对近年来全世界生活水平的大幅提高做出了重大贡献，成就了人类历史上最振奋人心的发展之一。全球生活水平的提高反映在中国、印度和其他国家所取得的进步中，这些国家都采取了有利于经济发展和减少贫困的政策。中国人均国内生产总值在 1990 年仅为 1 500 美元，而在 2015 年，这一数值增长到 1.34 万美元，实现了显著增长。[15] 印度同样取得了巨大成就，其人均国内生产总值由 1990 年的 1 700 美元增长到 2015 年的 5 700 美元。在同一时期内，全世界生活在世界银行贫困线（目前为 1.9 美元 / 天）以下的人口从 19.6 亿减少到 7 亿，贫困人口从世界总人口的 37% 降低到 10% 左右（如图 2.5 所示）。这一成就在很大程度上归功于中国和印度所取得的经济发展（如图 2.6 所示）。这些巨大的经济发展还带来了人均寿命的提高、婴儿死亡率的降低以及教育程度的提高。

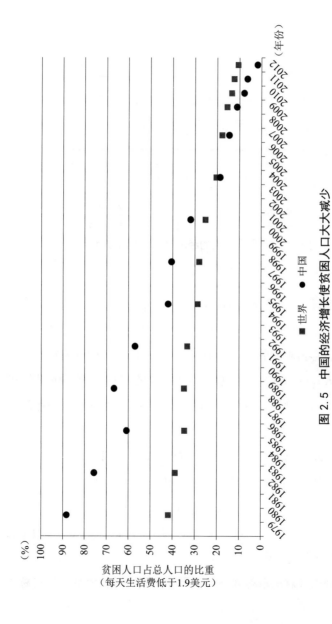

图 2.5　中国的经济增长使贫困人口大减少

注释：贫困线为目前最新标准，按照 2011 年经过购买力平价调整的美元计算为每天生活费低于 1.9 美元。数据来源：世界银行世界发展指标数据库。

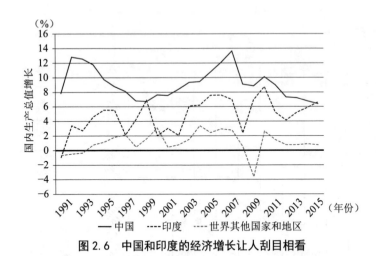

图 2.6　中国和印度的经济增长让人刮目相看

数据来源：世界银行世界发展指标数据库。

　　世界银行 1.9 美元 / 天的贫困线（按照 2011 年美元的购买力所设定）是一个很适中的目标，也是一个非常重要的衡量标准：满足人类基本生存需求的收入。从 1980 年至 2012 年，中国的贫困人口比例从总人口的 88% 减少至总人口（13.5 亿人）的 2%。中国有 10 亿人成功脱离了世界贫困线。这堪称世界历史上最为惊人的经济发展成就。

　　印度的发展也大大减少了该国贫困人口。尽管关于印度的相关数据并不完整，但是现有的数据表明，按照 1983 年世界银行的标准，54% 的印度人口处于贫困状态。截至 2011 年，印度总人口增长了 66%（达到 12.6 亿人），但是贫困人口的比例降低了 21%，大约 4 亿印度人脱离了绝对贫困。

　　这些惊人成就的取得并不仅仅因为国际贸易，但是国际贸易的确为之做出了贡献。如果中国和印度都采取排斥国际贸易的政策,那么两国不可能在取得经济高增长率方面如此成功,国外的理念、资本、进口和市场成为两国成功不可或缺的因素。的确,相较于早期的经济转型,采用国外的发明和技术是新兴经济体在经济发展方面做得更好的原因之一。英国花了数个世纪才实现工业化,而美国的工业革命完成的速度更快,部分原因是美国采用了早期英国的一些发明创造。而日本的工业化进程比美国快,韩国和新加坡则比日本快,中国的工业化速度是这些国家之中最快的。

国家该如何竞争?

早在数个世纪以前,人们就意识到贸易的益处。即使国家间的工资水平不同,或一国的产品生产力全面超越其贸易伙伴,贸易依旧能让参与者获益。经济学家保罗·萨缪尔森的比较优势论,被视为一种真实且经过深思熟虑的经济远见。

我们不妨先看一个简单的例子,一个自给自足的家庭拥有两名成员:凯伦和彼得。凯伦很擅长采摘和狩猎这两种关键的养家糊口技能,她狩猎的技巧远胜彼得,但采摘技巧没有那么大的优势。有人可能认为凯伦应该既采摘又狩猎,彼得也应该同时做这两件事情。然而,经过简单的计算我们得知,如果凯伦专注于狩猎,而彼得专注于采摘,那么他们家庭的所得要比两人同时去做这两件事情收获更多。[16]

同样的论证还包括大学校长不应该去图书馆整理书籍,即使这位校长比任何一位图书管理员都更擅长整理书籍。校长的比较优势在于募集资金或管理，她在这两方面的技能优势更加突出。如果校长能够将所有时间都贡献在技能优势更加突出的方面，那么学校将拥有更多资源，而图书整理工作应当由其他人去完成。

这一逻辑同样适用于国家。我们想一下，日本的汽车生产效率要高于中国，日本工人每年的造车数量是中国工人的 4 倍，而日本工人制造自行车的速度是中国工人的2倍。如果日本专注于制造汽车，而中国专注于制造自行车，那么通过国际贸易，两国便能生产出更多数量的汽车和自行车。这些例子的依据是比较优势，而不是绝对优势。即使一个国家在各个生产领域都很卓越，只要它不是在所有产品上占据同样的优势，它就能从贸易中获益。

学过经济学入门课程的学生很熟悉这些理念。大卫·李嘉图1817 年的《政治经济学及赋税原理》一书最早详细阐述了这些理论。但是李嘉图关于贸易的理论过于简单，以至忽略了贸易收益如何在社会中进行分配这一问题，下一章节我们将着重讲述这一重要的问题。但是，比较优势的概念为我们理解贸易是如何对国家产生影响的提供了强大的理论帮助。

李嘉图最重要的一条结论是国际贸易不是零和游戏。这一点很有必要重申一下，因为今天贸易保护主义者的论调与李嘉图时代的重商主义者的理念大致相同——双方都认为在国际贸易中，一个国家的收益就是另外一个国家的损失。从历史上看，重商主义者认为国家的力量和威望依赖于大量出口和少量进口以及贵金属或财富的积累。如东印度公司董事托马斯·孟论述的那样，重商主义者从事的就是帮助其国家向"陌生国家"出口的产品价值要高于从这些国家所进口产品的价值，以帮助该国积累财富。[17]

重商主义者对这一理念的执着与今天围绕贸易赤字的讨论遥相呼应。但是大卫·李嘉图的比较优势理论的逻辑是通过专业化和贸易，国家能够享用更丰富和更便宜的产品。每个国家都能够获益，没有国家应当遭受损失。如同上文我们所举的例子，当日本只专注于生产汽车，并用其生产的汽车与中国的自行车进行贸易时，中国和日本都能够得到比两国同时从事汽车和自行车生产时更多的产品。

除了证明贸易能够帮助国家获益，这些简单的理论还告诉我们高工资国家应当如何进行竞争。这些国家的生产效率高为其国民带来了高工资，使得其产品在世界市场上更加有竞争力。在我们的例子中，日本工人得益于高生产效率，所以日本工人的收入要高于中国工人的收入。同样，这些理论也告诉我们生产效率低的国家应如何进行竞争：由于它们的工资水平较低，即便它们每年生产的产品数量较少，这些产品也同样具有竞争力。

但是万一生产效率高的国家出现了低收入的情况，该怎么办？其实不必担心，生产效率和工资水平是紧密联系的（如图2.7所示）。随着一个国家劳动力生产效率的提高（通常是教育投资和资本投资的结果），劳动者工资也会上涨。[18] 实际上，中国的工资水平在最近几年出现了显著增长，这恰恰是中国生产效率普遍提高的结果。

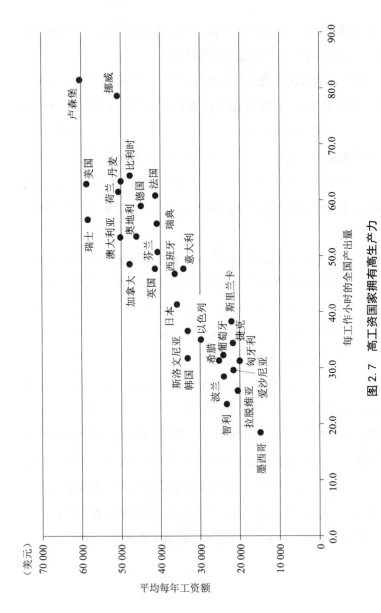

图 2.7 高工资国家拥有高生产力

注释：该图数据为 2015 年数据。数据来源：经合组织统计数据。

　　总而言之，本章论述了国家不应该惧怕国际贸易。随着经济发展和效率提升，无论是富裕国家还是贫穷国家，都会从贸易中获益。然而，这并不意味着每个国家中的每个人都会从贸易中获益。很多人会发现他们工作环境中的竞争压力越来越大了。第三章会探讨人们的这些合理担忧。

第三章

国际贸易中的赢家和输家

尽管从贸易中能够获益这一基本的逻辑不可否认，但是相关论证忽略了这个世界上的一些重要特征。当国家实施贸易开放政策时，其出口产业会实现扩张，而进口产业会缩减。这种被经济学家约瑟夫·熊彼特称为创造性破坏的现象会带来严重的过度成本，并可能对收入分配造成持续性影响。

在美国经济中，因国际贸易而扩大的产业包括商用飞机、大豆、医疗器械、集成电路和软件，因国际贸易而缩减的产业包括纺织、鞋类、钢铁和轮胎。由于美国同时大量出口和进口汽车、药品、制成品和机械等产品，贸易对经济的其他产业的影响并不明显。

产业萎缩令人痛苦不堪。当人们拥有非常适用于生产一种不断进口的产品的设备、厂房或土地时，激烈的国外竞争会给他们带来损失，可能会造成他们破产或者使他们先前的生产性投资价值出现大规模缩水。当劳动者拥有适用于生产被进口产品替代的产品的技能时，市场对他们的劳动需求便会降低。他们可能会面临工资增长停滞甚至失业等问题。那些因此而失业的工人很难再找到既需要他们的生产技能又能满足他们所期望的工资标准的工作。尽管一些产业正在扩张，且另外一些工人得到了新的工作机会，但是这并不能解决生活水平不断降低和在萎缩产业中失业所造成的实际人力成本过高问题。

的确，国际贸易可能会加剧收入不平等问题。美国通常会出口它的优势产品。美国拥有大量适合多种农作物生长的土地，拥有包括昂贵且高度机械化的农业设备在内的大额股本，并掌握关于农业技术、种子和化肥等相关科技知识，自然会出口很多农产品。[1] 同理，美国拥有精通复杂技术的工程师、科学家和计算机专家，且在研发领域进行大量的投资以培训相关产业工人，它也出口相关的优势产品，比如医疗设备和软件。

同时，相较于其他国家，美国的低技能工人数量少，在国外生产纺织品、鞋类、钢铁和其他制成品的成本要低。这会减少美国相关产业对国内工人数量的需求，并降低他们的工资。低技能工人更可能分布于进口产业，而高技能工人更可能分布于出口产业，因此贸易可能系统性地加剧收入不平等问题。[2]

国际贸易可能间接帮助顶层收入分配群体增加收入份额。贸易与科技变革可以帮助各自领域的佼佼者在更大的全球市场中销售其服务和理念。如果你是一名顶级的对冲基金经理、歌星、律师或者橄榄球运动员，系统化和数字化的高科技技术可以把你的产品和服务在全球范围内进行推广。如果你能创造出新的搜索引擎、社交网络或计算设备，那么通过全球销售，你的利润就会实现飞速增长。这会帮助那些拥有顶级人力资本和最佳创业措施的群体以及幸运群体斩获巨额收益。但是，这些"赢家"的海量收益是通过对那些拥有普通技能和时运不济群体的利益压缩而实现的，这一点在第一章中已提及。

对工资和普通劳动者的负面影响

失业，尤其是制造产业领域内的失业，毫无疑问会给普通劳动者带来困难，关于这一点，经济学著作已帮助我们解释了原因。与其他行业的工人相比，制造业工人通常年纪大，受教育程度低，因此，失业会给这些工人带来更大的困难，令他们难以找到与之前工资水平相近的新工作。有证据显示，那些面临更大的进口竞争压力行业的工人在失业之后的再就业率比较低，即便找到新工作，他们的工资水平也会变得更低。[3] 然而，国内竞争和科技变革也会减少制造业的工作岗位数量，我们很难确定不断增加的进口到底在多大程度上造成了制造业的失业问题。

最近，一系列旨在将贸易冲击对制造业失业的影响进行量化的研究正在如火如荼地进行。例如，戴维·奥特尔与其合作者发现，与中国贸易增长最多的通勤区域（共同组成劳动力市场的县域集群）正是失业工人最多且工资增长最慢的区域。[4] 他们认为与中国进行贸易带来了巨大冲击。自 1999 年至 2011 年，制造业的失业数量（净数量）为 580 万，其中，因为从中国进口商品而导致的失业数量为 100

万。如果把从中国进口商品对其他产业所造成的间接影响也计算在内，那么从中国进口商品导致的失业数量变成200万。[5]

"中国冲击"说

戴维·奥特尔和其合作者从中国贸易冲击这一问题的研究中得出一些结论，并以强调这些有害冲击的巨大影响为主题发表了多篇论文。[①]但是这一问题并未得到完全解决。学者们指出关于中国冲击对美国就业产生影响的这些结论，容易受到数据收集方式以及是否包含了足够的控制变量的影响。[②]关于是否混淆了经济大衰退产生的影响与中国冲击产生的影响，这些问题也引起了人们足够的关注。很多人质疑将所有通勤区域内的失业以及所造成的总失业人数都归咎于中国冲击的结果的合理性。比如，由于贸易而造成的失业，很可能导致中央银行的政策决策者施行更宽松的货币政策，从而增加其他经济领域内的就业。[③]

即便进口导致了失业，经济其他领域的出口也可能会促进就业，即制造业中的失业可能会被农业或服务业中的就业增加弥补。[④]有证据表明，面对来自中国的竞争压力更大的公司（而非单个工厂）实际上促进了美国的就业。成本较低的中国投入品使得与这些进口投入品互为补充的地区竞争力增强。一些公司也重新组织了其业务活动，将经营重心转向遭受中国竞争较少的地区。⑤简言之，将失业归咎于中国进口的冲击只是看到了贸易对就业的一部分影响。如同贸易一样，中国冲击更可能只是将就业进行了重新分配，而非改变了就业总量。

---

① 这些学者将他们所有的论文都集中放置于一个网站内以方便查阅：http://chinashock.info。该网站内含互动式图表。这些学者的其他重要论文还包括戴维·奥特尔、戴维·多恩和戈登·汉森的《中国综合征：进口竞争对美国地方劳动市场的影响》，《美国经济评论》2013年第103卷第6期，第2121—2168页；戴维·奥特尔、戴维·多恩和卡维·玛吉斯的《引进政治极化？不断扩大的贸易风险造成的选举后果》，2016年美国国家经济研究局工作论文集，文章编号22637。
② 参见《经济学家讨论中国进口对美国的影响》，《经济学人》2017年3月11日；加州大学戴维斯分校2017年发表的罗伯特·C. 芬斯特拉、马弘和徐嫄合著的《评"中国综合征：进口竞争对美国地方劳动市场的影响"》；麻省理工学院2017年发表的由戴维·奥特尔、戴维·多恩和戈登·汉森合著的《对罗伯特·芬斯特拉、马弘和徐嫄评论的回复》。
③ 参见《纽约时报》评论专栏2016年7月3日发表的与保罗·克鲁格曼关于相同话题的辩论博文《贸易与工作：纪要》。
④ 参见加州大学戴维斯分校2017年发表的罗伯特·芬斯特拉、马弘和徐嫄合著的《美国出口与就业》一文。
⑤ 参见哥伦比亚大学2017年1月发布的伊尔迪科·毛焦里的《公司重组、中国进口和美国制造业就业》工作论文。

事实证明，这些饱受中国冲击的地区与在 2016 年美国总统大选中最支持特朗普的选区高度重叠。那次选举见证了一场旷日持久的竞选季，特朗普（包括民主党候选人角逐者伯尼·桑德斯）经常抨击希拉里·克林顿通过支持签订协定从而推动国际贸易的做法，这些协定包括《北美自由贸易协定》——该协定由她的丈夫前总统比尔·克林顿于 1994 年推动生效；另一个饱受争议的协定是奥巴马政府推动的《跨太平洋伙伴关系协定》，希拉里时任国务卿。而那些受到贸易严重伤害的选民倾诉自己痛苦的方式就是将选票投给了承诺限制贸易和重新进行贸易协定谈判的候选人。人们对待伤害性经济后果的反应通常是寻求极端的政治立场，放弃那些中立的政客和政党。

最近的研究显示，民众对特朗普反贸易立场的反应并非一种不正常的表现。[6] 在特朗普当选之前，即 21 世纪最初的 10 年里，大量进口中国产品的美国地区的选民便用选票将奉行中立政策的政客赶下台，并投票支持两党之中奉行极端意识形态的候选人。经济动荡带来的后果之一是政治极化加剧的可能。

然而，政治话语不只是对公众观点的回应，它也源于公众观点。在美国 2016 年总统大选的竞选季中，民意调查的结果显示，尽管 2016 年的工资增幅为那几年之最，但公众对贸易和贸易协定的欢迎程度大幅下降。2016 年大选之前，58% 的美国民众支持贸易，只有 33% 的民众反对贸易。而到 2016 年 10 月，支持贸易的民众比例为 45%，反对贸易的民众比例则达到 43%。[7]

能够证明最近与中国进行的贸易损害了美国普通劳动者利益的

证据很重要。但是，关于此问题的前几十年的大量证据也值得我们考量。大多数研究表明，在收入不平等现象加剧的年份里，贸易并不是造成劳动力市场被削弱和收入不平等的始作俑者。大多数经济学家认为科技才是造成这些问题的罪魁祸首，科技增加了对高收入劳动者的需求而降低了对低收入劳动者的需求。

经济学家花费了数十年时间争论到底是贸易还是科技应为美国普通劳动者工资增长迟滞负责。早期研究得出的三种结论似乎表明贸易是无辜的：贸易增长最多的年份出现在 20 世纪 70 年代，而工资增长迟滞以及收入不平等加剧则出现在此时间段之后；所有产业都增加了对高技能劳动者的需求，而减少了对低技能劳动者的需求，这表明注重技能的科技变革很可能是造成上述问题的主要原因；此外，进口产品的数量似乎不足以对劳动力市场造成前述的那些后果（本书的第一章已有阐述）。尽管中国在贸易中崭露头角让人们对早期的结论心生疑惑，而且经济学家还在继续争论这些结论的适用范围和重要性，但是，越来越多的证据表明，贸易带来的影响远比科技变革造成的影响小得多。

此外，我们还需要重点记住，很多经济动荡永无休止，这是由来自国内而非国外的竞争导致的。在市场经济中，公司会将竞争者挤出市场，一些新公司会诞生，一些旧公司会倒闭。

今天很少有公司生产马车、打字机或者电子管。这些产品早就被汽车、计算机和半导体替代了。大型仓储式零售连锁超市取代了家庭式小商店，低廉的价格比起邻里间的互动更能打动消费者。人们喜欢在网上进行视听娱乐，而不再钟情于有线电视。时尚的咖啡店遍布美国，而老式的小餐馆正在消亡。这种创造性破坏总是会造成一些工作的消亡和另一些新工作的出现。实际上，对美国经济而言，仅一个季度就产生 600 多万份新工作和淘汰同样数量的旧工作是司空见惯的现象。

图 3.1　2006—2016 年就业和失业状况

注释：该图显示的是美国非农业就业状况。数据来源：美国劳工统计局。

　　这种动态的工作出现和消失是资本主义自身运转的结果，新产业会替代旧产业，竞争（通常是国内竞争）使得一些企业实现扩张，并造成另外一些企业规模缩减。尽管这种变化能够带来冲击，但是是重新将劳动力引导至最能发挥其效用的位置不可缺少的一环。

外国竞争者还是机器人？

我们很难将国际贸易造成的影响与科技变革造成的影响分割开来，外国竞争者和机器人都给劳动力市场带来了巨大的变化。[8] 在国际贸易同样增长的时段内，科技变革、信息化和互联网让经济出现了翻天覆地的变化。1980 年很少有人或企业会经常性地用到计算机，当然也没人会浏览网页和使用智能手机等。

如果把我上大学时期的科技发展情况讲给我的学生听，那么他们一定会觉得很有意思。30 年前当我第一次教授经济学课程时，我得用打字机把文章打出来。我得用钢笔给我的父母写信，然后通过美国邮局把信件寄给他们。我可能会给我在国外学习的朋友打电话，但是电话费实在贵得离谱：打一次国际长途的花费相当于一个大学生一个月的生活费。如果我需要一些业务服务，我得去"电话黄页"上寻找相关企业的电话和地址信息。当时关于外国经济情况的信息十分稀缺。我只能在图书馆里布满灰尘的资料中找到一些信息，然后手动将数据输入硕大而笨重的计算机里；计算机黑色屏幕上绿色的光标一闪一闪地等待我的输入指令。

之后计算机改变了我们的生活。只要连上互联网，人人就可以免费拨打国际长途电话，甚至举行视频会议。电子邮件可以帮助人们在全世界范围内实现即时交流。只需要鼠标一点，人们便可以查阅国外的资源。计算机的人性化和便携性大大增强。计算机运算能力的成本大幅下降。现在一名大学生的手提电脑的运算能力超过 30 年前世界"财富"500 强企业所拥有的超级计算机。20 世纪 80 年代的超级计算机（比如价格相当于今天 2 000 多万美元的克雷超级计算机）的体积有一间房间那么大，但运算速度却逊于今天的苹果手机。[9]

　　在一代人的时间内，工作场所发生了翻天覆地的变化。自动化和计算机运算给制造业带来了极大的影响。随着科技的普及和成本的下降，每名制造业工人都可以制造出更多的产品。制造业产量自 1987 年以来增长了 83%，尽管同期制造业的就业率下降了 29%（如图 3.2 所示）。

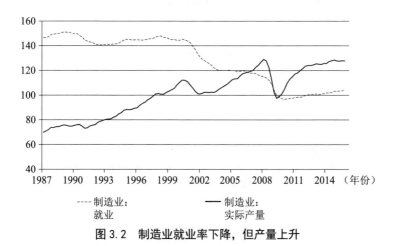

制造业：就业

制造业：实际产量

图 3.2　制造业就业率下降，但产量上升

注释：数据从 2009 年开始统计，初始指数为 100。数据来源：美联储。

　　有研究表明，科技变革造成的一个后果是美国制造业的工人数量大幅减少。科技变革的影响远远超过国际贸易的影响。另一项研究表明，制造业 88% 的工作岗位的消失都拜科技变革所赐。[10] 更多的因果关系证据也表明，美国的制造业正在变得日益自动化。比如，在发布于 2017 年早期的一份备受注目的声明中，福特汽车公司宣称要增加在底特律郊区的制造业工作岗位数量，作为发展自动驾驶和电动汽车项目的一部分。美国汽车研究中心的一位分析师表示："让工程师接触到新科技，至少是第一代新科技，很重要。"他又从更广泛的层面补充道："设备的每一次更新都会使其离传统制造业渐行渐远，而向高科技渐渐靠拢。这也意味着更少的工作岗位。"[11]

　　制造业工作数量减少并不是什么新鲜事。过去半个世纪以来，制造业就业占美国总就业的份额就一直在降低（如图 3.3 所示）。由于贸易冲击在这一时期还没有造成普遍性影响，所以科技变革和经济结构的变化对于制造业工作岗位的减少似乎影响更大。

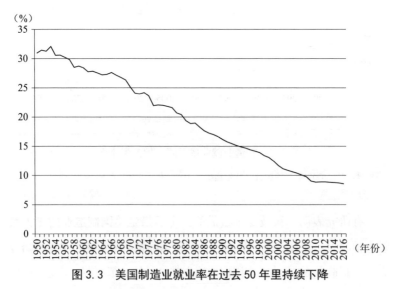

图 3.3　美国制造业就业率在过去 50 年里持续下降

注释：数据显示了美国制造业就业率在非农业总就业中的份额。数据来源：美联储。

过去，尽管科技进步一直都造成了颠覆性影响，但这没有造成工作总数量的减少或较高的失业率。实际上，很多科技革命最终提高了人们的生活水平，并为普通劳动者带来了巨大的机遇，从极大提高人均农业生产效率并向城市输送劳动力的农业革命开始，到后来创立生产线的工业生产革命均如此。工作效率的提高并不意味着工作岗位的减少，只是工作被重新分配了。两个世纪以前，3/4的劳动力集中在农场，而现在这一比例低于总劳动人数的2%。[12] 虽然农业生产力提高了，但这并没有让原本要从事农业生产的人失业，这部分人在城市中找到了新的就业机会。

农业生产效率的提高带来极大的好处。1960年，美国人用于食物的花费占了家庭收入的1/5，大量的食物加工工作也要由他们自己在家中完成。而如今，美国人的食物花费仅占其家庭收入的1/12，其中还包括原本要在家中进行食物加工的成本（不涉及金钱支付的情况）。[13] 制造业生产效率提高同样意味着我们不需要更加努力工作就能购买大部分制成品，比如汽车、衣服和家具。

但是，最近几十年的科技革命还是带来一个问题。这一问题并不是工作数量的减少，而是某些劳动者（能够被计算机和机器人取代的劳动者）的劳动需求系统性地降低了，而另外一些劳动者（能够利用计算机和机器人提高其生产力的劳动者）的劳动需求则提升了。计算机为这两类劳动者带来了截然不同的命运。比如，银行出纳、加油站工作人员、秘书和工厂工人分别被自动取款机、自助刷卡服务、电脑打字和语音信箱、机械化程度更高的工厂取代。但是，工程师、软件开发人员、科学家、影星和金融经理等却从计算机那里获得了一臂之力。计算机让某些劳动者变得千金难求，而让另外一些劳动者变得步履维艰。

现在人们也在担心科技变革的最新浪潮可能对劳动力市场造成比之前的技术革命所造成的更大的影响，更多数量的劳动者将会被"取代"而不是获得"支持"。因为现在计算机不仅能取代人类的体力劳动，还能代替人类进行思考和分析工作，所以计算机可能会威胁到更多类型的人类工作。先抛开人工智能和其他计算机运算技术是否真具有巨大威力不说，这些持续的科技变革很可能会加剧收入不平等问题。

如同我们在第一章中描述的那样，劳动力市场上出现的这些令人担忧的趋势并不仅限于美国或其他发达国家。实际上，发展中国家也出现了类似的趋势，这一事实可以让那些倾向于把发达国家出现问题的原因归于国际贸易的人停止这种指责。如果贸易减少了对美国劳动力的需求，那么它会增加对中国劳动力的需求，因此，中国的劳动力收入份额会增加而经济不平等会缩小。

教育与科技的较量

20世纪初，能够从高中和大学毕业让人们受益匪浅。例如，20世纪20年代，美国通用电气公司招聘的新员工必须掌握代数、机械绘图、几何、平面三角学、基础物理和应用电力等工作必需的知识。从 1890 年到 1970 年，美国普通劳动者逐渐满足了工作对其技能的需求，他们所接受的教育程度超过了科技发展的速度，因此造成教育程度较高劳动者人数过剩的现象。近几十年来，随着毕业生们逐渐发现自己所学的东西无法满足由现代科技所包围的工作岗位的需求，这种劳动供应过剩变成了短缺。大学学费不断攀升成了越来越少的人能够掌握当今劳动力市场所需要的关键技能的原因之一。①

对技术型普通劳动者的需求和美国普通劳动者教育程度之间的差距在过去 40 多年变得越来越大，美国普通劳动者所接受的高等教育比例始终不见起色。这对那些要求高科技的产业打击尤为严重。②据估计，2020 年美国普通劳动者的需求量短缺将达到 500 万人，65% 的工作都要求大学学历。这使得一些科技巨头争相寻求解决办法。比如，谷歌最近为学校研制并推广了一些应用程序和在线工具，以弥补教育和科技之间的鸿沟。谷歌向 1 000 万学生提供了谷歌在线课堂应用程序，并让他们通过谷歌网络笔记本进行写作和纠正文字错误。尽管这些努力有助于美国学生应对科技的挑战，但是，美国孩子面对的是一场马拉松而非短暂的冲刺比赛。③

---

① 此外，雇主所看重的技能和大学生所选择的专业之间也存在着较大的

鸿沟，所学专业为工程学和计算机科学的工人极度短缺。参见凯尔西·吉于 2017 年 4 月 26 日在《华尔街日报》上发表的《大学毕业生有哪些欠缺》一文。

② 参见杰弗里·斯帕肖特于 2016 年 4 月 19 日在《华尔街日报》上发表的《面临严重劳动力短缺的美国职业》一文。

③ 关于这一复杂问题，请参考哈佛大学出版社 2009 年出版的由克劳迪娅·戈尔丁和劳伦斯·卡茨合作的《教育和技术的竞赛》一书。

实际上，中国见证了相反的趋势，即加剧的收入不平等现象和下跌的劳动收入份额。很多其他发展中国家也出现类似的趋势。这一点怎么解释呢？一种可能性是信息革命和科技变革在世界范围内增加了对那些高技能劳动者的需求，而减少了对低技能劳动者的需求。[14、15]

科技变革造成了很多国家制造业就业比例的降低，这些国家包括比美国贫穷的国家。在墨西哥、南非和土耳其，近几年制造业就业比例持续下跌；德国、日本、英国、韩国和美国以及其他 20 国集团成员国大致也遭遇了相同的状况（如图 3.4 所示）。

因为国际贸易和科技变革往往互相推动，所以我们很难区分二者在对劳动力市场造成影响方面的责任。全球化加速了科技扩散，而外来竞争压力又推动了劳动节约型创新。科技变革通过降低通信成本推动了全球化发展，并为全球供应链面临的物流难题提供了解决方案。

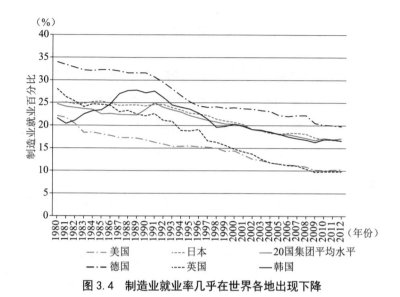

图3.4　制造业就业率几乎在世界各地出现下降

数据来源: 美国劳工统计局的国际劳工比较项目。

全球经济中的垄断和超额利润

我们在第一章中谈到, 超额利润也是造成普通劳动者身陷窘境的原因之一。当企业家进行充满风险而又独具匠心的创新时, 总会有一部分人时来运转, 获得丰厚回报。有充分证据表明, 大公司的市场势力和公司利润出现了增长。[16] 那些最成功的公司从它们的投资中收获了惊人的利润, 其利润率通常超过20%或30%。[17] 这造成了公司现金储备的巨额增长, 公司利润在全球收入中占据的份额越来越高。[18] 在美国, 超额利润份额在公司总收入中的占比超过3/4,

公司利润在美国国民收入中的比重超过过去半个世纪中的任何一个时期。[19、20]

有证据显示，规模最大且盈利最多的公司每一美元销售额消耗的劳动要低于普通公司，这些"超级明星"公司才是劳动收入份额持续降低的罪魁祸首。普通公司与10年前相比，每一美元销售额所消耗的劳动量并没有减少。但是这些普通公司的重要性与往昔相比下降了很多。[21]

国际商务我们将在第六章中讨论，但是我们现在能清晰地看到不断增长的公司利润在世界范围内对不断降低的劳动收入份额和不断加剧的不平等负有责任。此外，如同我们第一章提到的那样，社会规则、工会作用持续下降、税收政策变化以及其他因素也可能导致了令人担忧的劳动力市场后果的出现。

无论如何，假如国际贸易持续对劳动者造成伤害，那么一些人会据此抵制全球化。毕竟，贸易协定签署的决定权掌握在政府手中，而社会规则、科技变革以及公司市场结构可能更难以改变。相较于其他手段，贸易限制措施在政治上更受欢迎。外国人很容易被当成替罪羊，贸易保护主义政策看上去很爱国。

然而，这种解决方案恰好会伤害到他们宣称要保护的那些劳动者。抵制国际贸易不但没有效果，而且会适得其反。接下来，我们会分析原因，并讨论未来的路应当如何走。

第四章

贸易政治和贸易政策

每个人在经济生活中扮演的角色主要有两种：一种是生产者，另一种是消费者。当扮演生产者时，我们将自己的劳动出售给生产产品或提供服务的公司——此时，国际贸易通常会让我们感到不舒服。第三章已经说明国际贸易会带来更加激烈的竞争环境，受教育程度较低的普通劳动者可能会受到来自拥有较低劳动成本的国家竞争所造成的不良影响。如果普通劳动者拥有较弱的谈判能力，当公司将生产转向海外（或仅仅威胁这么做）时，那么普通劳动者的工资增长便会遭到限制。第六章将会对跨国公司的作用展开详细的讨论。

但当我们扮演消费者时，国际贸易带来的好处几乎无处不在。我们可以拿我们购买的产品为例。我们买的每一杯咖啡，在冬季购买的水果，我们的衣服、鞋子、电脑、家电、汽车以及其他大部分商品，都因国际贸易变得更便宜。即使在我们购买国内生产的这些

開 放

产品时，它们的价格也会很便宜，因为这些商品必须和从国外进口的同类商品进行竞争。但是，如果我们将进口商品的关税提高 30%，那么我们所购买的大部分商品的价格便会上涨，从而削弱工资的购买力。

国际贸易不仅降低了我们购买消费产品的成本，而且增加了我们购买消费产品的种类。最近几十年，进口产品的种类增长了3 倍。尽管我们很难对消费者选择的增加进行价值量化，但一些学者相信价值是巨大的。[1] 当仔细思考我们所购买产品的产地时，我们便会直观地感受到这一点。能够一年四季买到鲜花和享用国外进口的红酒和啤酒是一件幸事，更不用说各种各样的国际食品、衣服、玩具、电子产品和汽车了。国际贸易为消费者提供了充足的选择。

尽管我们很容易理解国际化产品带来的好处，但人们还是易于采取贸易保护主义政策来帮助受到伤害的产业。重要的是，我们要记住，这些贸易保护主义政策会造成巨大的成本代价。通过数十年的研究，经济学家一致认为关税会造成巨大的附加伤害，保全那些受到保护的产业中的工作，通常会让消费者承担巨大的成本代价。一份针对 31 项案例研究的分析指出，保护主义措施每挽救一份工作就会给所有消费者平均增加超过 50 万美元的成本支出。[2] 最近对从中国进口的轮胎施加关税（从 2009 年至 2012 年）的研究表明，每挽救美国轮胎制造业中的一份工作，美国消费者就要承担 90 万美元的成本支出。然而，对美国轮胎制造业工人来说不幸的是，低于 5%的美国消费者支出的额外成本会转化成这些工人的工资。[3] 同时，由于中国采取反制措施，美国其他行业的工人也受到了伤害。中国对鸡肉征收关税伤害了整个家禽产业，使美国对中国的出口贸易额减少了 90%。

关税也是最落后的税收方式之一。这里列举三个原因来说明关税会给那些低收入群体带来极大负担。第一，关税不会对已储蓄的收入造成影响，只会对用于消费的收入造成影响。如同其他消费税一样，比如美国很多州实行的营业税，关税会给贫穷的家庭带来更多压力。穷人和中产阶级通常倾其全部收入来满足其消费需求，他们的储蓄很少。第二，尽管进口奢侈品关税可能更高，会给富裕家庭带来更大压力，但实际上这种情况不会发生。相反，那些贫穷家庭最依赖的进口生活必需品的关税已经出现提高的趋势。[4]第三，较贫穷以及中产阶级消费者在消费进口商品份额方面已经超过富裕消费者。研究人员发现，在很多国家中，相对于非贸易服务来说，较贫穷的消费者所消费的贸易产品比较富裕的消费者要多，这一点在美国尤为明显。[5]在美国，关税会减少最贫困的 20% 的人口的税后收入，按百分比计算，这一被关税吞噬的份额是最富裕的 20% 的人口被消耗份额的 3 倍。[6]

尽管消费者能从国际贸易中获益良多，但是消费者在政治上往往缺乏组织性，他们不可能抱团发声来支持开放的国际贸易。相反，贸易自由化通常是基于对其他因素的考量而取得进展的。出口企业为追求利益与面向全球的跨国公司联合起来支持开放的贸易体系。此外，政策制定者往往出于某种政治目的而追求贸易协定。

关税为政府创收的岁月

关税在美国税收历史上扮演着重要角色，直到 20 世纪早期，关税一直是美国联邦政府收入的主要来源。在被称为"镀金时代"的 19 世纪最后几十年里，不平等现象加剧，这引起了人们的警惕。关税的确给工薪阶层增加了负担，一些政策制定者开始担心关税本身的落后性。那些富裕的"强盗资本家"面临的税收负担却很小，他们的收入只有很少一部分花费在征收关税的消费品上，且他们不需要缴纳高额的财产税。史蒂文·韦斯曼在其《伟大的税收战争》一书中记录了政府对资金的需求引发了激烈的政治斗争，并最终导致所得税的实施。1913 年，《美国宪法第十六修正案》被批准，这彻底扫清了征收所得税的宪法障碍。美国联邦所得税也于同一年开始征收。

对贸易协定的误解

最近美国的公共辩论让人感兴趣的一点是对贸易协定的重视——包括之前签订的《北美自由贸易协定》以及《跨太平洋伙伴关系协议》等协定。但是很多观察者并没有意识到这些贸易协定能够带来什么以及这些协定对美国普通劳动者的影响是多么有限。

美国对几乎所有进口商品都征收很低的关税。所以，当美国签署一项自由贸易协定时，考虑到美国的关税已经很低了，美国一方所承诺的关税降幅微乎其微，而其贸易伙伴一般会承诺大幅降低关税。美国签署的自由贸易条约（在世贸组织或关贸总协定框架下）规定自由贸易协定应当推动贸易实现完全自由化，而不是仅仅降低贸易壁垒。我们想象一下，如果一个国家的平均关税税率为1%，而另外一个国家为20%，那么这两个国家签署的相互取消关税的自由贸易协定将具有内在的不对称性。

美国在过去几十年里签署了各式各样的双边和地区贸易协定已经对贸易采取了非常开放的姿态，实际上，其在降低贸易壁垒方面几乎无须再做太多努力了。比如在签署《北美自由贸易协定》时，美国的平均关税率为4%，而墨西哥为10%。此协定使墨西哥取消了大量的贸易保护措施。[7] 这也就解释了为什么那些支持这些贸易协定的人通常会庆祝他们帮助美国创造了一个"公平的贸易环境"；协定各签署方应该在平等的基础上实施进口，在无障碍的条件下从事贸易。（一些体育术语经常出现在这一领域里，比如，我们应该在终场结束前发动攻势，扭转劣势，不是吗？）

过去以及最近关于《北美自由贸易协定》的讨论，通常会引发更大的争议而不是产生解决问题的方法。《北美自由贸易协定》于1994年生效，尽管美国与加拿大于1989年就签署了一份自由贸易协定。1992年，美国总统候选人罗斯·佩罗曾预测《北美自由贸易协定》将会发出"巨大的吮吸声"，墨西哥会夺走美国的经济机会。但这种担心并没有变成现实。

取消关税对纺织、服饰、汽车和农业带来的影响最大，但是签署《北美自由贸易协定》后的数年内，美国经济整体上并未受到影响。1994年至2001年美国失业率从6.9%降至4%，并新增了1 700万新的工作岗位。签订《北美自由贸易协定》后，每年只有5%的工作流失与墨西哥进行的贸易有关，而23%的工作流失则拜科技进步所赐。[8]《北美自由贸易协定》对总体贸易平衡的影响也微乎其微，而后者作为一种衡量手段更多地受到国内宏观经济形势的影响（下一章将对此展开讨论）。

那么对于贸易协定和贸易本身而言，现有证据从更广义的层面看能证明什么呢？答案令人吃惊。很多研究发现，贸易协定对贸易往来的影响并不大。比如，在排除能够影响贸易的变量（比如经济规模和地理因素）之后，我们没有证据表明世贸组织成员加强了贸易往来。[9]为什么？简言之，事实胜于雄辩。一个国家做出签署贸易协定的决定产生的影响力远不及该国对贸易本身总立场产生的影响力。通常，像中国这样的国家在加入世贸组织之前，一般已经施行了数年的单边贸易开放政策。它们正式签署协定并不会对其自身的贸易行为和贸易方式产生多大影响。[10]换言之，外国的国内政策决定可能是近几十年来贸易往来增加的决定性因素——除了减少运输成本的便利性因素和更为重要的通信成本的极大降低。贸易协定本身的作用相对较小。

无论如何，贸易协定的很多方面实际上与贸易本身并没有多大关系。比如，《跨太平洋伙伴关系协议》的大部分内容与知识产权、劳工标准、环境标准和汇率操纵有关。这些内容是否与贸易协定有关系还有待商榷。从理论上讲，我们没有理由拒绝将贸易之外的东西纳入贸易协定，但实际上，贸易协定应该包括哪些内容，通常尚存争议。

贸易协定的意义

很多人认同贸易协定意味着要实现签署国之间贸易的自由化。但人们对贸易其他作用的意见很难达成一致。包括保护知识产权在内的现存的贸易协定的一些条款已经引起了巨大的争议。当高利润医药公司的利益与贫穷国家寻求便宜药品民众的需求相冲突时，很多人质疑运用贸易协定来帮助医药公司获益的正当性。而更大的争议聚焦于投资者与国家间争端的解决机制，这些机制允许公司运用特别仲裁程序起诉政府。很多人认为这些贸易协定应当被依靠国内法律的措施取代。在这两个备受质疑的领域中，目前贸易协定的内容在很多人看来过于宽泛。

尽管这些饱受争议的现象的确存在，但是这些较为宽泛的协定却有着存在的意义。例如，如果国家担心存在税收或者监管性竞争，国际协定可以帮助避免"逐底竞争"。政府可以利用这些协定提高标准，降低跨国公司将各国政府置于相互竞争状态的能力。

拒绝《跨太平洋伙伴关系协定》

《纽约时报》2015 年 5 月进行的民意测验显示，78% 的受访者表示他们"很少了解"或者"根本不了解"《跨太平洋伙伴关系协定》。此后不到一年的时间，《跨太平洋伙伴关系协定》成了 2016 年美国总统大选的热门话题之一，受到民主党和共和党的一致抨击。特朗普在上任后不久便宣布美国退出《跨太平洋伙伴关系协定》。

《跨太平洋伙伴关系协定》由 12 个太平洋沿岸国家共同协商，它们是日本、马来西亚、越南、新加坡、文莱、澳大利亚、新西兰、加拿大、墨西哥、智利、秘鲁和美国。这些国家的国内生产总值之和占全球国内生产总值的 37%，它们的总人口超过 8 亿人。《跨太平洋伙伴关系协定》的目标是在几年内通过取消关税打造一个自由贸易区。该协定的条款涉及数字商务、知识产权、人权和环境保护等内容。它扩大了劳工权利，极大地增加了享有强制性劳动标准的人口。该协定包含的环保条款旨在解决净化海洋、野生动物走私和伐木等问题。[①]这些条款是对《北美自由贸易协定》批评的回应;《跨太平洋伙伴关系协定》为美国、加拿大和墨西哥重新商定《北美自由贸易协定》中饱受争议的相应条款提供了机会。[②]

《跨太平洋伙伴关系协定》也包含增加美国与该地区盟国关联的政治意图。美国的退出引发了怨言,新加坡总理表示很多国家"将在未来很长一段时间里感觉受到伤害"。同时,中国通过"一带一路"基础设施投资计划加强了在东南亚地区的投资,《跨太平洋伙伴关系协定》则将在缺少美国的情况下继续前行。剩余的 11 个国家在 2018 年 3 月签署了最终协定,该协定已被更名为《全面与进步跨太平洋伙伴关系协定》。[③]

是谁最终导致了美国无缘《跨太平洋伙伴关系协定》呢? 对此负主要责任的不止特朗普总统一人,还包括其他 2016 年总统候选人、代表不同意见的政客以及对该协定认识不足的公众。更重要的是,美国并没有举行针对该协定内容的综合性讨论。

---

① 关于该协定更多内容请参考白宫经济顾问委员会发布的《总统经济报告》(2015 年华盛顿特区美国政府印刷办公室印制),第 302—303 页。
② 2016 年 11 月发布的白宫经济顾问委员会的简报标题为《如果不通过〈跨太平洋伙伴关系协定〉,那么美国的相关产业和工作便面临风险》

总而言之，贸易协定存在的理由与政府存在的理由一样。缺少政府管理和政府机构，个人和公司便无法解决重大的社会问题：他们无法保障合同的执行，运输和通信的成本会变得极其高昂，他们也无法获得法律规定和社会安全网所提供的保护。同样，没有国际协定，各国在追求共同利益时也会面临严峻的挑战。良好协定的重要之处在于，其能够设置行为规则，推动能预防相互伤害的经济政策，促进和平和繁荣的国际关系。

贸易协定与政治紧密相关

既然国家总是可以单方面选择实行贸易自由化，那么我们想知道为什么各国还要不辞辛苦地进行贸易协定谈判。举行贸易谈判除了制定贸易规则这一重要的功能，还能发挥重大的政治作用。

首先，贸易协定能够对未来的政府进行限制，而且与国家一直在反复讨论其理想化贸易政策的做法相比，贸易协定能够建立更加开放和自由的贸易体系。作为关税联盟的欧盟便是一个例子。[11] 关税联盟的成员不仅同意成员之间实行自由贸易，而且还制定并遵守相同的政策来与非成员方进行自由贸易。[12] 因此，即便一个欧盟成员国选举出一个民族主义政府，该政府也几乎无权在该国与其他成员国或非成员国进行自由贸易时设置贸易壁垒。对于该政府而言，彻底夺回贸易政策制定权的唯一出路便是脱离欧盟——这就是英国正在做的事情，而这也让很多遵守此规定的成员国感到沮丧。

中国 2001 年加入世贸组织也是出于相同的政治考虑。中国一旦加入世贸组织，就意味着中国政府要持续实行自由贸易政策。包括美国在内的其他成员不得对中国产品实行歧视性待遇。[13]

还有另外一种贸易协定能够推动政治目标的情形：贸易协定通常被用来改善国家之间的关系。欧盟的成立就是一个很好的例子。欧洲在经历了数个世纪的斗争之后，欧盟的缔造者便明确地提出要增强欧洲各国对彼此的经济依赖性，以便降低相互在未来发生冲突的可能性。欧盟成立的第一步是在最初的 6 名成员国之间（法国、德国、意大利、比利时、荷兰和卢森堡）达成一个贸易协定，来实现煤炭和钢铁这两大重要的军事产品投入品的贸易自由化。同意在这两种大宗商品市场上相互依赖基本意味着彼此不再开战。最近，欧盟实现了扩张，将很多原本属于苏联的加盟国变为欧盟的成员国。包括拉脱维亚、立陶宛、爱沙尼亚、波兰、匈牙利和捷克在内的新欧盟成员国，都认同加入欧盟是一种与欧洲保持更紧密联系并间接抵御外部潜在威胁的手段。

即便是《北美自由贸易协定》，美国也有很强的政治动机，即将墨西哥也纳入争议较少的《美加自由贸易协定》。美国希望通过这样做把与自己共有 2 000 英里 ① 边境线的墨西哥变成一个更加稳定、繁荣和民主的国家。同时，美国也希望一个更加繁荣的墨西哥能够减少从该国涌向美国的非法移民数量。当然，进行毫无事实依据的假设并不容易。我们无从得知不签署《北美自由贸易协定》会出现什么样的后果。但是，我们很清楚《北美自由贸易协定》带来的影响远不仅限于贸易领域。

比如，在加入《北美自由贸易协定》之后不久，墨西哥便遭遇一场宏观经济危机。这场危机与加入《北美自由贸易协定》无关；它是由墨西哥本身存在的宏观经济问题引发的，包括过度借贷和墨西哥比索虚高。1994 年当墨西哥比索快速贬值时，该国很难还清短期债务——包括因为比索迅速贬值而造成更大负担的很多美元债务。这场危机蔓延到其他国家的方式被戏称为"龙舌兰酒效应"。为了帮助稳定墨西哥经济，克林顿政府通过行政手段下令援助墨西哥。这一行动得到回报。墨西哥经济很快便从这场危机中恢复过来，并在两年时间内还清了从美国联邦政府所借的 125 亿美元债务。而克林顿政府的这一决定在当时引发了争议。但是如果没有《北美自由贸易协定》所缔结的政治关系，那么墨西哥恐怕无法得到其急需的援助。

如同人们在欧盟早期讨论的那样，各成员国通过紧密的经济联系加强了和平合作的意向，从而使得所有成员国受益。这在经济上阻止了冲突或战争的爆发。当成员国彼此依赖，成为各自的产品市

---

① 1 英里 ≈ 1.609 千米。——编者注

场,作为彼此重要产品的供应商,作为彼此的借款方,或者成为当资产获得较少风险或更丰厚回报的投资地时,它们不太可能在彼此利益相互冲突时诉诸武力。

我们可以看一下美国和中国的关系。两国在经济上相互依赖。美国为中国产品提供了一个规模巨大且种类丰富的市场。美国同时也提供了一个大规模和高端的金融资产市场,中国的存款可以在这里获得安全的回报。中国为美国消费者提供了大量的低成本产品,并为美国公司提供半成品,帮助它们在全球市场取得更大的成功。与其他国家相比,中国的资金来源也更可靠,可以为美国政府和私人投资者提供数额巨大的低息贷款。这些能互惠两国的巨大经济利益会改善中美关系,降低摩擦上升为更大规模的斗争或战争的概率。

限制贸易能帮助美国普通劳动者吗?

美国普通劳动者所承受的痛苦千真万确。如同第一章论述的那样,工资增长停滞,收入不平等不断加剧,劳动收入份额持续降低,都是美国经济中存在的重大问题。除美国外,这些相同的问题也困扰着许多国家和地区。中国、印度、欧洲和其他地区的普通劳动者也受到这些问题的困扰。

要贸易，不要战争

上一个伟大的全球化时代以第一次世界大战的爆发而告终。不断加剧的民族主义和冲突，突然终结了见证国际贸易和移民不断发展壮大的时期。一直到大萧条和第二次世界大战结束，各国才重新开始发展国际经济关系，由《关税及贸易总协定》衍生出来的世贸组织、国际货币基金组织和世界银行（最初为各国战后重建提供资金）得以确立。

很多研究表明，国际贸易与政治冲突可能性的降低有关系。一些理论提出一些可以促进和平的贸易机制。在增加资源方面，发展贸易比发动战争的成本要低，贸易可以加大冲突的损失，更加自由的贸易可以打击那些崇尚保护主义和激进外交政策的国内群体。

一项研究表明，如果将一个国家的保护主义从 90% 降低到 10%，那么该国卷入冲突的可能性会降低 70%。[1] 其他一些研究发现，经济上最不自由的国家比经济上最自由的国家卷入冲突的可能性要高 14 倍。[2]

尽管其中的因果关系几乎很难确立，但是像军事花费和军事人员等民族主义的象征因素，与贸易在经济中的重要性之间存在着相当大的负面关系。崇兵尚武的国家以及这些国家的贸易伙伴的贸易规模较小。③民族主义情绪与贸易开放的负面观点之间联系密切。④闭关锁国和思想禁锢既有损繁荣也会破坏和平。

---

① 参见帕特里克·J.麦克唐纳的《和平来自贸易还是自由贸易?》一文,发表于2004年《消除冲突杂志》第48期(第4篇,第547—572页)。
② 参见埃里克·加兹克在2005加拿大自由市场智库菲莎研究所发表的年度报告《世界经济自由度》中的《经济自由与和平》一文。
③ 参见达龙·阿西莫格鲁和皮埃尔·亚雷德2010年在《美国经济评论》第100期(第2篇,第83—88页)发表的《全球化的政治局限性》一文。
④ 参见安娜·玛丽亚·迈达和达尼·罗德里克2005年在《欧洲经济评论》第49期(第6篇,第1393—1430页)发表的《为什么一些人(国家)会更加支持保护主义?》一文;凯文·H.奥罗克和理查德·辛诺特2006年在《欧洲政治经济学杂志》第22期(第4篇,第838—861页)上发表的《个人态度对移民的决定性因素》;爱德华·D.曼斯菲尔德和戴安娜·C.穆茨2009年在《国际组织》第63期(第3篇,第425—457页)上发表的《支持自由贸易:利己主义、社会依赖性政治和对外群体焦虑》一文。

尽管国际贸易不是唯一或最重要的原因,但它确实在让美国中产阶级身陷窘境方面难辞其咎。人们有充足的理由怀疑与低收入国家进行贸易会让美国普通劳动者的工作环境变得更加充满竞争性,从而给他们造成压力(如图4.1所示)。这会降低他们的工资并削弱

其谈判能力。与此同时，美国非常适合生产那些需要充足资本、高技能劳动、研发资金和技术的产品。随着贸易帮助美国的出口行业实现了扩张，资本拥有者和高技能劳动者受益匪浅。

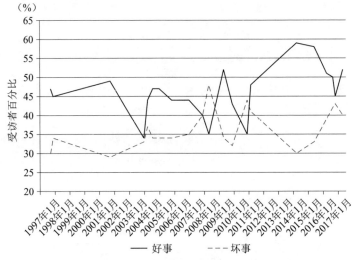

图 4.1　贸易协定是好事还是坏事？

数据来源：皮尤研究中心。

　　然而，不仅美国普通劳动者，包括不发达国家在内的世界其他地区的劳动者，也遭遇了劳动收入份额在国民收入中比重下降以及收入不平等加剧等问题。这不禁让人怀疑国际贸易可能不是造成这些问题的唯一因素。信息革命和科技变革造成的普遍影响也是不可忽略的重要因素。计算机淘汰了一些劳动者，但也帮助另外一些劳动者提高了生产效率，这对收入分配造成重大影响，即在伤害社会贫困人群的同时帮助了富裕人群。此外，科技与全球化共同帮助世界经济中最成功的赚钱者将其原本巨额的收入成倍地提高，帮助他们把点子销往全世界以攫取高额利润，并压缩其他群体的收入。公司利润和垄断权力在扩大，普通劳动者面临的压力进一步增大。

当然，这些全球化趋势的失败者并不高兴，他们奋起反击，将选票投给了那些承诺实施民粹主义干预措施的候选人，这些措施包括设置贸易壁垒，惩罚那些将工作机会转向海外的公司，重新协商或者干脆退出之前的贸易协定。然而，民粹主义者建议恢复全球化之前的状态，并不意味着回到科技创新之前的旧时光。当然，如果我们丢掉我们的计算机，或者禁止使用计算机，那么的确是一种快速增加低技能劳动者需求并恢复往昔经济状态的途径。这会使海量的劳动力需求骤然出现，那些曾经由计算机帮助我们所从事的工作需要重新由人力完成。

然而，这种观点无疑是愚蠢的。首先，不要说实现科技倒退了，延缓科技进步都很难实现。（尽管这不是不可能实现的，战争可以通过摧毁资本和减少非军事投资导致科技倒退。）其次，人们已经认可了计算机在经济领域带来了高效率等诸多裨益，切切实实地在很多方面影响着我们的生活，所以主张放弃计算机的想法是不可思议的。

重要的是我们要认识到，国际贸易和科技变革能造成此消彼长的结果。二者能在众多领域提高效率，造福消费者，帮助很多经济领域实现"崛起"。但是它们同时也能产生众多怨声载道的失败者。不过，与科技变革不同的是，全球化更可能可逆，我们可以轻易地采取政治行动来削弱或者逆转全球化。人类历史上的确有过此种先例。比如，在之前的全球化"黄金时代"（1870 年至 1913 年）之后，出现了充满战争，经济萧条，造成贸易、国际投资和移民大量减少的反全球化时期。所以，政策制定者采取行动逆转当今的全球化"浪潮"并不是一件难事。

国际贸易的支持者面临一个棘手的政治问题。因为消费者往往不会留意贸易带来的益处，所以这些被分散到整个经济领域之中的益处往往容易被忽视。出口行业获益有助于建立起支持国际贸易的公司，但这些公司的普通劳动者可能不会轻易地将他们的就业机会与他们公司将其产品销往世界联系起来。然而，进口压力造成的损失却容易引起人们的注意，因为这会造成普通劳动者薪水降低和失业。另外，与计算机不同的是，外国人很容易变成被责怪的目标。这就会给一个开放的贸易体系带来重大的政治问题。

美国人喜欢贸易吗？

美国人喜欢贸易吗？简言之，视情况而定。民意测验曾经显示美国民众支持国际贸易的比例相当高。然而，从 2015 年至 2017 年，民众支持贸易的比例急剧下跌，尽管这些年的工资增长率要高过美国历史上的平均工资增长率，且失业率较低。可能是政治话语影响了选民的观点，国际贸易支持率下跌在已登记的共和党选民中表现得尤为强烈。在 2017 年一项关于《北美自由贸易协定》的民意测验中，只有 22% 的共和党人认为该协定对美国有利，而 67% 的民主党人持相同观点。但 2000 年，两党的观点差别并没有如此之大。那时，46% 的共和党人和 49% 的民主党人支持《北美自由贸易协定》。[1]

这也表示公众观点较少地由自我利益所影响，而较多地由认为什么是对社会有益的个人观点所影响。比如，最近的研究表明，我们无法根据某普通劳动者所在的行业预测出该行业其他普通劳动者对贸易的观点。而其他的政治观点则能做出相关的预测。那些赞同孤立主义、民族主义或者种族优越主义的人更有可能反对贸易。[2] 教育程度也会起作用，那些接受正式教育年限越多的选民越有可能支持贸易。

---

[1] 详见 2017 年 2 月 24 日盖洛普发表的"美国人在关于北美自由贸易协定对美国是好还是坏的问题上产生分歧"这一政治话题的民意测验，http://www.gallup.com/poll/204269/americans-split-whether-nafta-good-bad.aspx。

[2] 参见 N. 格雷戈里·曼昆 2016 年 7 月 29 日在《纽约时报》数据新闻项目 The Upshot 上发表的《为什么选民们不认可经济学家认为全球贸易能带来益处的观点》一文；爱德华·D. 曼斯菲尔德和戴安娜·C. 穆茨合作的《支持自由贸易》一文。

虽然这一政治问题让人沮丧，但是依然有足够多的理由反对贸易保护主义。通过放弃贸易、施加 30% 的关税、剔除国际贸易协定中有关贸易自由化的条款来减少贸易，都会给美国经济和美国普通劳动者造成巨大的损失。尤其是：

- 关税会给消费者造成损失，尤其会对中低收入普通劳动者造成有害影响。

- 过高的中间产品价格以及我们贸易伙伴的报复行为，也会伤害我们的出口行业以及这些行业内的普通劳动者。

- 要替代原本从中低收入国家进口而来的产品，我们需要从其他产业中抽调劳动力从事相关生产，这样又会削弱这些产业。这一做法本身会带来冲击和问题。

- 因为包括科技、垄断权和社会规则在内的很多其他因素也造成了普通劳动者的悲惨处境，所以仅限制贸易可能不会有效果。而这又可能导致更大的政治压力来实行更加严苛的贸易限制。

重要的是，此举所造成的负面影响会在国际舞台上展现出来。国际关系将受损，能把各国凝聚在一起的彼此的依赖关系将进一步被削弱。脆弱的国际同盟关系和国家友谊让国际困难的解决变得更加困难，并提高了战乱发生的风险。

限制贸易是错误的

我们很难明确指出贸易和科技变革二者对美国普通劳动者身陷

窘境的具体影响——但重要的是，这并不要紧。无论二者谁应当担负主要责任，通过设置贸易壁垒（或者放弃电脑）来"解决"问题将会造成很多间接伤害。我们有更好和更直接的方法来帮助普通劳动者。

第八章到第十章会更加详细地列出一些政治建议，但是目前章节的一个统一主题（或许在意料之中）就是直接关注普通劳动者。最直接的方式莫过于我们要努力确保所有人能从增加国内生产总值的经济变化中获益。税收体系能够提供一种行之有效的手段来实现这一目标。通过减轻收入底层群体的税收负担以及为最贫困人口提供可退税额度，税收体系能够帮助大部分美国人从经济增长期中获益。对于那些具备施行这些税收政策政治意愿的人士来说，这种手段简单可行。

与此同时，如果我们对教育进行投资，普通劳动者就能更好地为应对世界经济所带来的竞争做好准备，并利用科技变革为他们自身服务。受过教育的普通劳动者会让计算机成为助手而不是对手。良好的公共基础设施也是帮助美国普通劳动者提高生产效率的重要因素。尽管其中一些方案需要时间才能发挥效用，但是它们确实至关重要。此外，那些处境困难的普通劳动者还应得到贸易调整援助（普通劳动者因国外竞争而失业会获得补偿）、工资保险（普通劳动者转行至低收入工作会获得工资补助）和可退税额度（普通劳动者在低收入时能够增加其工资）的帮助。在制定理想的政策以应对这些重大的经济趋势时，劳动法和社会规则的变化也会发挥相应作用。

还有一个关键问题亟待解决。假如没有帮助这些普通劳动者的政治意愿，我们从国际贸易中的收益还值得我们承受因贸易而造成的损失吗？当然，我们很容易展示国际贸易收益在总体上超过了因贸易而产生的损失，但是，我们也应当清楚一些个体将会受到贸易的伤害。如果贸易中的失败者无法得到赔偿（这样做在政治上不讨喜），那么贸易还值得我们去承受其造成的麻烦吗？

尽管这一问题很难回答，但是我们应当记住一些重要的道理。首先，美国至少还有机会对此问题进行辩论，而其他很多国家不得不从事国际贸易。这些国家规模太小，不足以实现自给自足。其次，目前没有证据表明国际贸易是给众多普通劳动者造成苦难的唯一或主要原因。很多其他因素，包括科技变革、租金、市场势力和不断变革的社会规则及机制都应为这些后果负责。如果我们只是采取限制贸易作为回应措施，那么我们可能不会有效地解决劳动力市场上较为严重的问题，但是我们肯定会失去贸易所带来的一些裨益。最后，我们有重要的证据能够证明，贸易会带来诸多好处——这有益于出口产业和相关的产业工人、消费者（尤其是经济状况堪忧的消费者）、国际关系以及其他国家的发展和稳定。这些都是极为重要的益处。

贸易协定被错误地认为是造成这些让人担忧的劳动力市场问题的罪魁祸首，但事实上，这些协定本身通过提供政策性的应对措施能够成为解决这些问题的方案的一部分。这要如何实现呢？首先，贸易协定应当采取谨慎态度缓慢实现贸易自由化，放慢实施经济变革的脚步（然而这对美国来讲不是一个问题，美国的贸易壁垒已经很低了）。其次，如同《跨太平洋伙伴关系协定》所做的那样，贸易协定可以通过包含支持劳动者核心权利和提升劳动者谈判能力来促进劳动者利益。各国通过签署联合协定能够减少政府的竞争压力，并提供宽松的监管环境以吸引流动性业务。最后，贸易协定可以发挥杠杆作用，帮助解决需要国际社会集体努力来解决的问题，比如应对气候变化和税收竞争。考虑到国际贸易协定所扮演的积极角色，具有讽刺意味（如果可以理解的话）的是，这些协定在公众话语中却被诽谤成一无是处。

工资增长停滞加之不断加剧的收入不平等，是我们这个时代最为严峻的经济问题。如何去应对这些问题对于我们来说也是一个挑战，但是重要的是，我们要避免采取一种简单的应对方式来给我们自己和他人造成伤害。限制贸易无疑是一个错误的答案。

第 三 部 分

经济全球化是一件好事

本书的第二部分（第二章至第四章）讨论了国际贸易在美国经济中扮演的角色。尽管国际贸易有严重的缺点，但是贸易能够为美国中产阶级带来极大裨益，从这一点上讲，贸易保护主义政策会伤害到那些贸易保护主义者声称要帮助的普通劳动者。我们有更好的方法来帮助美国普通劳动者。

如同本书的序言和第一章所探讨的那样，美国中产阶级经济的成功至关重要。美国中产阶级已经经历了35年的收入增长停滞、失望和收入不平等加剧。本书的第八章至第十一章将会探讨那些能够帮助美国家庭的更好的办法，并阐述关于解决经济不平等和工资增长停滞问题最为直接的政策方案。

本书的第三部分将对全球化的其他方面进行阐述。本书的第二章至第四章着重阐述了以国际贸易为形式的产品和服务的国际流动，而本书的第五章至第七章将会重点谈论资本和劳动力的国际流动。第五章将对金融资本（对股票、证券和贷款的投资）的国际流动展开讨论，第六章会对跨国公司的商业活动和离岸外包的国际流动进行详述，而第七章将会将重心转向由移民而产生的国际劳动力的流动。

　　第五章首先就国际借贷问题展开讨论，指出国际借贷是贸易赤字和盈余的根源（和写照）。美国等面临贸易赤字的国家由于它们的花费超出了其收入，与其他国家相比从海外进行了大量借贷。

第五章

谁惧怕贸易赤字?

人们对美国贸易赤字仍有些疑惑。政客和记者经常不遗余力地向公众宣传美国贸易赤字出现的变化，仿佛这些变化就是衡量美国经济健康的标尺。但是近年来，当美国经济表现糟糕时，贸易赤字出现了缩减，而当美国经济表现良好时，贸易赤字却出现了增长。这绝不仅仅是巧合而已。一个国家的贸易赤字不足以成为衡量该国与其他国家相比是否成功或更有竞争力的标尺。贸易赤字仅仅能反映出一个国家的储蓄状况，包括私人储蓄和国家储蓄。本章将会对贸易顺差和逆差的根源进行解释，阐述贸易顺逆差如何受到（以及不受）政府政策的影响。本章也会论证减少贸易赤字不应当是美国经济政策的一个主要目标。同时，如果美国坚持减少贸易赤字，那么最有效的方法是出台解决国家储蓄问题的政策，尤其是控制预算赤字的手段。

贸易赤字的由来

贸易赤字是指一个国家出口额和进口额之间的差额。本章将会把贸易赤字和经常项目赤字两个术语进行相互替换使用，后者是与前者联系紧密但含义更为广泛的概念。[1]近几十年来，美国几乎每年都会出现贸易赤字。然而，从图5.1中我们可以很明显地看出，美国出现最大赤字的年份并不是美国经济表现"最糟糕"的年份；实际上，经济衰退与贸易赤字的改善是相互关联的。（美国经济衰退出现的年份为1981年至1982年，1990年至1991年，2001年，2007年至2009年。）比如，在2008年经济危机前夕，美国贸易赤字出现了急剧缩减，但随后经济大衰退爆发。如果减少贸易赤字是我们唯一的目标，那么经济衰退无疑会成为实现这个目标最为快捷的方法。

为什么贸易赤字会在这些情况下出现改善？这不是因为美国的企业突然变得比国外的竞争对手更有竞争力——即使能够在一个跨国公司（下一章将着重阐述）盛行的时代定义出哪些企业还是属于"美国自己的"企业。相反，贸易赤字的减少是因为美国对进口产品的需求降低，而这种需求降低则是由于美国收入减少，这会影响美国的贸易差额，即美国出口额与进口额之差。为了理解贸易赤字与美国经济关系的根源，我们需要后退一步，思考一下为什么有些国家出现了贸易赤字，而另外一些国家出现了贸易盈余。

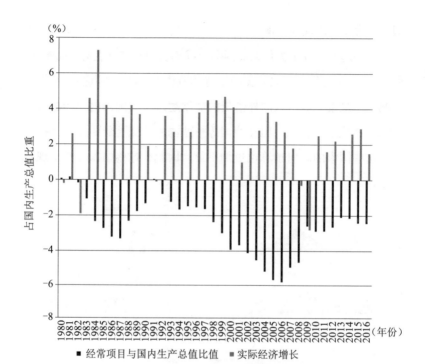

图5.1　经常项目平衡并不能说明经济实力

注释：如同文中讲述的那样，经常项目是与贸易赤字紧密联系的衡量手段。数据来源：
美国经济分析局。

　　一个国家贸易差额的根源来自其储蓄和投资之间的不平衡，而
与其产品或企业的竞争力无关。投资额高于储蓄额的国家，或税收
收入低于其支出的政府必须从其他渠道获得额外的资本以满足投资
和支出的需求，而这一渠道便是从国外进行借贷。这种借贷便是贸
易赤字的写照，而借贷则用于支付那些并非产自国内的产品和服务。
　　包括美国在内的一些国家的储蓄额低于其投资额度，此外，这些

国家通常还会出现政府预算赤字，即我们熟悉的入不敷出。这些因素综合在一起就解释了为什么美国会持续地从国外进行借贷（如图 5.2 所示）。从国外借贷可以使美国维持其消费水平略高于其生产水平的状况——最近，美国从国外借贷的额度超过了美国国内生产总值的 2.5%。相比之下，像中国和德国等一些国家的储蓄额要高于其投资额，这些国家的政府预算也更加平衡。因此，这些国家经常出现贸易盈余。

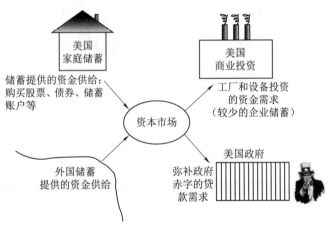

图 5.2　全球资本市场为美国经济注入资金

简言之，国际资金流（表现为借贷形式）和国际货物流（表现为进出口形式）互为写照。那些举借外债的国家通常支出高于收入，其进口额也同样高于出口额。而那些发放贷款的国家通常花费低于收入，其出口额也同样高于进口额（如图 5.3 所示）。

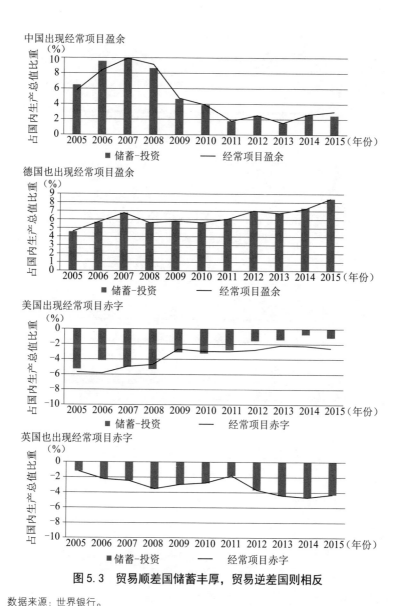

图 5.3　贸易顺差国储蓄丰厚，贸易逆差国则相反

数据来源：世界银行。

关于贸易的简单真相：一切与储蓄有关

只需要基础的数学知识而不用抽象的理论便可以解释为什么贸易赤字一定是两种不平衡的直接结果：私人储蓄和投资之间的不平衡，公共税收和政府支出之间的不平衡。

国内生产总值（这里用变量 Y 表示）用来衡量某一年份中某一经济体中的附加值产品，政府经济学家们每年都会计算这一数值。该数值等于消费者的花费（这里用 C 表示），加上公司的投资（这里用 I 表示，包括新房屋投资在内），加上政府的消费花费（这里用 G 表示），加上外国消费者购买美国产品的花费（出口额，用 EX 表示）减去美国购买外国产品的花费（出口额，用 IM 表示）之和。

用公式表达为：$Y = C + I + G + (EX - IM)$。

但是消费（C）为国民收入（Y）中扣除储蓄额（S）以及通过税收（T）支付给政府的那部分金额。

所以 $C = Y - T - S$。

如果我们把消费（C）这一等式套入国内生产总值（Y）的等式中，我们会发现：

$Y = Y - T - S + I + G + (EX - IM)$。

将该等式进行重新排列，我们会发现贸易赤字就是两种不平衡的直接结果：私人储蓄和投资之间的不平衡，公共税收和政府支出之间的不平衡。

$$(EX - IM) = (S - I) + (T - G)。$$

这一简单的等式是一个能说明问题的事实，而非理论，所以它真实可靠。这些事实深刻地解释了为什么有些国家会出现贸易赤字，而有些国家会出现贸易盈余。简言之，那些储蓄额高于其可贷资金使用额（投资）的国家会出现贸易盈余，而那些储蓄额低于其可贷资金使用额的国家会出现贸易赤字。

影响贸易赤字的政策

这一算法令人感到有趣的一个特点就是它显示出贸易赤字并非是公司竞争力高低的结果。同样，它也显示出贸易赤字与精于算计的贸易政策无关。比如，如果美国因为贸易纠纷而对中国钢铁施加禁止性关税，那么从中国进口钢铁则会完全停止。[2] 但贸易赤字不可能因此而出现相应改善。首先，美国可能会从别的国家以更高的价格进口钢铁，这反而会加剧其贸易赤字。其次，如果其他国家对美国采取相同的贸易报复措施，那么其出口可能会出现下跌。最后，关键是如果美国的储蓄、投资、政府花费或税收没有出现相应变化，其贸易平衡状况不会出现改善。美国无法立刻知晓私人或公共储蓄会不会增长，美国民众和公司不会仅仅因为无法购买中国的钢铁而进行更多储蓄，美国政府的政策制定者也不可能相应地改变预算平衡状况。即使钢铁价格上涨导致了投资下跌，我们也不清楚这是否是我们想要的结果，因为投资是与经济增长联系最积极的变量。[3]而更可能出现的情况是投资决定不会受到贸易政策修订影响。

的确，设置更多贸易壁垒的国家所面临的贸易赤字，不比设置较少贸易壁垒国家面临的贸易赤字少。如果有什么不同的话，那么也是实施较高关税的国家拥有较多的贸易（经常项目）赤字（如图 5.4 所示）。

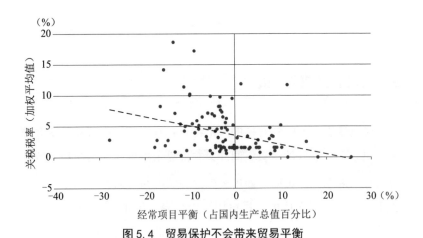

图 5.4 贸易保护不会带来贸易平衡

注释：两种变量之间的关联系数为 -0.34。数据来源：世界银行。

有人建议，如果美国想减少贸易赤字，那么它应当更加重视美元在国际市场上的价值。然而，欧元区（作为整体）、日本、英国、澳大利亚、加拿大和美国等主要经济体都实行浮动汇率。换言之，货币的买卖双方决定外汇市场上的汇率价值，美联储和其他中央银行很少能够影响这些国家的汇率。这可能是最好的结果了，货币政策（中央银行的行动）能够被用于更有价值的目标，比如扭转经济危机。

包括中国和瑞士在内的一些国家的确在管制汇率，这让一些观察者建议美国政府也应当采取更加主动的措施来阻止外汇管制。诚然，人们在围绕阻止外汇管制进行争论。然而有趣的是，中国最近的外汇管制实际上是保持人民币升值，而非贬值——这样做降低了中国出口行业的竞争力。[4]

如果美国政府人士真的想解决美国的贸易赤字问题，一个更加直接的方法就是解决政府的预算缺口问题。如果私人储蓄和公共投资决定保持不变，那么年度税收收入与政府支出匹配上出现的任何进步都应该能缓解贸易差额问题。当政府的借款变少时，美国的借款便会减少，整体上的支出水平就会接近收入水平，这既能减少美国的国际借款，又能相应地减少美国的贸易赤字。

其他改善贸易赤字的方法就不那么有吸引力了。比如，美国可以采取各种各样的政策行动来削减投资（或者引发经济衰退），但这对经济增长极其不利。我们也可以通过实行税收政策优惠来鼓励私人储蓄，就像今天所实施的享受税收优惠的关于大学教育储蓄的 529 计划、关于退休储蓄的 401（k）计划一样。[5] 由于人们会将储蓄用于同样享受税收优惠的投资项目，因此，这种做法到目前为止的整体效果微乎其微，私人储蓄总体额度并无增加。此外，税收政策优惠所带来的私人储蓄的增加量很可能被公共储蓄的减少量抵消——税收优惠会减少税收收入——因此，这会最终造成预算赤字的增加。

汇率与贸易

过去，尤其在 2007 年之前，人民币经常贬值。贬值了的人民币一方面帮助中国出口实现繁荣，并帮助亿万名中国老百姓脱贫；另一方面中国的货币政策在 2005 年左右帮助其实现了大量的经常项目盈余，并加剧了美国的经常项目赤字。尽管这些措施在过去发挥着重要作用，但从 2014 年开始，中国经常主动帮助人民币升值，来减少中国的经常项目盈余和其他国家的经常项目赤字。与十年前相比，中国现在的经常项目盈余要低很多。

通常，其他国家也会干预汇率市场，使其货币升值而非贬值。过去，墨西哥比索数次出现升值过高的情况，导致墨西哥在与其他国家进行贸易时一直面临贸易赤字问题。（尽管目前墨西哥与美国的贸易往来实现了双边盈余。）

　　尽管汇率管控可能会是未来贸易协定的一个主要内容，但绝大多数国家在制定其货币政策时还会制定其他目标（除了贸易差额目标），来实现低失业、低通胀和外债的可持续性。目前，货币政策对于美国的国际收支平衡状况来说只是杯水车薪（或许会有帮助）。

有必要担心贸易赤字吗？

　　目前，我们知道贸易赤字是由私人和公共储蓄与投资支出之间的差额所引起的，且出现贸易赤字国家的储蓄和税收收入要低于它们的投资和政府支出，这些国家因此开始了国际借贷行为，而国际借贷又反映出这些国家的贸易逆差。美国的花费要高于其收入，因此，其进口额必然要超过出口额。而贸易保护主义政策无法影响贸易差额，因为后者是前者出现的根本原因。但是政府预算平衡却能对国际借贷和贸易赤字形成直接影响。

　　目前还有一个问题尚未得到解答：我们应该担心贸易赤字的规模，并考虑采用政策手段来解决吗？

　　我们有一些理由能够证明实现贸易赤字是一件明智的事情。以美国为例，其充满活力和创造力的经济带来了很多投资机会。美国人民以储蓄率过低而闻名世界，但同时其消费水平又是世界级的。如果美国不在世界范围内的资本市场上进行借贷，那么其利率就会升高，投资机会可能会减少。美国的股本（厂房和设备）将会减少，美国的经济增长和人民的生活水平也会受影响，投资是提高普通劳动者生产效率重要的组成部分。因此，国际借贷在美国经济中扮演着重要角色。

而从另外的角度看，那些实现贸易盈余的国家也通过参与国际借贷而获益。比如，中国和德国有充足的储蓄额，但投资机会较少（相对于储蓄额而言）。与将资金用于国内经济活动相比，向其他国家提供贷款能够帮助它们的储户获得更高的回报。与货物贸易非常相似，金融资本贸易（借贷）能够让这两类国家通过发挥比较优势而共同获益。像美国等较为活跃的国家会享受世界资本市场所提供的较低利率的贷款，而像德国等较为沉稳的国家则会进行储蓄，从而在世界资本市场中获得较高的利率回报。因此，这两类国家均能获益。

然而，从债务国角度来看，它们有自己需要担心的理由。当然，其中最重要的是所借的钱最终必须偿还，而还债会导致在未来一段时期内消费水平低于生产水平。此外，因为金融市场在决定其资产是否属于良性投资上具有突发性，所以这会导致债务国能极其迅速地由贸易赤字国转变成贸易盈余国。这种快速的转变能够导致汇率出现剧变，甚至引发经济衰退、失业率升高的惨剧。极速转变会导致经济资源在不同领域内的分配变得极其不稳定，并引发巨大的转型问题。

当然，贸易赤字也会造成一些不太明显的问题。贸易赤字即便不会影响工作岗位的总数量，却会改变工作的种类。本书的第二章已经阐述了当经济体系实现充分就业时，国际贸易为何不会影响工作岗位的总数量，却会影响工作分配的情况，即增加出口产业（飞机、软件和大豆）的工作岗位数量，减少进口产业（鞋类、服饰和钢铁）的工作岗位数量。

希腊悲剧的现代版

2007 年，希腊的经常项目赤字占国内生产总值的比例达到了惊人的 14%。一部分是因为希腊于 2001 年加入欧元区后，投资者愿意通过购买希腊债券和其他金融类产品为希腊经济提供贷款所致。随着希腊加入欧元区，希腊贷款不再受汇率风险的影响，该国在连续 20 年的经济发展后实现了经济繁荣。

然而当经济危机取代经济繁荣时，投资者便不再青睐希腊，并拒绝为其提供额外贷款。放弃拥有自己汇率的希腊货币也无法解决问题；希腊无法调控货币（之前货币为德拉克马）进行贬值，让希腊资产吸引买家。相反，希腊面临着偿债能力危机，其无法还清债务，转而多次向国际社会请求紧急金融救助。这一结果对希腊来说是一场悲剧。危机爆发之前，希腊的失业率不到 8%，而到 2013 年，希腊的失业率超过了 27%，且这一数字连续 6 年多维持在 20% 以上，这最终引发了动乱和政治危机。尽管该国的经常账目有所改善，甚至在 2015 年实现了盈余，但是，瞬息万变的经济环境使得希腊经济好转变得步履维艰。

同样，贸易赤字会影响工作种类。出现贸易赤字的经济体的生产能力要低于它们的消费能力，因此它们从国外进行借贷对其生产能力进行弥补。但是，有些产品和服务（理发、餐饮、儿童保育、教育和按摩）很难依靠进口满足；这些产品属于非外贸产品。非外贸产品指的是进行跨国运输成本极其昂贵的产品。很少有人愿意专门为了理发而去一趟印度或墨西哥，即使这些服务在国外很便宜。因此，即便一个国家通过国外借贷来进行超过其生产能力的消费活动，它也不会进口额外的理发和餐饮服务。所以，在那些持续出现贸易赤字的国家中，非外贸商品产业相对于外贸商品产业会出现扩张，而这会改变经济中的工作类型。

这也意味着从贸易赤字到贸易盈余的转变会将普通劳动者和资源从非外贸商品产业再分配至外贸商品产业。这会造成理发师、服务员、建筑工人和其他群体的暂时性失业。考虑到这种快速转变所造成的巨大痛苦，国家的理想做法是根据其国际收支不平衡状况进行更渐进式的调整。良好的金融监管能够确保资本被导向生产性投资而非投资性投资，这有助于降低这种快速转变所造成的风险。

综上所述，贸易赤字与工作岗位总数量或失业率之间并不存在关联。如同本章开始的图表所示，在经济强势且失业率低时，贸易赤字一般会带来最负面的影响。引发高失业率的经济衰退通过降低消费和减少进口能够改善贸易赤字。

美国贸易赤字的可持续性

债权国和债务国都能从国际借贷中获益，通过国际借贷，美国可以享受低息贷款，增加资本投资，提高劳动者效率，并改善美国民众的生活水平。虽然债务国最终必须偿还债务，但过于仓促地由贸易赤字转变成贸易盈余会带来惨痛的后果。以美国为例，这种仓促的转变会造成严峻的问题。目前美国的贸易赤字是否具有可持续性呢？美国将来是否会出现这种仓促的转变呢？如果出现，我们如何来管控风险呢？

2006 年，一些观察者担心美国的经济正面临不可持续的巨大贸易赤字，当时的经常项目赤字占美国国内生产总值的比重为 6%。结果，之后几年经济衰退发生，美国的贸易赤字迅速减少。我们有理由认为，相较于其他很多国家而言，巨大贸易赤字对于美国来说可能仍具有可持续性。首先，美国拥有世界上大量可交易证券和金融衍生产品。因此，相对于美国国内生产总值所占世界国内生产总值的份额来说，美国吸引了全球大量的存款。这可以帮助美国从容地通过向国际社会借款来弥补贸易赤字。

其次，当一个国家的贸易赤字变得不具有可持续性时，国际资本市场的参与者们便不愿再向该国提供贷款。这会造成对该债务国资产需求的减少，从而降低对该债务国货币的需求，即造成其货币贬值（而货币贬值可以让该国资产变得对外国买家更有吸引力，防止资本流动干涸）。这一过程对于那些用外币进行借贷的国家来说具有破坏性，因为随着它们自己国家货币的贬值，它们实际的还款数额会增加。然而，美国几乎所有的借贷都是以美元形式完成的，所以，货币贬值对于美国来说影响不大。

再次，美元在世界金融市场的重要性以及美国的流动汇率（由市场决定），使得其未来由赤字转向盈余或较少赤字情况的过渡会相对平稳。因为美国没有干涉外汇市场来改变美元的价值，所以其不必担心美元会出现彻底和突然的贬值（当实行外汇管制的国家不能够再"捍卫"自己的汇率制度选择时，此种贬值有时会出现）。如果投资者认为美国的资产与以前相比安全性降低或回报率减少，那么美元就会出现贬值，但不会以一种突然和彻底的方式进行贬值，当然，这是以美国经济的基本机制不会发生彻底变化为前提的（如果美国出现债务违约，或者发生剧烈的大规模国际冲突，那么这一推测可能会被推翻）。

最后，美国的净国际投资头寸（用来衡量外国所拥有的美国资产与美国所拥有的外国资产之间的差额的概念）并没有出现快速恶化。目前，美国的外债数额占其国内生产总值的比重相对适中，为40%左右。因此，美国实际的还债压力并不算大。

综上所述，依靠健全的金融监管来确保美国的金融体系将资金导向生产性投资依旧重要[6]。确保金融机构资金充足并避免其"大而不倒"，关注金融体系中缺乏监管部分（影子银行）所引发的风险，并减少引诱经济中出现过度杠杆行为的扭曲，都是在经济困难时期减少金融脆弱性的重要措施。

概括而言，贸易赤字是国际资本流动不为人熟知的一面；当某国的进口额高于其出口额时，该国便会通过国际借贷来弥补差额。出现贸易赤字的国家会在将来偿还所借的款项。尽管国际借贷的益处与国际贸易的益处相似，但国际借贷会给相关国家带来风险，使其易受损失。

关于美国的贸易赤字问题，众说纷纭。美国的支出高于其收入这一事实看起来不是一件好事，但其国际贷款反映出美国投资机会的优势。缺少国际借贷，美国的经济便缺少向生产性投资的资金。此外，美国过去几年内出现了相对适度的贸易差额，所以可以说美国的贸易赤字具有可持续性。减少贸易赤字不应该是美国目前的一项紧急的优先政策并且过分关注双边贸易会给美国带来更多误导。

特朗普和贸易赤字

在 2016 年总统选举活动中,当时还是候选人的特朗普多次承诺要减少美国的贸易赤字。现在作为总统,特朗普依旧把减少贸易赤字作为美国贸易政策的重心,尤其着力减少双边贸易中的贸易赤字。[①]

将双边贸易差额作为目标对于美国贸易政策来说是一个极其不明智的选择,这些差额是由比较优势自然而然地造成的。简言之,那些提供美国所需的进口产品(比如石油)的国家可能不会恰好是那些需要美国出口产品(比如飞机)的国家。另外,全球采购的产品部件并没有进行单独计算体现双边贸易状况的数据本身也不够准确。比如,中国从新加坡进口计算机部件组装计算机,然后将组装好的计算机再销售给美国,那么,该计算机将被看作美国从中国进口的产品,而实际上对于美国来说,该计算机的大部分进口价值是由新加坡来实现的。

即使将整体贸易赤字作为目标,如同本章所解释的那样,相关的贸易政策也可能不会发挥作用。比如,退出《跨太平洋伙伴关系协定》可能会改变美国与其他国家之间的贸易形式，却不会改变美国进口和出口的总体水平。同样，对来自特定贸易伙伴的进口商品施加关税，会导致从其他国家进口商品的成本增加，而且这些贸易伙伴所采取的报复措施会减少美国的出口额。重点是，这些贸易政策并不会影响基本的宏观经济因素（储蓄、投资和预算差额），而这些因素则会影响国家的贸易差额。

然而，特朗普政府和国会实施的更宽泛的经济政策会通过一些重要的渠道对贸易赤字造成影响，比如通过上文所提及的储蓄差额。特别是由特朗普政府和国会大多数议员支持而实施的税法修订，极大地增加了政府的预算赤字。根据国会预算办公室的统计，这些税法修订在即将到来的10年内会增加1.8万亿美元的预算赤字。② 而这些额外的预算赤字，会进一步恶化而不是缓解美国的贸易赤字。

简言之，特朗普政府的贸易政策可能不会缓解贸易赤字问题，而其预算政策反而会使贸易赤字问题变得更加糟糕。如果特朗普真想解决美国的贸易赤字问题，那么他应该着重改善政府的财政能力，减少预算赤字。

---

① 比如，特朗普政府 2017 年 7 月发表的关于北美自由贸易协定重新谈判的目标声明中规定关于贸易的最重要目标为"改善美国的贸易差额，减少与北美自由贸易协定成员国之间的贸易赤字"。详见美国贸易代表办公室 2017 年 7 月 17 日发布的《北美自由贸易协定重新谈判

目标概要 》。

② 其中 3 000 亿美元为由于税收较低而导致的额外借贷所产生的额外本息金额。详见国会预算办公室 2018 年 1 月 2 日发布的《国会联席协商委员会批准的众议院第一号决议所预计赤字和债务 》，https://www.cbo.gov /publication/53437。

如果政策制定者坚持要将总体贸易赤字作为目标，那么至少我们能明确一件事情，即要减少贸易赤字，无论是从减少贸易获益还是从解决贸易赤字的无效性上来讲，政策干涉都弊大于利。减少贸易赤字更加直截了当的政策就是解决预算赤字。预算赤字的控制权在于美国联邦政府，预算赤字是引发贸易赤字的重要原因。

第六章

全球贸易中的跨国公司

全球化不只包含本书第二章至第五章讨论的产品、服务和金融资本的跨国流动，还包括国际商务，世界性跨国公司广泛的业务范围、宏大的规模以及强大的市场势力。当然，跨国公司并不是新鲜事物。从哈得孙湾公司和东印度公司时代开始，拥有市场势力的知名跨国公司便出现了。[1]但是最近几十年来，世界上最有影响力的跨国公司在规模和范围上实现了巨大发展。

本章首先对跨国公司这一现象进行描述。跨国公司（一般）将总部设在一个国家，但是其业务范围横跨多国。母公司和遍及全世界的子公司是世界经济的重要参与者，从事绝大部分的国际贸易活动。跨国公司一般是全世界最为成功和最具创新性的公司，它们在全球生产过程中展现出了惊人的效率。

跨国公司的国际流动性给政府的政策制定者、普通劳动者和其他公民带来了重大挑战。各国政府如何对业务跨越国境的跨国公司实施征税和监管？普通劳动者如何在面对更加狡猾的跨国公司管理者时保持谈判能力？消费者如何确保这些跨国公司的市场势力不会危及他们自身的利益？本章末尾会探讨如何改善经济政策以达到既能解决跨国公司带来的问题，又能打造出强劲而又成功的商业环境这一话题。

国际商务不断增长的重要性

国际商务活动的规模和重要性在最近几十年内取得了长足发展。尽管外国直接投资（用以衡量跨国公司的商业投资）在经济大衰退中以及之后的一段时间里有所放缓，但是跨国公司与其在人类近代史上任何一个时期一样都保持着重要的地位（如图 6.1 所示）。

外国直接投资与第五章所讨论的国际资本流动的区别在于"直接"一词。直接投资的目的在于获得一项外国资产的直接控制权，而不是仅仅为了获取回报。例如，如果苹果公司在爱尔兰投资开设了分公司，那么美国的苹果母公司会拥有并控制这家苹果爱尔兰分公司。而如果我购买了总部位于伦敦生产吉尼斯黑啤酒的帝亚吉欧公司的股份，那么我并不会控制这家公司，我只会从其利润中得到分红（和资本收益）。

在美国，跨国公司作为国内和海外外国直接投资的源泉为美国经济做出了巨大贡献。美国拥有世界上最大和最具影响力的跨国公司，它们的分公司又把业务带往全球各地。此外，很多总部位于外国的跨国公司也在美国设有分公司。同时，这些外国直接投资的

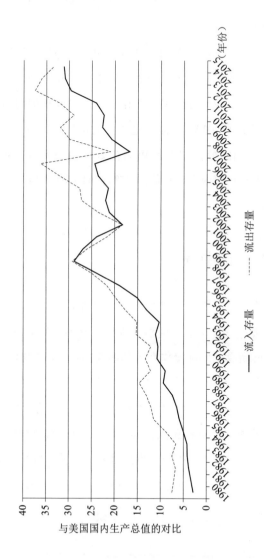

图 6.1 外国直接投资存量（流入和流出）正在增长

注释：与美国国内生产总值做对比的目的是凸显这些存量规模。数据来源：联合国贸易和发展委员会。

股票价值（所有外国投资的市场价值）非常巨大，相当于美国国内生产总值的 1/3。

对美国而言，一方面，美国海外分公司的业务规模要远远大于其从事国际贸易的规模。美国母公司的海外分公司在 2014 年的货物和服务销售额达到了 7.4 万亿美元，相当于美国同年国内生产总值的 43%，远高于美国 2014 年 2.4 万亿美元的出口额。另一方面，外国跨国公司在美国的分公司的销售额在 2014 年达到了 4.4 万亿美元，相当于美国同年国内生产总值的 25%；而美国 2014 年的进口额为 2.9 万亿美元。[2]

跨国公司称霸国际贸易

跨国公司在更为广阔的全球化发展中发挥着重要作用。跨国公司的业务规模要远远高于国际贸易的规模，此外，跨国公司本身就是绝大多数国际贸易的实际操作者（如图 6.2 所示）。2014 年，美国跨国公司的母公司向其海外分公司出口了价值 3 140 亿美元的货物，而向海外其他非从属机构出口的货物额为 4 880 亿美元，占当年美国总货物出口额的 49%；这些跨国公司当年所进口的货物额占美国总进口货物额的 39%。外国跨国公司也是重要的贸易参与者。2014 年，外国跨国公司在美国的分公司的进出口额，分别占美国进出口总额的 30% 和 26%。[3]

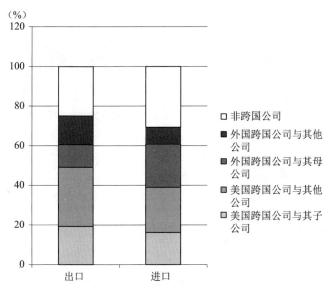

图 6.2　美国跨国公司从事了美国绝大部分的贸易行为

注释：该数据为最新有据可查的 2014 年数据。数据来源：美国经济分析局。

　　跨国公司与本土公司一般有本质的区别。跨国公司规模更大，市场势力更强；它们的生产力更高，且发展更为迅速；跨国公司拥有更为广阔的全球供应体系，其本身既是全球最大的进口者也是最大的出口者。[4] 我们看一下美国排名前 1% 的出口公司名单就不难发现，有 36% 的出口企业同时也是美国排名前 1% 的进口企业。而在那些美国顶级的进口公司名单中，53% 的公司同时也是顶级的出口公司（如图 6.3 所示）。

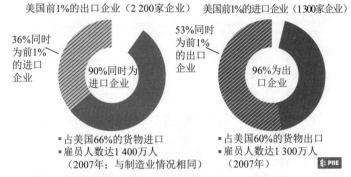

图 6.3　美国顶级的出口企业同时又是顶级的进口企业

数据来源：彼得森国际经济研究所 2016 年 12 月发表的布拉德福德·詹森的《出口企业同时为进口企业：关税会伤害我们最有竞争力的公司》一文。重印已获得彼得森国际经济研究所许可。

　　这些事实能帮助我们深刻地理解贸易保护主义政策的后果。即使鼓励出口、减少进口是民心所向（当然，对这一观点本书的第二章和第四章已通过论证反对过），贸易保护主义政策很可能会伤害这些政策原本要帮助的公司，同时，这些政策还会提高消费品价格，并使较大的经济体产生调整成本。

跨国公司的国籍

　　跨国公司经常使人们对其国籍产生困惑。的确，由于在全球各地进行经营活动，大多数跨国公司看起来似乎并不单独属于某个国家。有些时候，这些跨国公司甚至将总部的功能分散于多个国家。[5]总部的概念也变得模糊起来：总部是这些公司股票上市的地方？还是它们纳税的地方？还是它们进行管理和控制的地方？如果公司将管理和控制的活动分散到全球各地进行，那么总部又该如何定义呢？

如同第二章中所探讨的那样，由于科技进步和很多国家对国际贸易采取的日渐开放的姿态，很多产品的生产过程越来越全球化。跨国公司通过全球供应链在多个国家进行单一产品的生产。比如，波音787客机是由很多高精密度的零部件组装而成的，而这些零部件分别来自英国、日本、瑞典、澳大利亚、加拿大、韩国、法国、意大利和其他一些国家。

如果一个人决定通过购买汽车来改变美国的贸易差额，那么我们目前尚不知道他该如何做。是该购买一辆在美国密歇根州设计，而使用由加拿大、日本、中国以及美国俄亥俄州提供的零部件并在墨西哥完成组装的福特汽车好呢，还是该购买一辆在日本设计，而使用很多国家生产的零部件并在俄亥俄州组装的日本汽车好呢？一项2011年的分析发现，福特旗下的蒙迪欧汽车20%的零部件在美国生产，而一辆本田雅阁汽车80%的零部件在美国生产，尽管我们都知道福特是一家美国汽车公司，而本田是一家日本汽车公司。[6]

尽管具有民族主义倾向的汽车买家可能会发现标有商品最大价值贡献国的成分标注，但是很多其他商品则无法清晰地提供这种成分标注。尽管产品会附带原产国标注，但考虑到全球零散化的生产过程，原产国可能不一定是产品主要价值的贡献国。比如，在从中国进口的苹果手机中，美国所贡献的价值要远远超过中国。而这会让贸易数据产生误导，因为这些数据会记录跨越国境时的产品全价，而不仅仅是在输送国完成的附加价值。对贸易进行附加价值的衡量会使美国与中国贸易出现的逆差大为缩小。[7]

大型跨国公司所引发的担忧

跨国公司能为普通劳动者和消费者带来巨大的益处，承认这些益处对我们处理跨国公司所面临的政策挑战至关重要。首先，跨国公司可能会加剧很多市场内部的竞争。当外国公司进入美国市场或者当美国公司进入国外市场时，竞争就会变得激烈起来，国内公司便会失去市场势力。对于世界上很多面积比美国小得多的国家来说，竞争的结果尤其重要。想象一下，如果像挪威或哥斯达黎加这样的国家在手机或飞机生产方面不得不依赖于国内公司，那么这些国家将会受制于该国的手机或飞机生产的垄断企业。而这些小国家又不足以拥有多家生产手机或飞机的国内企业，所以当外国手机或飞机制造商进入挪威或哥斯达黎加市场与这些国家的国内公司展开竞争时，受益的是这些国家的消费者。即使像美国这样的大国，外国公司通常也能向美国消费者提供一些除了国内产品之外的有用的选择。此外，这些外国公司还能够提供工作机会、新科技和新产品。

世界上那些规模最大的跨国公司的成功是有其原因的。这些公司生产优质的产品、传播知识，并推动技术进步和创新。它们为全世界的消费者提供了各种各样的产品。

比如，2016 年世界上赢利最多的公司是苹果公司，其产品的受欢迎程度毋庸置疑。很多顾客既喜欢使用光彩熠熠且纤细轻薄的苹果产品，又喜欢在像玻璃盒子一样的苹果实体商店内购物。苹果产品以人性化而闻名，一个十一二岁的孩子都可以借助苹果电脑设计出能迷惑博士工程师的计算功能。苹果公司创新性的产品也激发其竞争对手生产出更好和更人性化的产品。苹果公司竭尽所能地寻找取悦全世界苹果客户的方法，以保持其市场支配力。苹果公司的产品既促进了上游创新（为苹果公司制造芯片和屏幕的零部件供应商的创新），又促进了下游创新（在自己的生产过程中使用苹果产品的用户的创新）。

结果，苹果公司仍然是一家高利润的企业；其在 2016 年全球范围内的利润收入为 450 亿美元。其中，大部分收入在海外避税港完成入账。尽管企业的很多避税行为是完全合法的，但这的确表明美国的税收制度并不如宣传的那样有效果。利润转移使得税收收入无法进入国库，这对政策制定者提出了严峻的挑战（下文将展开讨论美国最近实施的税法并不能解决这一问题）。

简言之，推动国际商务发展的大型跨国公司能够带来诸多裨益。但是，这些公司也会在市场势力、对工人的影响、监管竞争和税收竞争方面引发重大的政策担忧。下文将阐述如何应对这四个方面的担忧。

美国制造（感谢意大利和日本）

俄亥俄州托莱多组装中心吉普公司的工人们，迅速地表达了他们的经济爱国主义：当地努力将"制造吉普"留在托莱多只是对美国产品高度忠诚的一种表达。在托莱多每月生产的 50 000 辆吉普车中，超过 90% 的零部件的来源地离该组装中心的距离为 1 500 英里以内。但是，这一经典车型的所有权为"购买美国产品"的努力带来了意想不到的变化：自 2014 年起，吉普品牌和其母公司克莱斯勒成了菲亚特家族的一员。

在完成对克莱斯勒的完全收购后，总部位于伦敦的意大利菲亚特公司成了世界上第七大汽车制造商。菲亚特旗下的吉普牧马人汽车在汽车网站 Cars.com 的 2017 年美国制造指数榜单上位列榜首，本田公司生产的四款车型也榜上有名。十款"最美国"（按照零部件来源统计）汽车中的六款是由国外公司制造的。美国汽车制造中大量的外国投资属于美国引人注目的外国直接投资趋势的一部分；在美国的外国直接投资额位列世界之首——2016 年，在美国的外国直接投资额达到了 3 910 亿美元。同时，美国也是世界

上最大的外国直接投资来源地，2016 年，美国向海外输送
的外国直接投资额达到了 2 990 亿美元。①

——————————

① 详见联合国贸易和发展会议发表的《2017 年世界投资报告》；最新数
　据更新到 2016 年。

担忧之一：跨国公司规模越来越大，实力越来越强

全球经济活动越来越集中于全球规模最大且实力最强的跨国公
司之手。麦肯锡全球研究院调查得出全球排名前 10% 的上市公司，
赚取了全球市场 80% 的利润。年收入超过 10 亿美元的公司收入之
和占全球公司总收入的 60% 以及全球股票市值的 65%。[8]

《福布斯》杂志每年会评选出世界上规模最大的 2 000 家上市公司
（根据销售额、利润、资产和市值进行排名）。通过对它们进行比较，
我们可以看出这些世界上规模最大的公司的利润率近年来呈增长趋
势。从 2004 年至 2018 年，榜上有名的 2 000 家顶级公司的总利润的
增长超过了 400%，而这些公司的销售额增长了大约 200%。尽管同
一时期内这 2 000 家顶级公司的销售额增长与全球国内生产总值的增
长旗鼓相当，但是它们的利润增长则要快得多——虽然在经济大衰
退中的利润有所下降。2017 年，该杂志评选的"全球上市公司 2 000

强"的总销售额达到了 39 万亿美元,而利润达到了 3.2 万亿美元。

有充分的证据表明市场集中化愈演愈烈。在大多数经济领域中,规模最大的公司的收入份额正在增长。超额利润,即超过正常(市场均衡)资本回报率水平的利润,也在增长,并与公司的市场势力密切相关。最吸金的公司的市场回报率超过了以往任何时期,相对于普通公司而言呈现出巨额增长(如图 6.4 所示)。[9] 在美国,超额利润估计占所有公司总利润的 3/4。[10]

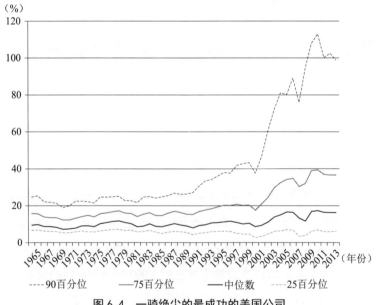

图 6.4 一骑绝尘的最成功的美国公司

注释: 各线表明美国公司包括商誉在内的投资回报表现百分比。数据来源: 贾森 · 弗曼和彼得 · 奥斯泽格在哥伦比亚大学 2015 年 10 月 16 日为约瑟夫 · 斯蒂格利茨举办的主题为 "公正社会" 的庆祝活动上发表的《从公司的层面看租金在不平等加剧中的作用》一文。

"新丝绸之路"上的两家全球巨头公司

中国阿里巴巴集团的名字取自《一千零一夜》中《阿里巴巴与四十大盗》的故事。这个名字让人联想起满载货物的大篷车队和无尽的宝藏，而如今提到阿里巴巴，人们脑海中浮现出的则是依旧蕴藏财富的互联网市场而非露天集市。如今，阿里巴巴集团是中国规模最大的电商公司，其交易额超过了易贝（eBay）和亚马逊交易额的总和。2017年，该集团在新加坡、马来西亚以及中国香港和中国台湾建立了新的销售渠道，并努力在未来15年内将所服务的顾客总人数提高到20亿人。如果一切顺利的话，很快阿里巴巴集团的销售额甚至会让传说中的四十大盗垂涎三尺。2016年，阿里巴巴"双十一"狂欢节活动创下了有史以来金额最高的单天零售纪录，总商品销售额达到了177亿美元。

谷歌母公司Alphabet在追求知识和利润方面与阿里巴巴集团如出一辙。谷歌（其母公司Alphabet亦是如此）的大部分收入来源于搜索广告。Alphabet控制着全球80%的搜索广告市场，在最近的一个季度里（2017年1月至3

月)，其利润为 54.3 亿美元。巨额利润为 Alphabet 旗下名为 Other Bets 的子公司进行业务扩张提供了保障：该公司已涉足宽带产业、智能家居和自动驾驶汽车的研发。Alphabet 和阿里巴巴集团共同打造了一条以高科技为特色的"新丝绸之路"。

担忧之二：全球跨国公司的权力给普通劳动者造成了负面影响

大公司跨国经营的属性以及它们所拥有的支配地位使得它们在与供应商、劳动者，甚至政府谈判时享有更大的谈判权力。来自麻省理工学院、哈佛大学和苏黎世大学的研究人员进行的一项新的有趣研究表明，大公司日益增长的市场支配力和日渐降低的劳动收入份额之间存在关联。[11] 研究人员发现，科技变革推动了市场占有率集中于少数公司手中，他们表示，这些大公司的劳动收入份额比一般公司要低（相对于其他生产要素来说，大公司的普通劳动者数量更少）。因此，随着这些世界上大规模公司的支配力变得越来越大，占据国民收入的比重越来越高，劳动收入份额会相应地下降，原因是这些公司在进行固定产值输出时使用了较少的人力。

劳动份额的下降也与公司现金积累的大量增加有关系。[12]全世界越来越多的收入以公司利润和留存收益的形式大量地聚集在少数极成功的公司手中。近年来，美国企业税前或税后利润占美国国内生产总值的比重达到过去半个世纪以来的最高点。1980年以来，美国公司的税后利润出现了极速增长，在国内生产总值中的比重从大约6%增长到超过9%。[13]

世界上最成功的公司进行的大量现金积累，并没有推动那些通过提高普通劳动者生产效率而让普通劳动者受益的投资。实际上，近年来越来越高的市场集中度与投资的下降不无关联。[14]很多著名的宏观经济学家都对储蓄的增加和投资的下降表示了担忧——其中，本·伯南克表达了对"过高储蓄"的担忧，而拉里·萨默斯对"长期停滞"表示悲观。[15]

过高的公司回报会压缩经济领域内其他生产要素的回报。就职于最成功公司的员工不会受到影响，但随着越来越多的国民收入被这些最成功的公司收入囊中，其他公司的员工将面临更大的竞争和实际工资的较低增长。

戴维·韦尔认为公司正在日益"分流"，即非核心业务（比如保洁和薪资处理）通常会被外包给其他公司，甚至是海外公司。这些更日常化的工作面临激烈的竞争：利润率低和生产劳动密集型产品的公司在控制成本方面通常面临着巨大的压力。[16]

这些大型跨国公司市场势力的不断增强，给效率和经济不平等都造成了重大影响。[17]在效率方面，没人能够确保拥有市场势力的公司做出的经济决定都符合社会利益；这些大公司可能会打压小公司的创新，或者在缺乏足够竞争压力的条件下哄抬价格。

此外，不断增强的市场势力会对财富和收入不平等造成巨大影响。对于普通劳动者而言，最成功公司员工的高收入进一步加剧了收入不平等问题。更重要的是，这些大公司的市场势力所产生的大部分租金收益，都落入了富人囊中。[18] 公司的股东和高管们攫取了公司市场势力所带来的大部分利润，与劳动收入相比，大量的资本收益和分红落入了高收入群体的手中。[19]

大公司的首席执行官的收入在最近几十年实现了大幅上涨，这既与公司的市场势力有关，也与社会规则和税收政策有关。自 20 世纪 70 年代末以来，公司首席执行官的收入的增幅超过 900%（扣除通货膨胀对美元的影响）。目前，这些高管的平均年薪为 1 500 万美元，是公司普通员工的 300 倍，自 1980 年以来增长了 10 倍，当时高管们的收入是普通员工的 30 倍。[20]

担忧之三：政府如何对跨国公司实行监管？

超级跨国公司的市场势力，让人们开始担心其对消费者产生的负面影响。关心消费者权益的政府，依然可以通过政策工具来应对这一问题。从国家层面制定和实施的反垄断法通常在国际上也具有效力。美国联邦贸易委员会和美国司法部对所有想要在美国经营或将产品销售给美国消费者的公司都具有管辖权，无论这些公司的总部属于哪个国家。

同样，欧盟委员会对想要在欧洲市场进行产品销售的所有公司也具有管辖权；而且欧盟在一些著名的商业案例中已展示了这种管辖权。当波音公司和麦道公司计划合并时，欧洲人最初拒绝了这一计划，理由是担心二者合并会对全球商用客机市场造成不利于竞争的结果（其实两家公司可以无视欧盟的反对而执意合并，但后果可能是被规模更大且更富有的欧洲市场拒之门外）。两家公司在满足了欧盟提出的一些先决条件，包括废除之前与各航空公司签署的长期合同之后，才被允许合并。欧盟同时也对包括微软和谷歌在内的其他美国跨国公司的竞争性行为行使了管辖权。

对美国和欧盟这种规模巨大且富有的市场的管辖权能够对跨国公司实行监管，因为这些公司有很强的进入这些市场的意愿。而像比利时和哥斯达黎加等较小的国家对大型跨国公司的约束力可能较弱。这是除先前提到的能从国际贸易中获益和建立更加良好的国际关系外，这些国家要签署协议来结成像欧盟一样较大的地区联盟的另外一个原因。像比利时这样的欧盟成员国如果团结一致，建立一个规模更大的超级国家市场，那么它们将对跨国公司拥有更大的约束力。

与此同时，由于国际企业的流动性，政府为吸引跨国公司而进行的相互竞争的行为引起了人们的担忧。比如，跨国矿业公司在面对环保监管时会抛弃那些践行环保规定的国家，而转投那些允许使用会对环境产生破坏性后果的生产方法的国家，这会导致逐底竞争，即各国会竞相降低监管力度，并采取减税措施以吸引这些跨国企业。有证据表明，在像石油钻探和采矿等开采行业中，这种竞争已变成一个特别令人担忧的问题，而发展中国家的类似情况尤其严重。过去，为了吸引开采行业的跨国公司而进行的逐底竞争，已经导致资源的过度开发和对环境的严重污染，而且未能实现就业增长和经济发展又让这一竞争的恶劣后果雪上加霜。[21]

重要的是要注意，不同的环境监管要求并不一定会引发逐底竞争。比如，一家必须遵守某较高标准管辖的跨国公司可能会发现，在其生产过程中使用一套统一的生产方法会节省更多成本。在标准较低的管辖范围内使用较为清洁的生产方法，有助于在全世界推广较为清洁的技术和方法。正是加利福尼亚州较高的清洁空气标准，帮助美国汽车厂商在整个美国市场改进了产品的环保性能。在美国各州出售的汽车都采用更加清洁的技术，会比在一些标准较低的州采取"污染"较重的技术的效率要高。

另外一个例子是全球海运。尽管在很多管辖地内注册一艘船舶很容易，而且一些管辖地的监管标准和费用都很低，但是海运的标准并没有因此降低。注册标准较严的船只比享受"便利注册"的船只收益更高：包括较少的港口扣押、更多的渔市准入以及与码头工人更为和谐的关系。这引发了海运标准的"向上竞争"，一些低标准的船只注册地已经提高了注册标准，给予注册船只相同的利益。[22]

担忧之四：政府能够向跨国公司征税吗？

企业税收政策方面出现逐底竞争的可能性，也着实让人担心。为了吸引跨国公司的投资，很多政府已经着手提供更具吸引力的纳税环境，以便将投资、就业和税收吸引到自己的管辖地。这些做法导致了近几十年来企业税率的持续下降（如图 6.5 所示）。

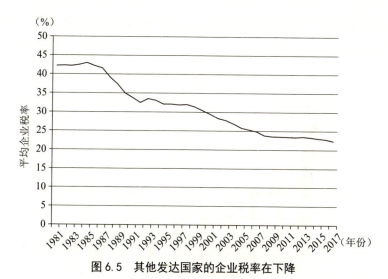

图 6.5 其他发达国家的企业税率在下降

注释：图表显示的是经合组织国家中央政府规定的平均企业税率。数据来源：经合组织统计数据。

尽管税率持续下降，但是很多发达国家公司的收入相对来说并没有什么起色，以至一些人认为不用担心税收竞争问题。然而，我们要记住公司的利润在这一时期内实现了巨大增长，这从另一方面暗示了企业税收应该增长。

尽管有证据显示投资和就业容易受到国家间不同税率差异的影响，但是在对有利的税收环境表现出的敏感性方面，二者远不及企业税基。对于美国的跨国公司来说，海外经济活动的地点主要由一些关键因素决定，包括市场规模、消费者购买力、劳动者的受教育程度以及功能完善的机构。[23] 比如,我们在观察美国跨国公司提供就业的地点时,无论是以工资还是以雇用人数作为衡量标准,世界上最大的就业市场就是那些能吸引它们经济活动的地方(如图 6.6 所示)。

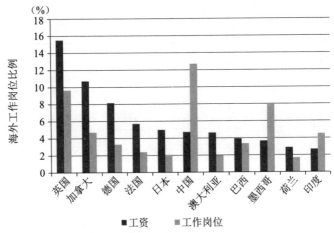

图 6.6　美国跨国公司的工作岗位在哪里?

注释: 计算结果来自美国跨国公司数据。本图表显示了拥有美国跨国公司最多工作岗位和最高工资的 11 个国家。最新的有据可查的数据为 2014 年数据。数据来源: 美国经济分析局。

　　包括英国、加拿大、德国和中国在内的国家都是世界经济强国,所以它们能吸引美国跨国公司的大量业务,这一点儿也不令人奇怪。同理,美国最近几年吸引的外国直接投资额要高于其在海外的投资额。

　　然而在企业税基分配方面,美国的跨国公司对税收极为敏感。

美国跨国公司超过一半的海外利润都来自七个实际税率低于 5%
的避税港，它们分别是荷兰、卢森堡、爱尔兰、百慕大群岛、开曼
群岛、瑞士和新加坡。这些国家的人口之和还不如加利福尼亚州的
总人口多。在排名前 10 的美国跨国公司利润来源国中，只有三个国
家（如图 6.7 中实体长方体所示）不是避税港。

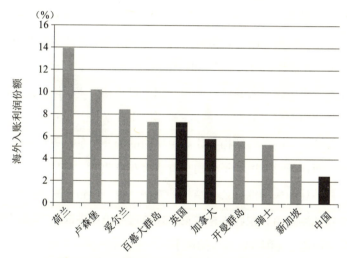

图 6.7　美国跨国公司在哪里进行利润入账？

注释：计算结果来自美国跨国公司数据。本图表显示了美国跨国公司收入来源最多的
10 个国家。最新的有据可查的数据为 2014 年数据。数据来源：美国经济分析局。

百慕大群岛的总人口只有 6.5 万人（相当于俄亥俄州立大学的学
生总数），但它为美国跨国公司贡献了 940 亿美元的利润，占美国跨
国公司所有海外利润的 7%，相当于该国每人平均贡献了 150 万美元
的利润。[24] 这是如何实现的？在百慕大群岛的美国跨国公司的利润总

额相当于该地区经济总量的 16 倍。[25] 这些公司在百慕大群岛能"赚得"如此多的利润让人觉得不可思议。其实，这些利润是出于纳税考虑而被转移到百慕大群岛的，该地区的企业税税率为 0。同理，其他避税港被报道出的巨额利润也是同样的原因，这些避税港包括：开曼群岛、卢森堡、荷兰、瑞士、新加坡和爱尔兰。

跨国公司可以通过各种各样的途径将利润转移到海外。比如，它们在高税率国的子公司向低税率国的子公司销售产品时实行低定价，而在低税率国的子公司向高税率国子公司销售产品时实行高定价，这样在低税率国的子公司的利润便会增加。[26] 它们也可以通过签署成本分担协议或者其他办法将知识产权转移到避税港，这样因知识产权使用而获得的利润便会在避税港实现增长。还有一种途径是改变各子公司的融资结构，让高税率国的子公司享有更多税收减免额度，而让低税率国的子公司享有更多利息收入。最后，利用复杂的产权转让和采用混合公司结构的方法，也可以帮助跨国公司在任何管辖地创造出无税收入；最近，媒体已经报出多起公司利用这些手段来创造"无国界收入"的例子。[27]

通过研究，我发现跨国公司进行的利润转移是一个严峻且普遍的问题，这让美国政府每年的税收收入减少了 1 000 亿美元以上，而让其他各国政府的总税收收入减少了大约 2 000 亿美元。[28] 各国政府、媒体和国际非政府组织都注意到了企业税基侵蚀问题。最近经济合作与发展组织和 20 国集团所发起的"税基侵蚀和利润转移项目"包含了旨在帮助政府解决利润转移这一问题的 2 000 多页的建议性纲领。尽管这一尝试在解决避税问题上应该得到推广，但是我们尚不清楚这些努力是否能够阻止税基侵蚀。要解决税基侵蚀，我们需要在企业税收方面做出更加系统的改革。我将在下文提出改善美国税收体系的建议，以帮助其更好地适应全球经济的发展。

合作，应对跨国公司发展问题

跨国公司在创造价值、推动创新和促进经济发展方面无疑非常成功，它们通常能带来为更广泛的社会利益。然而，我们在前文也讨论了国际商务活动在四个领域所引发的政策担忧。本节将会探讨改革经济政策的方法，以解决今天跨国公司的复杂性和国际流动性所带来的问题。

很多发挥作用的政策都是单边的，如同本章下一节将描述的那样，这些政策不需要国家间的合作。但是其他一些有效的政策则需要各国共同努力。比如，国际协定能够帮助各国政府解决政策竞争带来的压力。通过认同国际核心劳工和环境标准框架，携手阻止税基侵蚀和税收竞争，各国可以避免竞争压力所带来的负面影响，可以避免单独行动所导致的囚徒困境弊端，共同做出具有约束力的承诺来取得各方受益的结果。[29]

合作推动国际协定并不意味着各国应实现政策统一。比如，各国能够且应该选择不同的工资标准和税率。贫穷国家无法负担富裕国家的最低工资标准，而且各国公民对各自政府的规模和角色有不同的喜好。但是，避免以邻为壑的政策还是能够带来诸多益处；通常，国际协定能够给所有参与者带来好处。

　　建立在孤立主义政策平台上的英国脱欧决定以及唐纳德·特朗普的当选都不利于问题的解决。《跨大西洋贸易与投资伙伴关系协定》和欧盟等多国组织则有助于解决政策竞争所带来的问题。

　　目前被无限期搁置的《跨大西洋贸易与投资伙伴关系协定》，原本计划成为美国和欧盟之间的一份高标准的贸易协定。该协定强调要确保实行严格的劳工标准，保护环境和消费者。[30] 考虑到最近大西洋两岸的政治形势，该协议达成的可能性变得极其渺茫。与此同时，欧盟最近与加拿大达成了一份贸易协定，该协定在促进双方多领域的合作上取得了令人瞩目的成就。这些领域包括竞争政策、监管合作、可持续发展、劳工权利和环保政策。该协议还包含特别条款，禁止双方为推动贸易而降低劳工和环境标准。[31]

　　未来像《跨大西洋贸易与投资伙伴关系协定》等协议将在改革经济政策以适应全球经济发展上大有可为。世界上那些规模最大的跨国公司已经开展了跨越国境的整合经营。各国政府需要认识到这一点，并相应地调整它们的政策选择。

　　尽管一些环境问题可以在国家层面或者地方层面得到有效解决，但还是有一些环境问题需要国际社会付出更多努力。[32] 目前最严峻和最重要的环境问题当属全世界温室气体的排放问题了，温室气体加剧了气候变暖，并给地球的生态系统带来了严重的危害。2016 年签署的《巴黎协定》是各国通力合作制定政策目标以解决这一问题所迈出的关键一步。（第十章会讨论为何碳排放税是帮助美国解决世界上这一最严峻的环境问题的有效手段；为何碳排放税在美国税收体系中其他税率降低的情况下，还能帮助美国增加必要的税收收入。）

劳工问题也是人们的担忧之一。有大量的证据表明资本在世界经济产出中的比重在最近几十年实现了井喷式增长。其中，不断增加的公司利润和公司储蓄，世界范围内加入工会人数的不断减少，是导致这一问题的重要原因。（如图 6.8 所示）

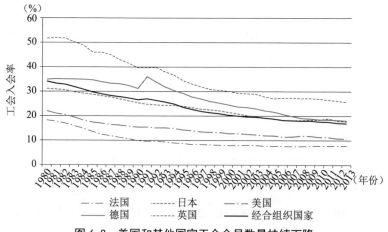

图 6.8　美国和其他国家工会会员数量持续下降

数据来源：经合组织统计数据；《月度劳动评论》2006 年 1 月发表的耶勒·维瑟所著的《24 国工会会员统计》一文；发表于《政治学杂志》的莱尔·斯克鲁格斯和彼得·兰格合著的《工会会员去哪里了？全球化、制度和工会密度》一文，64:1 (2002)，126—153；达特茅斯学院 2006 年 3 月发布的戴维·G. 布兰奇福劳所著的《工会成员的跨国研究》工作论文。

全球化如何影响发展中国家工人的权益，现在还不得而知。全球化发展既能带来帮助也能造成伤害。经济发展一般会提高工人工资并增加工人权利。比如，当国家变得富有时，童工人数便会大量减少，而这一问题的解决跟国家的政治承诺没有关系。[33]

不同管辖地之间的竞争压力引发了人们对一些领域的普遍担忧，比如劳工权利、环保政策、税收竞争等。如果跨国公司将其业务转移到了那些实施最低劳工标准和给予最少税收负担的国家，那么我们该怎么办？如何避免逐底竞争？国际协议便是解决这些问题的关键办法。

同样，一些纯粹的国内政策回应也会对其他一些国家产生积极的影响。比如，反垄断法会帮助各国政府解决市场权力过度集中于极少数公司手中的问题，从而保护消费者利益，并为小公司提供一个可以进行竞争的良性市场。美国和欧盟的反垄断法既能影响其国内公司，也能对希望在美国或欧盟市场开展业务的外国公司产生影响。一国有效的反垄断法案的实施会使其他国家受益，因为确保在大规模市场内存在竞争行为，也有助于在更广阔的世界经济领域中产生有利于竞争的效果。

一国对企业税基的保护也会对其他国家税基产生积极的影响。比如，在避税港实行最低所得税会遏制跨国公司将利润从高税率管辖地移往避税港的行为。

美国单边行动建议

即便在缺少国际协定的情况下，美国单方面也可以采取诸多措施，考虑到美国的规模和影响力，这些措施将会非常有效。下面阐述的建议有三个关键的前提条件。

条件一：切勿寻求减税减规的办法

国际竞争产生的压力经常被当作降低税率和监管标准的借口。然而美国应当避免因为这种压力而降低监管和环保标准。美国应当有效地制定并持续改进其标准，而绝不能自降标准。美国跨国公司的成功有很长一段历史了，并且这些公司至今依然很成功。即便是在 2018 年降税之前，美国也没有必要实行宽松的税率和监管标准来吸引投资和经济活动。比如，美国拥有《福布斯》杂志评选的"全球上市公司 2 000 强"中的许多世界上规模最大的跨国公司。美国的经济总量占据全球经济总量的 1/5（按照购买力平价计算的话占16%，按美元计算的话占 22%），并且还拥有多家全球排名前 2 000 位的公司：按照公司数量计算的话占比为 28%，按照销售额计算为 33%，按照利润计算（以全球利润为基础）为 37%，按照资产计算为 24%，按照市值计算为 44%（如图 6.9 所示）。[34]

一些观察者担心企业税收倒置产生的威胁，税收倒置指企业通过改变注册地的方式达到避税的目的。尽管我们熟知一些企业税收倒置的例子，但是总体上还没有足够的证据表明企业税收倒置已演变成一个大问题。

尽管总部设在中国和印度的跨国公司数量有所增加，但《福布斯》杂志评选的"全球上市公司 2 000 强"（按照销售额、利润、资产或市值计算）中总部设在美国的跨国公司数量，最近几年依然保持增长。美国财政部最新的监管措施在 2015 年和 2016 年有效地减少了企业的税收倒置现象，其中一些措施受到了质疑，本届美国政

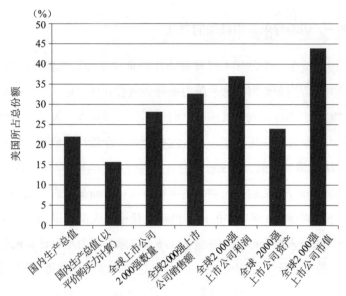

图 6.9　2016 年《福布斯》杂志全球上市公司 2 000 强排行榜中

美国公司的比重

注释：顶级公司数据为 2016 年数据，《福布斯》杂志评选 2017 年全球上市公司 2 000 强以 2016 年数据为基础。前两栏展示了美国在世界经济中的比重，其余则展示了美国在《福布斯》全球上市公司 2 000 强中按不同方式计算所占的比重。数据来源：世界银行，《福布斯》杂志全球上市公司 2 000 强数据。

府正在对这些监管立场进行重新审视。[35] 然而，我们还可以依靠更为轻松的立法方式来解决企业税收倒置问题，从而避免在企业税率方面出现逐底竞争。[36]

此外，充足的税收对于确保美国能够吸引投资来说至关重要。良好的公共基础设施、功能完善的机构、法治、教育程度良好的劳动者以及研发投资，都是美国公司在经济层面取得成功的基石，这些因素都需要充足的税收收入来提供保障。尽管美国可以不断地改善监管措施，但是过于宽松的监管措施绝不是经济成功的法宝。相反，充足的证据表明，金融市场监管的不足是引发 2008 年经济大衰退的根本原因。

在于 2018 年通过众所周知的《减税和就业法案》[37] 降低税率之前，美国的企业税制度就已颇具竞争力了。当然美国的企业税制度还存在很严重的问题，但是对跨国公司施行的高税率绝对不是问题之一。尽管美国法定的 35% 的税率相对于其他发达国家来说的确很高，但这不是衡量跨国公司赋税负担的关键所在。跨国公司非常善于利用企业税法的漏洞，很多美国跨国公司的实际缴税率都只有百分之几，远低于法定税率。此外，美国企业税税收也一直低于其他发达国家企业的税收，差额大约占美国国内生产总值的 1%。这种税收短缺的部分原因是美国跨国公司将利润转移到了避税港，当然还有其他一些导致美国企业税收不足的原因。[38]

其实，美国的跨国公司在避税方面一直是全球的佼佼者，这也引发了国外对这些公司咄咄逼人的纳税计划和较低纳税额的担忧。比如，欧盟官员就认为美国的跨国公司从欧盟成员国中获取了过多的税收减免额度。

最后，美国公司的税后利润目前很可观。尽管美国的经济还不甚完美，但美国公司所赚取的税后利润要高于以往任何时期（如图 6.10 所示）。

图 6.10　企业税后利润为 50 年之最

数据来源：美联储。

让苹果公司补缴大额税款

　　欧盟委员会对苹果公司的不利裁定在爱尔兰引起了强烈反响，一些媒体打出"如果苹果公司不补缴税款，那么文明还有什么希望？"这样的标题，爱尔兰议员中甚至爆发了对爱尔兰主权的担忧。2016 年 8 月，欧盟反垄断专员玛格丽特·韦斯塔格裁定苹果公司须向爱尔兰政府缴纳 130 亿欧元（145 亿美元）的税款；她和欧盟声称苹果公司从 1991 年至 2007 年达成的"私下交易"使得苹果爱尔兰公司数十亿利润没有纳税。该子公司在 2014 年利润的实际税率为 0.005%。尽管爱尔兰的企业税率低至 12.5%，但苹果子公司低于 1% 的实际税率，也得益于现行欧盟税收制度存在的允许公司将利润在欧洲内部和向欧洲外部进行无限制转移的漏洞，通常这些利润会被转移至税率为 0 的岛屿避税港。通过子公司进行大量的利润转移，并不是苹果公司的"专利"。很多美国跨国公司都会进行如此操作。到 2017年为止，美国公司向海外进行的利润转移达到了 2.5 万亿美元。

条件二：保护企业税基免受国际利润转移的影响

企业税是我们对资本收入征税的唯一制度性工具，不能轻易地用个人层面的征税进行替代。[39]企业税是我们税收制度中具有高度累进性的税种，它对像资本收入和租金等相对集中的收入来源进行高额征税。尽管企业税可能会在某种程度上伤害普通劳动者，但是相比起工资税、劳动所得税或消费税等大多数替代税种来说，企业税给普通劳动者造成的负担要小得多。[40]

不应当通过《减税和就业法案》

2017年12月底，美国国会通过了《减税和就业法案》。本书第九章会详细讨论这一法案；这里我会着重分析一下其中那些适用于跨国公司的企业税法条款。该法案并不是之前奥巴马政府和国会众议院筹款委员会共和党主席戴维·坎普在 2011 年至 2015 年间共同倡议实施的税收中立的营业税改革。相反，该法案计划在超过 10 年的时间内削减大约 6 500 亿美元的企业税；根据该法案中关于国际营业税的条款，美国的税收收入会有一些损失。[①]

该法案中关于国际营业税的主要条款可参考表 6.1，将该法案实施前后的企业税法与收入中立的税法提议进行比较。

表 6.1 《减税和就业法案》实施前后以及收入中立的营业税改革所建议的企业税率对比

	实施前	实施后[②]	收入中立的营业税改革建议[③]
法定企业所得税率	35	21	25~28

（续表）

	实施前	实施后②	收入中立的营业税改革建议③
免税避税港海外收入税率	汇回前为0，汇回后为35	汇回前为0，在达到超额利润的条件后为10.5	理想化税率与美国国内税率持平（奥巴马政府建议为19）
非避税港海外收入税率	汇回前与国外税率保持一致，汇回后与美国国内税率一致，但享受国外税收抵免	与避税港海外收入共计，则低于美国税率④	与国外税率保持一致，若该税率过低，则征收最低税额

　　为简便起见，表 6.1 省略了很多复杂的细节，但是从中我们能看出该法案极大地降低了企业税率，且其中的国际营业税条款采纳了属地纳税制度，使得美国税法不再适用于企业的海外收入，变相鼓励了企业实施利润转移。尽管该法案也包括一些拥有华丽缩写名称（比如 BEAT 和 GILTI）的规定来减少利润转移，但是根据税收联合委员会测算，相比于现行税法，这些国际条款会造成实际的税收收入减少。⑤考虑到目前利润转移的巨大规模，这些条款很难解决实际问题。

　　尽管该法案规定了适用于在避税港取得收入的最低纳税额，但避税港收入的税率仍仅相当于美国国内税率的一半，有形资产收益的税率只有 10% 多一点儿。这滋生了跨国公司寻求将有形投资向海外转移以进一步减少最低纳税额的不正当动机。此外，由于最低纳税额在全球适用，相对于其在美国国内的收入来说，跨国公司的所有海外收入受到了美国税制的偏爱，而且在高税率国家取得的海外收入便避免了美国跨国公司缴纳适用于在低税率国家取得的海外收入的最低税额。

最后，一旦一切尘埃落定，该法案会大量减少企业税赋税，造成大量的税收收入损失，降低美国税制的累进性。该法案不但不会帮助美国解决利润转移的问题，而且更让人沮丧的是，该法案所造成的巨大赤字会使未来的营业税改革雪上加霜。

---

① 这不包括针对之前未汇回收入的一次性税收减免有关的收入。
② 按照《减税和就业法案》的规定，若某公司的出口销售利润超过业内平均水平，则该公司享受更低的企业税税率。而该法案中的关于"海外来源无形收入"条款不符合世贸组织规定的相关义务，可能会受到贸易伙伴的质疑。
③ 该栏表明作者对真正的收入中立的税改所形成的税率的预估，该预估建立在对坎普和奥巴马的税改提议以及最新税率变化的基础之上。若想了解真正收入中立的税改，请参见金伯利·克劳辛、爱德华·科林伯德和桑顿·马西森联合撰写的《美国企业所得税改革及其溢出效应》一文，该文为2016年7月国际货币基金组织的工作论文（WP/16/127）。
④ 由于《减税和就业法案》规定的最低税额全球适用，高税率国家的纳税义务能够抵消针对避税港收入的最低税额。因此，美国跨国公司可

以将避税港收入与非避税港收入相混合,以减少最低税额的缴纳（80%
的已缴纳的外国税款享受税收抵免）。

⑤ 这一估测包含在 12 月 15 日的会议协议中,可以在税收联合委员会网
站上查到。同样,这一估测缺少了因暂时性的汇回条款而增加的税收
收入。根据之前的税法,这一部分汇回收入按照美国国内税率征税,
但是改革后的法案规定这些收入为汇回收入,且按照 8% 或 15.5% 的
超低税率在 8 年内完成缴税。

　　美国现在面临的问题是,如何制定更加健康的企业税来帮助美
国更好地适应全球经济的发展。要阻止企业利润向避税港转移,美
国应当杜绝税收制度中偏爱海外收入的倾向。在《减税和就业法
案》颁布之前,美国允许在海外收入汇回美国之前对其暂缓征税。
而在该法案实施之后,美国对在避税港所取得的海外收入征税的
税率仅为美国国内税率的一半,并对资产前 10% 的收益完全免税。
美国应该摒弃这些做法,转而按照国内税率对海外收入进行即时征
税（允许国外缴税享受税收抵免）。这种做法既能打消美国跨国公司
向避税港进行利润转移的念头,又能消除阻止海外收入汇回美国的
障碍。[41]

　　一种更具累进性的方法是,根据不同国家制定出不同的最低税
额对海外收入进行即时征税,并且不允许对企业在低税率国的收入
进行暂缓征税。此种方法比《减税和就业法案》里规定的一刀切式

的全球最低税额更为有效，它使企业不再更加青睐海外收入。[42] 考虑到 98% 的利润转移的目的地都是税率低于 15% 的国家，这一累进性的方法实际上帮助美国税改向正确的方向迈进了一大步。[43] 其他一些起作用的方法还包括严格限制"收益剥离"（阻止将利润转移出美国税基的人为的财务安排）和其他减少企业税收倒置的方法，比如设置离境税。[44]

一种更加根本性的改革，要求跨国公司在世界范围内进行企业税合并纳税，即要求一家美国跨国公司在一次性集中纳税申报中将所有的收入和花费进行申报，并允许已缴纳的外国税款进行税收抵免。跨国公司的损失可以与其收入相抵扣。此种改革将会让美国的税收制度更加符合全球一体化公司发展的现状。[45]

而运用公式分摊制像对美国国内企业那样对所有跨国公司征税，则是一种较为新颖的方法。按照此种方法，俄勒冈州不再要求英特尔公司对其在本州的收入和花费进行单独申报，转而根据英特尔公司在本州所从事的经济活动占该公司在美国经济活动中的比例，将该公司美国总收入的部分份额分配至本州，然后根据这一份额进行征税（各州运用不同的公式进行收入份额确定）。从过去的情况来看，此种方法帮助在美国各州展开一体化经营的企业免除了在每个州进行单独收入申报的复杂程序。

同样的逻辑也适用于真正进行全球一体化经营的企业，因为它们很难把在每一个国家获得的收入进行申报。很难确定收入来源也给这些企业创造了大量的避税机会，比如，企业会寻求将收入登记在那些具有纳税优势的地区。而在公式分摊制下，美国会根据英特尔、耐克、苹果、拜耳或本田等跨国公司的全球收入进行征税。这些公司在美国需要纳税的收入份额，是根据它们在美国的经济活动与在世界其他地区的经济活动相对比而确定的，其参考因素为工资、就业情况或销售额。实际上，像就业情况和销售额等因素比收入更加容易统计，因为在现行的制度下，收入申报会出现统计造假的行为。目前，虽然我们要求会计人员将收入来源的具体地点进行申报，但是由于跨国公司经营的效率问题以及现代经济价值难以确定的特性，确定收入来源变得难上加难。[46] 这种不确定性又公然地鼓励了跨国公司将利润转移到避税港的行为。而跨国公司很难在公式分摊制下钻空子，因为确定消费者或雇员的位置相对容易得多。[47] 公式分摊制在美国、加拿大和其他国家的地区层面很有效果。[48]

与《减税和就业法案》实施前的情况相比，上述的改革方法都会降低法定税率，但同时增加税收收入，因为企业将利润移往避税港造成了美国企业税基的减少。在该法案实行后，美国可能需要提高税率，因为不确定在该法案大量削减纯企业税后，美国经济是否还能正常运转。为了加强税收收入、效率、税收累进性以及税收管理，美国必须实行一种可预测和健康的美国企业税。[49] 考虑到这一点，阻止向海外的利润转移必须是一项优先任务。

条件三：注重根本性要素

在讨论美国跨国公司的竞争力时，企业利益的相关者通常强调税收负担会起到决定性的作用。但如上文所述，即使是《减税和就业法案》实施前的 35% 的法定税率也只是雷声大雨点小而已；通常，美国跨国企业面对的实际税率很低。而对美国企业在全球经济中取得的成功来说，更加重要的则是健康的经济根本性要素。尽管人们对这些根本性要素习以为常，但它们的确对于美国企业的成功以及企业内部的工人来说至关重要。下文我将列出其中一些根本性要素。

健全的宏观经济政策。管理经济波动并保持美国债务和赤字的可持续性，需要健全的宏观经济政策来引导中央银行（货币政策）和美国政府（财政政策）的行为。宏观经济政策制定者会根据经济情况对货币供应和预算平衡做调整，以减缓经济衰退，并避免出现失业或通货膨胀所带来的高成本状况。（不幸的是，《减税和就业法案》会在经济引擎强劲时扩大预算赤字，它正与这一目标背道而驰。因为减税能够增加美国的国债，所以它会使美国很难应对下一次经济危机。）

健全的金融管理。金融体系是经济的血脉。金融市场（股票市场、债券市场和银行体系）能够为企业提供重要的资金保障。这些市场对各国经济的运行至关重要。它们能资助企业进行新投资或发放薪资，可以帮助个人贷款购房或完成高等教育。当金融体系出现问题时，巨大的溢出效应会影响整个实体经济，如同我们看到的2008年经济危机导致了后来的经济大衰退那样。足够的金融监管也很有必要。这意味着要确保金融机构进行充分的资本化，不允许金融机构出现"大而不倒"的情况，确保较大的金融体系（比如影子银行）接受监管，确保对较大的经济体所面临的风险有足够的认识和管控。

完善的基础设施。健全和运转良好的基础设施是经济成功的根本保障，有助于货物、服务和想法的顺畅流通。在道路、桥梁、港口、机场、计算机运算和互联网等领域的公共投资会产生巨大的红利，在几十年来美国在这些领域投资不足的情况下尤为如此。

对基础科学和研究进行投资。美国在科技方面的领先地位，源自其对基础科学和研究的充分投资。美国政府通过美国国家科学基金会、美国国家卫生研究院和高等教育机构进行的基础研究方面的投资，对其在这方面的成功至关重要。

准备充足的劳动力。帮助劳动者为未来的工作做好准备至关重要。美国的教育体系需要得到充分的资助和精心的设计，以帮助人们在一个正在经历快速科技变化的工作世界中创造最大的成就。通过制定充足的劳动法和劳动保护措施来增强劳动者的谈判能力也很重要。

在第七章中，我会更加详细地探讨支持这些根本性要素的一项政策建议。

本章一开始描述了对世界上那些最大跨国公司诸多优点的观察：它们制造优质的产品；它们不断创新，采用并推广最前沿的技术；它们对生产和自己的员工进行投资。这些公司的全球经营范围让人叹为观止，绝大部分的国际贸易都由它们掌控，并取得了惊人的效率。然而，这些公司也从四个方面给我们带来了政策挑战：它们的规模变得越来越大，影响力也越来越大；它们的势力给普通劳动者带来了负面影响；它们的全球化经营给各国政府带来了监管挑战；它们的流动性引发了对任何国家都没有好处的企业税削减。尽管这些担忧对美国而言是巨大的挑战，但美国还是可以找到方法来改进其经济政策，以适应科技的复杂性和当今全球公司的国际流动性。美国能够在解决当今跨国公司所引发的负面影响的同时不损害充满活力的商业环境。

第七章

移民为什么会成为问题？

最近上映的百老汇音乐剧《汉密尔顿》对美国的移民渊源进行了赞扬。[1] 该剧帮助我们了解了美国开国元勋之一、美国第一任财政部部长亚历山大·汉密尔顿的故事。汉密尔顿是一名来自西印度群岛的孤儿，就像歌剧里唱到的那样："努力工作、善思考、勤动手，会帮你取得更大的成就。"对一名出生在外国但努力奋斗的英雄做如此描述，符合美国长期以来对很多美国英雄初期艰难岁月赞美的传统。"美国梦"的真谛就是：如果你努力工作，那么你的成就和追求会帮助你跻身美国上层社会；至于你来自哪里、父母是谁、遗产情况（或没有遗产），都不是决定因素。[2]

美国有着悠久的移民历史。美国 98% 的非原住民都属于移民后裔，区别只是他们祖先来到美国的时间早晚而已。然而，作为一个移民国家，美国对移民的态度却争论不休。美国历史上出现过好多次抵制移民的做法。美国的移民政策也从来没有统一过，它有时候会采取自由的移民政策，有时候又采取苛刻一些的移民政策。当移民接二连三地抵达美国时，先期抵达美国的移民通常对后来者的态度，不如他们自己抵达美国时迎接他们的前辈那么热情。

如同本章将要阐述的那样，我们很难想象在缺少移民的情况下美国的经济会变成什么样子。从历史上看，移民是美国经济取得成功的基石，他们至今仍然做着积极的贡献。相反，移民所带来的负面影响却被过分夸大，尤其是相对于他们帮助美国经济取得的巨大成功而言。本章将展示不断增加的移民可能会给美国带来的巨大益处。考虑到美国经济现在面临的压力，采取相对宽松的移民政策具有深远的意义。

移民国度

尽管最近几十年移民数量有所增长，但是从占总人口比重来说，移民规模仍低于 20 世纪初的历史峰值时期。而目前移民的绝对数量要高于历史上任何一个时期，移民在美国人口中的比重更好地说明了他们的重要性。如图 7.1 所示，目前移民人口占美国总人口的13%。这些数据描述的是那些出生在国外的美国公民，而本章所定义的移民也是这一群体。[3]

尽管移民人数占美国总人数的比例低于 1/7，但是他们在美国经济关键领域产生的影响却十分显著。比如，他们极具创业精神；无论是在美国还是在其他地区，移民往往比原住民更有可能创业。[4]一份 2012 年的报告显示，美国《财富》杂志评选出的 500 强企业中，

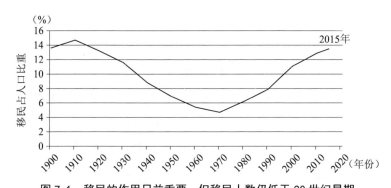

图 7.1　移民的作用日益重要，但移民人数仍低于 20 世纪早期

数据来源：移民政策研究所，美国人口统计数据。

超过 40% 的企业由移民或他们的后代创立，这包括美国历史上最古老的企业纽约梅隆银行，该银行由亚历山大·汉密尔顿于 1784 年创建。[5] 其他由移民创立的著名美国企业包括谷歌（现为 Alphabet 的子公司）、美国电话电报公司、高盛集团、科尔士百货公司、诺德斯特姆公司、高通公司以及杜邦公司。

移民为初创公司的成功立下了汗马功劳。目前市值超过 10 亿美元的 87 家私人初创公司中的 44 家由移民建立，而这 87 家公司中的 62 家聘用移民在管理层中担任重要角色。[6] 从 2006 年至 2012 年，1/3 由风投资本赞助的上市公司为移民创立，这些公司的总数量达到了 92 家。[7]

很难想象没有移民的硅谷会变成什么样子。谷歌、Instagram（照片墙）、优步和易趣都是由移民所创建，而移民在硅谷的影响力远超过创立这些公司。到 2014 年为止，46% 的硅谷劳动力出生在国外。而在 25 岁至 44 岁年龄组中这一比例则更高，由于数学和电脑专长而被雇用的移民人数，在这一年龄组中的比例达到了惊人的 74%。[8] 这些员工也为在美国出生的员工带来了工作机会。大量具备"数学分析能力"的移民员工，通常需要由在美国本土出生的人进行管理。而移民们出色的数学才能与美国本土出生人士的语言和文化技能能够实现互补，这种专业技能的搭配让双方受益良多。[9]

　　移民一般会推动各自社区的创新，而且移民更有可能进行创造发明[10]。美国的很多移民都在与创新有关的领域学习和工作。美国国家科学基金会的数据表明，2015 年超过 240 000 名临时签证的持有者在美国攻读科学和工程学方面的硕士学位。这些持有临时签证的学生占美国所有科学专业研究生人数的 31%，计算机科学研究生的 64%，工程学研究生的 57%。[11] 有研究认为，美国自 1990 年至 2010 年生产效率提高的 30%~50% 的贡献都来自在外国出生的科技从业者。[12]

　　相较于一般人口来说，移民的后代也更有可能在他们的领域取得显著成就。移民对他们所居住的整个郡县会产生积极的影响：在一个郡县内外国出生的居民比例越多，那些成年之后在他们领域内取得成就的孩子数量就越多。[13] 尽管诺贝尔奖不是衡量经济成功最重要的标准，但是对有多少美国移民获得诺贝尔奖的观察具有指导意义。2016 年，鲍勃·迪伦是唯一一名在美国出生而获得诺奖的美国获奖者。其他 6 名美国诺奖得主都是在美国相关机构工作而在国外出生的科研人员。从 1997 年至 2015 年，在美国机构工作的学者获得了 65% 的科技领域的诺贝尔奖项（化学、医学、物理和经济学），但是这些奖项的少部分（46%）被颁给了在美国本土出生的美国人。[14]

最近几年，新晋移民的教育水平有了快速提升，2011 年至 2015 年，48% 的新抵美移民具有大学学历（这一比例要高于本土居民）。[15] 尽管很多移民受教育水平较高，但是其他一些移民的教育水平则较低。尽管如此，这些低技能的移民仍然为美国社会做出了重要贡献，并且这些人中很多人具备的技能恰好对美国本土劳动力所缺失的技能进行了补充。低技能移民一般工作于缺少本土劳动力的工作岗位上，比如农业劳动力、建筑工人或者家庭助手。不仅这些受教育程度较低的移民的后代长大后可能会创办价值数十亿美元的企业，而且这些移民本身也更有可能进行小规模创业，比如开办饭店、美容院、干洗店或者家具维修店等。这些小企业也能够创造经济活动和就业机会。

这方面的一个著名例子，是生产让世人津津乐道的拉差酱的汇丰食品公司。这家市值 6 000 万美元公司的创始人戴维·陈是一位移民企业家，也是一位越南难民。20 世纪 70 年代末，陈和家人登上了一艘名为"汇丰号"的驶往美国的中国台湾货轮，开始了移民生涯。20 世纪 80 年代，他将自己的新公司改名为汇丰。陈只选用加州辣椒，而辣椒种植地离汇丰在加州欧文代尔的总部只有几英里远，这一知名辣椒酱的每一种原料都在当地生产和获取。陈拒绝了几十次更换公司总部地点的邀请，一直致力于将拉差酱打造成百分之百的美国品牌。他说他所做的一切是为了"还债"，因为当年只有美国肯收留他。

移民推动了经济发展

移民为美国经济带来了巨大的益处，这些益处表现在几个方面：创业和创新提高了生产力，增加了就业机会并为经济注入了活力，使得美国经济变得更加强劲；移民不仅通过增加经济领域的就业人数来直接推动经济增长，而且从总体上提高经济生产效率间接推动经济增长。美国国家科学院的专家报告认为："如果没有这些高技能移民所做出的贡献，美国经济长期增长的前景令人担忧。"[16]

移民通常拥有的技能正是本土居民所缺乏的技能。通过与拥有他们自身所缺乏的技能的移民同事共事，本土就业者可以从中获益，这有助于实现经济取得更大繁荣。[17]充分利用移民的优点，美国可以实现更好的专业分工与合作。比如，如果高技能的工程师移民可以充分发挥其工程学专长，那么本土就业者便可以从事营销或设计工作，与他们的工程师同事进行专业互补。双方的这种互补能够推动创新，并有助于新技术的进一步应用和推广。[18]

移民也能够降低各种产品和服务的价格，包括建筑，儿童看护和食物准备等家庭服务，农产品。而低物价又能增强本土就业者的购买力。移民能够提供廉价的家庭服务，帮助他人最大效率地利用工作时间。此外，由于移民有较高的流动性，他们能够帮助平稳地调整劳动力市场，既能增加对劳动力需求旺盛地区的劳动力供应，又能减少对劳动力需求薄弱地区的劳动力供应。[19]

移民能够解决人口问题

对于很多像美国这样面临人口问题的富裕国家来说，移民可谓是一个重大的解决方案。（实际上，人口问题在一些富裕国家表现得更为严峻，比如日本。）从各个时期以及世界各地来看，一个普遍问题就是当国家的收入增加、人民变得富裕时，生育率便会显著降低，从而延缓人口的增长（如图 7.2 所示）。

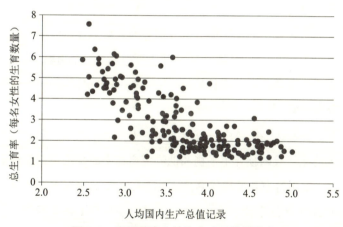

图 7.2 富裕国家女性生育孩子数量较少

注释：图表中为 2015 年数据。数据来源：世界银行世界发展指标数据库。

长期以来，相对于就业人数来说，缓慢的人口增长增加了退休人数。由于在老年人口上较大的花费（比如美国的老年人保险和社会福利支出）以及退休人士较低的纳税金额，政府预算的压力便会增加。这种预算压力又增加了目前的就业人口的纳税压力。较大的老年人口比例也会减缓经济发展，因为就业人口会相对减少。这些人口问题已经成为很多国家经济问题的源头。

比如，日本的老龄化人口现象很严重，劳动力与老年人的平均人数比例为 1∶0.8；而在意大利，这一比例为 1∶0.5。加拿大和美国的情况要好一些，虽然两国也面临着婴儿潮一代退休所带来的人口压力（如图 7.3 所示）。

相比其他发达国家来说，美国的一大优势为较高的人口增长率。尽管美国也面临着较大的人口问题，但是问题的严重程度比起意大利和日本来说要小一些。那么这一优势的来源是什么？简言之，美国应当感谢源源不断的移民。在未来 50 年内，移民和他们的子女预计将成为促进美国人口增长的绝对主力军，这也与移民保持着较高的生育率有关。[20]

在很多发达经济体中，直线下降的生育率让政策制定者为寻求解决老龄化造成的预算不平衡和低经济增长率的办法而变得焦头烂额。由于低生育率和低移民率，日本的人口从 2004 年开始下降。如果日本 2016 年的生育率（每名妇女平均一生生育 1.46 个孩子）保持不变，那么要维持现在的人口，日本每年需要的外来移民人数为 65 万人。如果移民数量和生育率都不增长，在未来一个世纪内，日本的人口将会减少 2/3，剩余大约 4 290 万人。人口问题造成了不可持续的预算压力和经济增长的巨大衰退。

对比而言，加拿大政府在面对人口问题时意识到了移民能够帮助他们解决燃眉之急，加拿大现在的劳动力之所以出现增长应全部

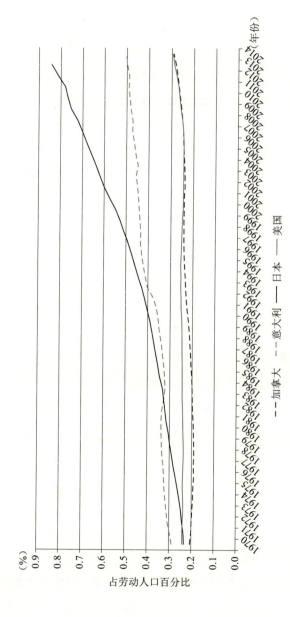

-- 加拿大　-- 意大利　—— 日本　—— 美国

图 7.3　日本的老年人为劳动人口的 80%

注释：该图表显示了老年人口和整个劳动人口的对比。数据来源：经合组织、世界银行。

归功于移民。外国出生的移民，或"新加拿大人"现在占到了整个加拿大人口的 1/5，而在加拿大最大的城市多伦多，移民人数占到了该市人口的一半。由于通过移民实现的人口增长是通过生育实现的人口增长的 2 倍，因此加拿大政府希望提高移民率。

移民自身的进步

移民为美国创造了巨大的利益，同时，移民美国也让移民自身获益匪浅。能够证明移民美国好处的一个例子便是每年美国签证抽签的申请人数。通过签证抽签，每年美国会发放 5 万张签证给那些在美国没有大量移民的国家的申请者。[21] 即使这种做法把中国和印度两大人口大国排除在外，在 2018 年财年里，超过 1 400 万申请者申请通过签证抽签进入美国。尽管申请者的国籍会导致中签率大不相同，但是总体中签率低于 1∶290。

人们热衷于移民美国的部分原因是出于工资差异的考虑。来自欠发达国家的普通外国劳动者在移民美国后的工资可能会增长 5 倍。而来自像尼日利亚、也门和海地等国家的普通劳动者在美国从事相同的工作，他们的工资增长可能会超过 10 倍。[22]（如上对比说明了这些普通劳动者的特点，这里只从这些移民在美国的工作所在地对工资的影响进行了考量。）

对于普通移民来说，其在移民对象国的生产效率、工资和生活水准都比在本国高得多。导致这些差异的原因有很多，但这些差异产生的主要原因是移民对象国的优越资源：更好的生产设施、更多的设备、更发达的技术、良好的基础设施以及更加健全和稳定的制度。虽然制度差异说来话长，但是我们有充分的证据证明制度在决定国家富裕或贫穷方面发挥着重要作用。

经济学家德隆·阿西莫格鲁和詹姆斯·罗宾逊，在《国家为什么会失败》一书中对制度的重要性进行了强有力的论证。他们以地理和文化上具有连续性的社区诺加利斯为研究对象，该社区被美国和墨西哥边界一分为二：在属于美国的那一部分地区内，人们的收入更高、寿命更长且受教育程度更高。阿西莫格鲁和罗宾逊认为这两部分的差异恰好是由美国和墨西哥两国不同的政治和经济制度所造成的。

根据阿西莫格鲁和罗宾逊的理论，国家要么具有包容性政治制度，要么具有攫取性政治制度；前者具有多元性（能够满足大多数公民的诉求）以及权力集中性，而后者则不具备前者的这一个或两个特点。包容性政治制度能够对大众参与和机遇给予支持和推动，而攫取性政治制度则是攫取一个群体的财富去满足另外一个群体的利益。

纵观一个国家的历史，其建立之初的细微制度差异在经过良性或恶性循环的推动后，有可能演变成巨大的差别。从贫穷国家移往富裕国家的移民，只是为了脱离攫取性政治制度去寻求包容性政治制度；移民在移民目的地国家所展现出来的更高生产效率，反映了他们身边巨大的财富优势。

万亿美元的优势

由于移民在本国的收入和在美国能够取得的收入之间的巨大差异，从效率上讲美国有更充分的理由允许接纳更多移民。劳动力流动受到的限制远远超过了产品流动受到的限制，而这造成了相当严重（劳动力流动壁垒一般超过 400%，有时超过 1 000%）的实际障碍。来自欠发达国家的普通外国工人在移民美国后的收入会增长 5 倍。

即使是由于贸易壁垒而产生的扭曲也无法与之相提并论。通常来说，美国的关税壁垒接近 3%，即使美国经济中异常扭曲的领域（比如制糖业）所设置的贸易壁垒也只是征收 80% 的关税。[23] 由于限制劳动力流动产生的扭曲很高，因此减少这些障碍也会相应带来很多益处。难怪迈克尔·克莱门斯会讽刺地称移民障碍将"万亿美元扔在了人行道上"。[24] 的确，减少劳动力流动的障碍所获得的效率增长，是减少贸易壁垒所获得的效率增长的 50 倍之多。

由于移民能带来巨大的收益，这意味着那些受到移民冲击的人可以从这些巨大的收益中得到补偿，而那些从移民中获益的人则会得到更多的纯收益。与国际贸易相比，人们对因移民而引发的不公平竞争的担忧要少，因为移民像本土就业者一样要遵守相同的税法、环保标准和其他规则。

移民到底会带来什么问题？

当移民参与国内经济活动时，他们会给经济带来很多积极的影响，比如提高产量和推动经济增长。那些因移民劳动力而获益的人则受益更多，他们包括移民劳动力的雇主、享受廉价商品的消费者、自身技能与移民技能形成互补的本土就业者。当然，移民自身也会从中受益。但是，很多美国人也对过多移民所带来的负面后果心生顾虑。本节会讨论对移民问题常见的三种顾虑，并论证这些顾虑均言过其实。

顾虑一：对美国本土劳动者造成负面经济影响

移民对劳动力市场造成的影响从未被准确展现过，对这一问题的研究有多种不同的结论。但一种普遍的观点认为移民对本土劳动者所造成的负面影响很小，总体来说，移民所带来的是积极的影响而非消极的影响。[25] 但是，移民可能会给那些在劳动力市场上与移民进行直接竞争的本土劳动力带来冲击。假设某劳动力市场上的劳动力人数不断增加，而其他的因素保持不变，那么其后果一般会是工资降低。但是其他因素保持不变的情况过于理想化。比如，如果移民进行创业、创新和开展更多经济活动，那么他们也会增加对劳动力的需求。因为我们无法从理论上预测移民对本土劳动者工资所造成的影响，所以我们需要参照实际情况得出结论。

理想情况下，我们可以通过对数据的仔细观察来确定移民对本土劳动者所产生的影响。一种方法是将移民人数较多的地区或时期与移民人数较少的地区或时期进行对比,以观察本土劳动者的工资水平发生的变化。目前我们的确进行了这种对比,但是通常通过这些对比,我们无法发现移民所造成的任何负面影响。这种分析并不能够将移民水平变化造成的影响与其他因素进行区分。由于移民会对移民地点和时间进行选择,且更有可能移往就业机会充足的地区,或在工作机会充足的时间进行移民,这会让我们对移民不断增长的人数和劳动力市场之间的关系产生误解。比如,如果移民选择移往繁荣地区,且知道那里的工作机会充足,那么移民和本土劳动者工资便会呈现正向关系,但其实移民本身并不是繁荣经济状况的真正创造者。

经济学家对这些问题进行仔细的分析后也很难达成共识。一些经济学家认为,移民对美国本土的低技能劳动者带来了负面影响。[26]一般说来,那些受移民冲击最大的群体是那些与移民最为相似的群体。而这些群体通常是旧移民,此外,有证据证明那些高中辍学的群体也受到了移民的冲击。当然,其他一些研究表明移民会给工资,甚至是低技能工人的工资,带来积极的影响。[27]另一方面,高技能移民对工资增长带来的积极影响,甚至对其他本土高技能工人工资增长产生了比较明显的积极影响。移民在生产力和创新方面带来的增长也带来了有益的影响,尽管在狭义的劳动力市场上,本土劳动者可能会因移民而变得每况愈下,但高技能移民劳动者能够对其他绝大多数本土劳动者进行技能弥补。

一种对这一问题特别有价值的研究方法,就是对由于异常情况而导致移民突然出现在特定地方的"自然实验"现象进行分析。这种实验得名于马列尔偷渡事件，我们将在下文的文字框内容中进行探讨。

而另外一段文本框文字将探讨在 20 世纪中叶为美国带来农业工人移民的布拉塞洛计划这一自然实验。当本土劳动者直接与移民劳动者进行竞争时，他们可能担心自己的工资降低。但有些时候，移民可能很少遇到本土竞争者；大部分移民所从事的工作之前或由机器完成，或根本无人问津。

马列尔偷渡事件：古巴人和经济学家的机会

1980 年 4 月 20 日，菲德尔·卡斯特罗宣布，想要移民去美国的古巴人可以从海港城市马列尔离开古巴。大约 12.5 万古巴人响应此号召离开了古巴，其中，大约 50% 的古巴移民永久地定居在了迈阿密。马列尔偷渡事件对于渴望逃离卡斯特罗统治的古巴人来说是一次难得的机会。而经济学家们也对此事件感到兴奋不已，他们将这一事件视为一次来衡量移民对本土劳动力市场产生影响的自然实验。来自马列尔的移民让迈阿密的劳动力数量增长了大约 7%，让市场内的低技能劳动人数增加了大约 20%。尽管如此，戴维·卡德在其 1990 年的一项研究中发现，来自马列尔的移民，"对迈阿密劳动力市场中的非古巴裔劳动者的工资和就业情况并没有产生实质上的影响"。[①]

乔治·博尔哈斯在 2017 年发表的一篇文章质疑了这一结论。[②]博尔哈斯重点对比了在马列尔偷渡事件发生前后迈阿密受教育程度最低的男性劳动者（高中辍学者）的工资情况，并发现这一群体的工资减少了 10%~30%。他认为，这些高中辍学者较低的工资水平有可能源于马列尔移民。因为除了这些外来移民，很难再想到别的原因了。

然而，迈克尔·克莱门斯和珍妮弗·亨特合作的一项新研究，为博尔哈斯的对比发现找到了一个新解释。[③]马列尔移民对迈阿密本地低技能劳动者工资的影响应当归咎于数据统计问题：1980 年，迈阿密人口统计工作人员一直在努力对当地的黑人男性人口进行更为准确的统计，因而博尔哈斯所分析的样本群体中的黑人男性数量实现了翻倍。只统计迈阿密本土的黑人劳动者的低工资和连同来自海地的低技能移民的工资一起统计的不同做法，是博尔哈斯和卡德研究结论差异的原因所在。尽管对移民影响的讨论可能在短时期内很难得出结果，但马列尔移民带来了负面影响的结论似乎站不住脚。现在的证据表明，马列尔移民对迈阿密当地的工资和就业情况并未产生影响。

① 详见《马列尔偷渡事件对迈阿密劳动力市场的影响》一文，作者戴维·卡德，发表于《产业与劳动关系评论》，1990 年第 43 卷第 2 期，第 245—257 页。
② 详见乔治·博尔哈斯 2017 年发表在美国国家经济研究局的名为《关于马列儿移民的进一步研究：竞争的影响》的第 23504 号工作论文。
③ 详见迈克尔·克莱门斯和珍妮弗·亨特 2017 年发表在美国国家经济研究局的名为《难民潮对劳动力市场的影响：对不同研究结论的调和》的第 23433 号工作论文。

总而言之，移民可能会给目前的美国普通劳动者造成负面经济影响，尤其是那些青少年和老移民。但是，几个关键问题还是需要明确的。首先，虽然新移民可能会对老移民造成负面影响，但是那些老移民的生活水平在迁移到美国后已得到了极大的改善。考虑到这一点，即使新移民让老移民的工资增长变得缓慢，老移民的工资水平也足以让他们的生活得到巨大改善。其次，即便高中辍学的劳动者会受到低技能移民的冲击，帮助这些受到冲击的劳动者的最好方法并不是限制移民；技能培训和教育会给这些本土劳动者带来更多帮助。最后，很少有证据能证明高技能移民会给美国带来负面影响。考虑到高技能移民为美国经济做出的巨大的积极贡献，这一群体在很大程度上对于绝大多数美国人来说仍会产生积极的影响。[28]

移民从事的工作无人问津吗？

反对移民者通常声称移民会从乐于工作的美国人手中夺走工作机会并压低工资水平。然而在农业劳动力市场上，这一理由其实站不住脚。迈克尔·克莱门斯、伊桑·刘易斯和汉娜·波斯特尔对 1942 年布拉塞洛计划对美国农场工人所产生的影响[①]进行了研究。布拉塞洛在西班牙语里指"体力劳动者"，其字面意思为"使用两只胳膊进行劳动的人"。该计划由一系列美国法律组成，允许从 1942 年至 1964 年间每年大约 50 万墨西哥体力劳动者在美国农场从事季节性工作。该计划最终被肯尼迪政府终止，理由是担心其会减少本土美国普通劳动者的工作机会。但是数据显示，终止该计划并没有对美国本土劳动者的工资和就业情况产生任何影响。该计划的终止也未给美国本土劳动者带来额外的工作机会；相反，美国农民改变了他们种植作物的品种，转而种植能够由机械来完成采摘工作的水果和蔬菜，并进行了被这些墨西哥劳动力所延缓了的技术创新。

如今，大约一半的美国农场作物种植工人为非法移民。加州的中央山谷每年的作物产值高达 350 亿美元，而那里

70% 的种植工人为非法移民。最近，打击非法移民的行动导致了农场劳动力的短缺。来自墨西哥的移民人数呈下降趋势，作物种植者不得不绝望地看着自己的作物腐烂在地里。很少有美国本土劳动者对外来劳动力减少所创造的就业机会感兴趣。迈克尔·克莱门斯在其 2013 年发表的一篇研究北卡罗来纳州种植者协会的文章中指出，实行雇用外来劳动者计划（与外国工人签署季节性合同）之前，该协会必须证明其付出了聘用美国本土劳动者的努力。从 1998 年至 2012 年，当美国农场每季需要成千上万名农场工人时，美国本土工人的应聘者人数从未超过 268 人。在对人手需求最多的 2011 年，只有 7 名美国本土工人干满了整个种植季，而同一时期，90% 来自墨西哥的工人干满了整个种植季。[2]

---

① 详见迈克尔·克莱门斯、伊桑·刘易斯和汉娜·波斯特尔 2017 年发表在美国国家经济研究局的名为《限制移民的主动劳动力市场政策：来自排除墨西哥劳工的证据》的第 23125 号工作论文。

② 详见迈克尔·克莱门斯《国际收获：关于外国劳动力如何帮助美国农场作物种植和美国经济的案例研究》一文，该文 2013 年由新美国经济伙伴关系组织和全球发展中心发布；迈克尔·克莱门斯 2013 年发表的名为《外国劳动力对美国本土劳动力就业的影响：北卡罗来纳州农场的就业方式和应用》工作报告。

顾虑二：各州和地方预算压力

移民一般大量集中在美国的一些特定区域。2010 年至 2016 年，34% 的移民集中在 5 个城市中：纽约、迈阿密、洛杉矶、休斯敦和华盛顿特区。[29]

移民人口集中会给政府带来预算压力，但是要计算出移民对预算造成的影响比这一问题本身看上去更加困难。相关的研究通常会将移民的纳税额与其享受的政府服务进行对比，但是享受政府服务这一指标很难进行统计。比如，美国是否应该把包括国防在内的政府运转成本算到移民头上，即便是国防预算的增长不是由人口决定而是由整体的军事需要和战略决定的？由于国防开支相当庞大，在对移民所造成的财政影响进行估算时，是根据移民每人在国防上的花费，还是根据因移民的存在而造成的额外国防开支呢？而后者的花费几乎为零。

同样，即使移民享受更多的政府服务但缴纳较少的税款而造成预算压力，他们的后代也会缴纳更多的税款但享受较少的服务而带来预算福利，所以美国该如何计算移民所造成的影响呢？是应该只对移民个体的贡献进行评估，还是认可移民所带来的长期贡献呢？这是一个重要的问题，移民的子女在成人后的工资要远远高于他们的父母，而且他们会缴纳更多税款。

对非法移民所带来的财政影响进行计算尤其困难。最近的一项研究发现，非法移民通过支付销售税和消费税每年为州政府带来大约 120 亿美元的收入。[30] 同时，对非法移民享受政府服务进行统计则难上加难。虽然非法的性质使得这部分移民不可能享受很多的政府服务，但是对他们所享受的其他政府服务进行估算也不容易。

最后，我们是否在这些分析中把移民对经济增长的积极影响考虑在内了呢？尽管移民在生产力和就业方面发挥了重要的作用，但是这些因素很难在估算预算时被考虑在内。

虽然在计算移民所带来的影响方面存在困难，但是我们在一些结论上达成了一致。尽管移民看起来对联邦预算没有造成太大的负面影响（如果联邦政府花费分配是按照居民实际享受的公共服务进行计算，那么移民造成的影响通常是积极的），但是移民对那些第一代移民最集中的各州和地方政府的预算造成了负面影响。

相比移民自己，他们的子女最终会带来更加积极的财政影响。美国国家科学院专家小组报告估计，一名一代移民会给州和地方政府预算产生 1 600 美元的净成本，而一名二代移民则会创造 1 700 美元的净收益。

一般来说，如果移民在年龄和受教育程度上与美国人相似，那么他们对预算所造成的影响也与美国人相似。如果说他们有什么不同的话，那就是由于移民的子女将来会比普通美国人赚更多的钱，缴更多的税，所以总体上移民会带来更多积极的预算影响。[31] 尽管目前处于较低社会经济地位的低技能移民对财政造成了一些直接的负面影响，但是随着移民融入美国社会及其后代收入的增加，这些负面影响会逐渐消失。与此同时，高技能移民从一开始就对预算几乎没有负面影响。

顾虑三：文化担忧

从根本上说，很多对移民的强烈抵制是文化层面上的抵制，而非经济层面上的抵制。现在关于移民是如何融入美国社会的存在很多不同的描述。传统上讲，我们在描述移民融入美国社会的过程时会用到"大熔炉"的概念。对这一比喻的一种理解为把美国想象成一口巨大的炖锅，而里面炖的食物会随着调料的增加而变得更加鲜美。从这一点上看，其实没有什么真正的美国文化，美国文化不过是其所有移民文化的综合而已。如果观察一枚美国硬币，那么你会在上面发现一句早期的民族格言：*e pluribus unum*。这句拉丁文的意思为合众而一。美国社会就是由众多移民组成的，很多人也赞同是移民让美国变得更强大、更美好。

比如，世上有真正的美式烹饪吗？尽管一些食物在美国特别出名，但是它们起源于不同的国家：比萨起源于意大利，玉米饼来自墨西哥，热狗的故乡是德国，甚至苹果馅饼也不像口号中所宣传的那样是由美国制作出来的食物。适合烹饪的苹果并不产自美国，而是由后期的殖民者带到美国来的，而馅饼则出自古埃及人之手。所以，苹果馅饼很难说是美国独创出来的食物。

2000 年，我住在比利时的布鲁塞尔，那里是欧盟的中心。我经常光顾的一家超市会把一面小旗子插到售卖的食品旁边，以方便顾客辨认食品产自哪里，这对于生活在周边的很多欧盟官员来说很有帮助。有一天，我在店里看到了美国的星条旗，我急切地走到星条旗所在的那一排货架，想看一下那里在卖的是哪些美国食品。走近一看，我才发现全是墨西哥食品，比如玉米薄饼、豆子、沙拉、辣椒等——当然这些都是我非常怀念的食品。

目前美国4座最大的城市，也是人口超过200万的城市为纽约（860万人口）、洛杉矶（400万人口）、芝加哥（270万人口）以及休斯敦（230万人口）。这些城市都拥有庞大的移民群体。外国出生的居民占洛杉矶总人口的38%，占纽约总人口的37%，占休斯敦总人口的29%，占芝加哥总人口的21%——它们均高于美国13%的平均水平。[32]

很难想象如果没有移民，这些城市会变成什么样子？这些城市之所以能够变成经济活动和文化产品的中心与居住在那里的来自五湖四海的移民不无关系。移民和本土居民携手努力为我们的大城市带来了艺术、音乐、食品、时尚、设计和创新。

那些拥有更多移民的地区一般也喜爱移民，而移民较少的地区一般更容易对移民疑神疑鬼。拥有移民人口比例较高的州包括：加利福尼亚州（27%）、纽约州（22%）、新泽西州（21%）、佛罗里达州（19%）、夏威夷州（18%）、得克萨斯州（16%）以及马萨诸塞州（15%），而山区、平原和东南部各州的移民人口比例较低。[33]多次公共民意测验显示，移民受到了他们所居住的地方的更多喜爱，甚至受到了当地人士的喜爱。

然而，人们对移民还存在文化层面上的担忧。一些人担心移民无法融入美国社会，无法与人交往，也不会学习英文；另一些人担心移民从他们自己国家带来的一些文化标准会弱化美国的制度以及法治；还有人担心一些移民较低的社会经济地位以及一些移民的非法身份（尽管非法移民出于对遭到逮捕和遣返的担心可能不愿触犯法律，但是他们会存在铤而走险的可能）。虽然恐怖袭击是一种概率极低的威胁，但是不断升温的恐怖主义还是会引发人们对移民从事恐怖主义行动的担忧。[34]

实际上，很少有证据能够证明移民对美国制度（比如产权、法治等）的质量产生了负面影响；真要说有什么影响的话，那就是移民在美国人口中的比例与美国制度质量评价之间存在正向关系。[35] 同样，移民所犯重罪的比例较少；相对于移民数量来说，移民重罪犯的比例只有美国本土人士比例的一半。[36] 此外，种种迹象都表明，当今移民融入美国社会的速度比一个世纪前要快得多。[37]

移民、全球经济和国际关系

移民可以推动国家之间的国际贸易和国际商业活动。[38] 很多证据显示国际贸易和金融的全球一体化程度并不像人们期待的那么高。距离和交通成本并不是阻碍贸易和投资的唯一因素。信息匮乏以及沟通不畅也是制约因素。移民通过提升移民来源国和目的国之间的关系和信息流通来促进贸易活动和外国投资的增长。移民对不同的产品有着不同的喜好，这会帮助新产品源源不断地涌入移民目的国，通常这会影响该国本土人士的喜好。

国际商务反过来会推动移民的发展。跨国公司通常会雇用员工到海外工作；实际上，世界知名的几大跨国公司中海外员工人数占据了员工总数的一半。高技能员工尤其可能被派往海外工作，创新通常来自知识型员工的全球合作。[39]

　　移民加强了美国与其他国家之间的联系。当移民离开自己的祖国来美国开启新生活时，他们依旧会与祖国保持联系，与那里的朋友和家人交谈，寄钱回去，有时还会亲自回国探亲。移民在美国的经历有助于帮助世界了解美国，跨越国境的人际关系可以培养出理解多元社会的群体。

　　移民也能够帮助美国社会了解其他国家和文化，并为其带来新理念、新文化活动和新美食；美国的传统节日里也多了中国春节、印度排灯节以及墨西哥的五月五日节。在课堂上，外国学生能够帮助美国学生了解世界其他地区。在我所教授的经济学课堂上，这一现象很常见。国外出生的学生和美国本土的学生能够分享各自的经验和思想，让彼此的观点变得更加完善和更有深度。

　　这些观点推动了1946年出台的富布赖特计划的发展。该计划旨在帮助美国和其他国家进行学术交流活动。受该计划资助的人士证明了海外生活和学习，有助于开拓思想和加强国家间的相互理解。该计划每年提供8 000个资助名额，帮助来自160个国家的学生和学者享受教育机会和加强文化理解。受资助人士中，诺贝尔奖得主59人、美国麦克阿瑟基金会奖得主71人、普利策奖得主84人，另有37人成了国家元首。当然，该计划成立之初含有政治层面的考虑，即该计划早期的拥护者希望获得资助的人士能够吸收并宣扬美国价值。无论如何，受到资助的学者都证明了国际交流的互惠共生性。

　　更普遍的是，不断增加的国际交流有助于培养人们作为全球公民所应具备的关于人性和共同利益的常识。最终，相互理解的人士会更有利于在国家和民族之间创造共同点，进一步推动和平和繁荣。

移民对其祖国的影响

对移民的顾虑还包括因那些高技能群体的移民而造成的他们祖国的"人才流失"，这可能会影响到这些国家的成功。乍一看这种担忧似乎极有道理。这些人才利用他们的才能为美国服务使其受益，当然他们就无法为他们的祖国提供服务。下面我会阐述一些有助于缓解这一顾虑的几点关键思考。

首先，移民通常会将他们高薪收入的一部分汇给其留在祖国的家人。比如，2015 年，印度裔美国人的人口占整个印度人口的 0.2%，但其收入却占印度国内生产总值的 8%。据估计，2015 年印度接受国外（来自包含美国在内的多个国家）印度裔移民的汇款总额大约为 690 亿美元，超过了印度当年国内生产总值的 3%。墨西哥 2015 年从美国接受的汇款大约占其国内生产总值的 2%。而国外汇款成了这些国家经济发展中至关重要的资金来源。[40]

其次，由于潜在的移民必须为稀有的签证名额进行竞争，因此仅是移民的可能性就可能推动这些国家对教育已获益处的重视。而鼓励劳动者接受教育则会提高仍居住在这些国家的人的能力素质，从而有助于这些国家生产效率的提高。

最后，有证据证明人才流失对这些国家产生的影响有限。比如，在那些输送了大量医护人员移民的国家中，人们的健康状况并没有因此而恶化。[41] 高技能移民向其祖国汇回了大量资金，填补了因他们缺位而造成的收入空白。此外，大部分相关研究表明，因移民而造成国家人才流失的现象对这些国家的影响很小。[42]

更好的移民政策

美国吸引着各式各样的移民：寻求更好经济机会但技能水平参差不齐的工人、逃离迫害和战争的难民、希望与在美国的亲人团聚的家庭成员、完成学业并希望留在美国的留学生。大多数移民是通过合法途径来到美国的，最近几年非法移民的数量也出现了下降。然而，目前大约有 1 100 万人通过非法途径首次进入美国或者逾期滞留，这一群体人数不到全部移民人数的 1/4。

几十年来，美国的移民政策鲜有变化。引人注目的移民优先权调整出现在 1965 年，这次调整废除了以国家为基础的移民配额制，并规定寻求家庭团聚的人士享有优先移民权。20 年后，即 1986 年，《移民改革和控制法案》规定对雇用非法移民的雇主实施制裁，加大边境执法投入，并赦免居住在美国的非法移民。自那之后，美国对移民制度的调整幅度越来越小，包括 1990 年对签证分配的调整和多种签证类别的创立，1996 年更改规定使得移民更难以获得福利待遇，2003 年施行更为严格的记录和报告要求，2005 年对移民权利进行收缩。

近年来，尽管很多中产阶级选民感受到了来自世界经济变化的威胁，但是他们仍认为移民带来的积极影响要大于负面影响（如图 7.4 所示）。如同本章试图论证的那样，这是毋庸置疑的事实。从

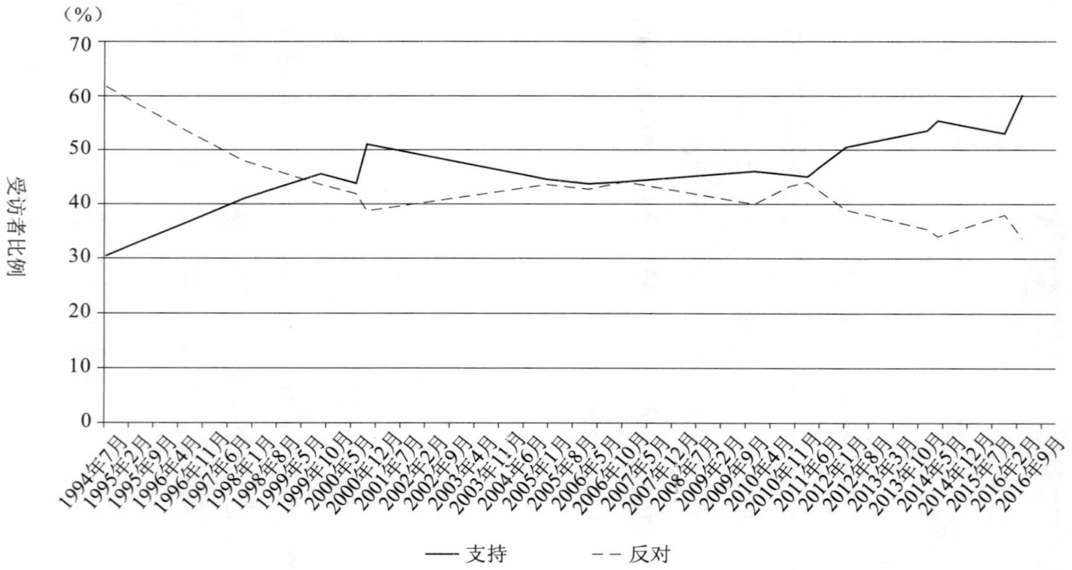

图 7.4　美国对移民的态度整体上是积极的

注释：支持的观点认为“今天的移民通过他们的努力工作和才华增强了美国的实力”。而反对的观点则认为“今天的移民由于夺走了美国人的工作、住房和医疗从而增加了美国的负担”。大约10%的受访者对移民持有模棱两可的态度或者没有提供答案，这些结果并没有统计在内。数据来源：皮尤研究中心。

总体上说，移民对经济会产生积极影响。然而，这并不意味着美国的移民政策已经没有改进的余地了。下文我将提出三点想法。

美国大学毕业的外国留学生可直接获得绿卡

美国在科学、计算机科学、工程学等对美国生产效率的提高和创业前景至关重要的领域内都缺少人才。外国人才在美国大有可为：他们更可能进行创新、创业，并在科学领域发挥非凡的作用。

美国每年会基于雇佣关系发放 14 万张绿卡。同时，H1-B 工作签证项目允许企业为高技能雇员申请该签证而提供担保；目前的法律允许美国每年发放最多 6.5 万张工作签证。而获得工作签证的人士和在美留学生之间会出现人数重叠现象，一般来说，美国允许在美国完成学业的外国学生在按规定离开美国之前先工作一年。[43]

如同上文所谈到的那样，有很多外国学生来美国攻读科学和工程学领域的硕士学位，当然，也有很多外国学生在美国读本科。2015—2016 学年，美国大学的外国学生人数超过了 100 万人，占美国学生总数的 5%。缘何如此多的外国学生赴美学习呢？简单地说，美国拥有世界上最好的高等教育制度。尽管美国从幼儿园到高中的教育算不上顶级，但是其世界顶尖大学的数量却是世界第一。这些大学则是美国经济保持强大的重要源泉。

即使英国和其他以英语为母语的国家在招收国际学生方面有所进展，美国也依然是世界上最受留学生欢迎的国家。美国大学尤其受到中国和印度学生的喜爱；在这两国的海外留学生中，41% 的中国学生和 50% 的印度学生都会选择前往美国读书。

外国学生要想赴美读书必须既要满足美国大学的录取要求,又要满足申请学生签证的必要条件。大多数外国学生在获取赴美读书资格的过程中面临着激烈的竞争。外国学生所缴纳的学费相当于美国完成了价值数十亿的劳务输出。外国学生一般学习刻苦,学业表现优异。很多外国学生在毕业后都渴望留美工作。

对于美国政府而言,要求外国学生毕业后仅工作一年便回国的做法得不偿失。一些外国毕业生最终会符合申请工作签证的要求,但是很多人满足不了这些要求,尽管他们通常非常渴望继续留在美国。[44]

有人认为这些限制留学生留美的措施符合这些学生祖国的利益,他们回国后会利用自己所学帮助祖国更好地发展。然而,这些措施却不符合美国的经济利益。为什么美国要排斥这些受过良好教育且勤奋的外国学生,将这些学生在生产效率、创新和创业方面带来的额外利益拒之门外呢?这些留学生能够讲一口流利的英语,认同美国文化,并且具备美国雇主急需的技能。

我们可以施行这样一种政策,即允许一些有资质的美国大学的留学生一毕业就能够自动开始美国绿卡的申请程序(申请成功后,他们将可以自由地按照正常程序申请入籍)。如果此种政策会导致留学生数量激增,从而减少美国本土学生的大学升学率的话,那么美国可以相应地采取人数限制措施,或者让美国大学选择扩招。

当然,还有其他办法可以增加技术移民,包括简单地增加工作签证的发放数量。很多高资质技术人员因为没被抽中而无法取得工作签证，被迫离开美国。在美国本土的技术人员无法填补数学、科学和技术岗位的需求，每 8 名技术人员中就有 1 位持有工作签证。[45] 有很明确的证据表明，分配过程的改革将有利于工作签证申请体系。[46]

均衡的移民政策

尽管上文提到的政策可以为美国带来更多高技能移民，但是一个均衡的移民政策能够满足美国经济在诸多领域对移民的需求。在批准那些在美国以外缺乏机会的低技能移民进入美国的问题上存在着效果和道德两方面考量。在效果方面，这些群体在移民美国后可以为自己和后代带来巨大的利益，而这些巨大的利益便是支持移民的一个有力论据。

在道德层面，美国人经常以迎接世界各地的移民而自豪，包括那些逃难的移民。矗立在埃利斯岛（美国过去几代移民的登陆点）近旁的自由女神像基座上的铭文便是这一精神的最好写照。

> 欢迎你，
> 那些疲乏了的和贫困的，挤在一起渴望自由呼吸的大众，
> 那熙熙攘攘的被遗弃了的、可怜的人们。
> 把这些无家可归的饱受颠沛的人一起交给我。我站在金门口，
> 高举起自由的灯火！

如果美国舍弃这一情怀，转而呼吁"将繁华彼岸的博士研究人员、医生、腰缠万贯的投资客以及精英们"送到美国来，那么美国将失去其精神。尽管高技能移民能为美国带来更多的好处，但是美国仍有道德义务传承其接收那些不幸的人的传统。

近几十年来，美国移民政策的重点是帮助家庭团聚，尽管这一重要目标的优先性毋庸置疑，但是这不应成为美国移民人口增长的唯一来源。2016 年，68% 合法来到美国并成为永久居民的移民是通过家庭团聚的渠道实现的，而在这一群体中，70% 的人为配偶、未成年子女或父母。[47] 尽管帮助直系亲属实现家庭团聚无可厚非，但是关系较远的亲属（比如成年的兄弟姐妹）大可不必优先于那些为远离迫害或战争而移民至美国的群体。比如，叙利亚战争已经造成了 500 多万名难民。[48] 这些数目庞大的难民给欧盟带来了巨大危机，严重影响了美国许多亲密的盟友。因此，美国很有必要敞开大门来迎接"那些疲乏了的和贫困的，挤在一起渴望自由呼吸的大众"，当然，美国在接收这些难民时必须采取筛查和出于国家安全考虑的预防措施。

因此，我认为美国有必要对其移民政策进行重新定位：一方面，美国应当保持家庭团聚签证数量不变，或稍微减少非直系亲属的签证数量；另一方面，美国应当增加通过抽签为来自其他国家新移民发放签证的数量和难民的签证数量，以达到切实适当增加（大约 30%）这些群体的签证数量的效果。[49] 除了要从效果和道德层面上扩大移民数量的考量，这些额外的劳动力有助于解决美国即将面对的人口挑战。这些移民会填补美国本土劳动者技能上的空缺，并对后者所造成的副作用较小。此外，最近的研究表明，难民在移民后会有一个快速过渡期，为期 9 年会给政府预算带来积极的净贡献。[50]

同情非法移民

在美国现有的 4 200 万外国出生的移民中，非法移民的比例不到 25%。[51] 尽管非法移民被公认为是一个巨大的问题，但是有证据表明非法移民的主要来源国墨西哥的非法移民数量实际上在下降，且美国非法移民的总人数已经出现了下降。[52]

尽管加强美国边境管控很有必要，但是在这一领域的巨额投入可能性价比不高。用于边境巡逻的支出超过了所有联邦执法机构行动的支出总额。美国可以找到更具性价比的方法来减少非法移民。[53] 尤其是在近些年来因逾期滞留的非法移民人数多于偷渡入境的非法移民人数的情况下，这些方法更有可能被找到。[54]

对于那些已身在美国的非法移民来说，我建议帮助他们获得公民身份，这一点与奥巴马政府以及"梦想法案"等改革方案的领导者们的意见一致。帮助非法移民获得公民身份不但对非法移民自身有好处，而且从总体上为美国经济带来益处。相比所享受的福利来说，合法的工作者可能缴纳更多税款，这有助于解决联邦预算问题。[55] 赋予非法移民合法身份会更加激励他们努力在学习和技能培养方面进行投入，从而加大对经济的贡献，并减少最低收入就业者之间的工资竞争。

务实且富有同情心的移民政策

这些移民政策的建议，既包含了务实精神也富有同情心。那些还记得自己移民祖辈的美国人可能会被这些政策所包含的同情心打动。从道德层面上讲，人们有足够的理由相信自己应善待同类。当然这种同情心不能建立在牺牲美国本土劳动者利益的基础上。大量的证据表明移民对于经济来说是一个福音，其能够帮助美国进行创新，提高生产力，加强创业，提高就业。

新移民可能伤害一小部分就业者的利益。但是由于移民能带来巨大好处，那些受到移民伤害的小部分群体可以得到充足的额外资源作为弥补。从这一点上说，支持移民的动机甚至要强过支持贸易的动机。美国通过支持产品自由流通已经取得了巨大裨益，但是其对劳动力流通的限制依旧很多。

总而言之，移民有充足的理由受到美国欢迎。美国应该继续坚持明智且有利于发展和移民的政策立场。如同其他国际经济一体化类型，移民能够为美国带来巨大收益，拒绝这些收益，美国便会铸下大错。尽管当下的政治气候迫使政策制定者寻求快速和便捷的解决方案以化解美国中产阶级的不满，但是对移民采取更为严苛的措施无疑是下下之策。本书的第四部分将阐述一个更好的解决方案。

★ ★ ★

第四部分

开放与合作的未来

★ ★ ★

前面已经论证过全球化是一件好事。全球贸易让国家变得更加富裕，提高了人们的生活水平，并使消费者获益。国际资本流通给资金借贷国家带来了好处。国际商务能够提高效率并推动创新。不管从历史上说还是从现在来看，移民都是美国的优势之一。移民在经济发展、创新、创业和缓解人口压力方面发挥着巨大作用。

然而，目前还存在令人担忧的问题。在中产阶级工资增长停滞出现的数十年后，经济不安全性演变成了一个严峻的问题。收入不平等现象愈演愈烈，劳动在经济中的角色发生了根本性变化。这引起了人们对全球化的质疑。很多人担心，参与经济全球化的成本要高于从中获取的收益。

美国下一次重大辩论将围绕这一问题展开。美国是继续向世界其他地区保持经济开放，发展国际经济关系并接收移民进入美国，还是致力于设置壁垒，阻止货物、服务、资本和人员自由出入美国？在一个充满艰辛、经济增长停滞以及不平等的世界里，闭关锁国可能更有吸引力。外国人很容易被当作美国国内问题的替罪羊，而在总统的领导下众志成城地抵御外患会让美国人感到空前的团结。

容易获得的答案并不一定总是正确的答案。这些答案有时候会带来危险的后果。闭关锁国和破坏国际经济关系都是危险的举措。提高进口货物的价格会造成人们生活水平降低，贸易壁垒会给很多产业造成伤害，破损的国际关系会削弱互惠的经济关系及国际合作。较少的移民会减少新企业数量，延缓创新，加重人口负担，并破坏美国作为充满希望的自由之地的形象。

重要的是，限制移民、贸易和国际商务更有可能伤害到美国普通劳动者而不是为其提供帮助。这些限制性政策会产生很多意想不到的后果以及巨大的间接伤害和动荡。此外，这些政策只是对近几十年来造成劳动力市场动荡的一小部分因素进行了回应。比如，科技变革也是造成劳动力市场动荡的一个重要因素，自动化、信息化和互联网的普及也给美国普通劳动者的生活带来了巨大变化。其他一些因素也不容忽视，包括社会规则的不断变化，税收政策的改变，具有市场支配力的公司的影响，在赢家通吃市场内"超级巨星"的作用等。因此，贸易和移民壁垒不仅有可能产生具有破坏性的副作用，而且它们很可能无法有效地解决美国普通劳动者的经济问题。

在本书的第四部分，我会针对解决中产阶级的经济增长滞涨以及收入不平等的急剧恶化两个问题提出一个积极的政策建议。这些问题不是小问题，它们需要美国采取大胆以及明智的解决措施。尽管绝大多数观察人士认同美国必须对这些问题采取措施，但是他们提出的很多解决措施要么力度不够，要么不够明智。

接下来几章要阐述的积极的政策建议，将致力于打造一个有助于推动增长、提高就业和维护中产阶级利益的阶级联盟。该联盟明白如何适应全球经济的发展，并热切关注存在的问题。该政策建议既会利用美国传统中坚韧的个人主义和自给自足的特色，又会利用其开放和关爱的长处。该政策建议会完全放权于市场，认可政府自身必须最终为文明负责；规则和健全的公共政策对一个优良的社会至关重要。

第四章至第七章阐述了针对全球化本身的一些政策建议，包括对贸易、国际资本流动、国际商务和移民的建议。这些建议既能帮助美国适应全球经济的发展，又能帮助美国改进现有的经济政策，以更好地应对目前以复杂科技为特点的全球经济所带来的挑战。

第八章至第十章是关于直接和有效地满足中产阶级的需求的建议。这些建议能够应对第二章中所描述的中产阶级发展停滞和收入不平等等具有挑战性的问题。这些建议有利于维护开放经济的诸多益处，我不赞成关闭边境或者设置壁垒。

相反，这些政策应当为直接解决美国普通劳动者的问题而服务。第八章至第十章会阐述这一政策建议的三个方面。第八章着重讲述帮助劳动者满足全球经济发展需求的策略。第九章讲述关于真正的税法改革的重大谈判如何既能帮助美国普通劳动者又能改进美国的税收制度，使其更好地适应全球经济的发展（2018年生效的税法变化让真正的税法改革成了必然，这些变化大多与我在第十章所要阐述的原则相悖）。第十章描述了与企业界建立的新的合作关系。这一关系既支持全球经济，有利于创造优良的商业环境，又能提高人们对企业税收、劳动和竞争社会责任方面的期望。

大胆和负责任的解决方案要求美国改革其政治制度，然而这并非易事。美国现在出现了危险的政治极化现象，政治领域的极右翼群体总是认为政府是一切问题的来源，而极左势力则认为商业利益是所有问题的制造者。双方彼此怀疑，各自为达目的而利用互联网发布新闻、评论以及对局势的观点。

收入不平等和经济发展停滞推动了政治极化现象出现，政治上的左右两派都认为他们对同一经济问题的观点没问题，并对他们最初的立场深信不疑。其结果就是，这些选举出的立法者不太可能为国家治理而做出妥协，政府职能效率低下，人们进一步相信政府已经丧失了部分职能。这种危险的极化现象或导致政府毫无作为，或催促政府采取看上去见效快且简单的问题解决方案，而这些方案最终只会让选民、美国劳动者和其他公民感到更加沮丧。

作为本书终结的第十一章，将会在一个较大的政治讨论框架内看待上述政策建议。如果这些建议是正确的，那么美国如何将其付诸实践？

迈向一个更加公平的全球化

帮助普通劳动者适应现代世界经济的发展（第八章）
- 更好地利用贸易协定来解决政策竞争问题，保持全球经济的开放性
- 为普通劳动者提供工资保险、免费社区学院以及更有保障的经济安全以帮助他们满足全球经济发展的需求

- 支持社区针对贸易和技术冲击进行调整
- 增加教育、研发和基础设施的投资以巩固在全球经济竞争中所必需的经济要素制定适应现代世界经济发展的税收政策（第九章）
- 增加低收入普通劳动者的劳动所得税减免额度，改善低收入者生活
- 维持和改进累进税制，确保所有人都能从现代世界经济发展中获益
- 同一人或企业无论以何种形式以及在何处所获得的所有收入，均按同一税率征税；消除税法漏洞，包括国际避税
- 解决气候变化问题，施行碳排放税以降低税率
- 将所有的利益相关者纳入税法改革的重大谈判中

与企业建立更加良好的合作关系（第十章）
- 支持全球经济发展
- 制定简洁和公平的规则
- 制定简洁和公平的税法，让税收更加透明
- 让工资结构和劳动包容变得更加透明
- 制定更加有效的反垄断法

第八章

让普通劳动者真正受益

在本章中，我会阐述帮助普通劳动者适应现代化全球经济发展的四条关键措施。应当推进更合理的贸易协定，来实现政策合作，进一步推动国际繁荣并关注全球化带来的负面影响；应当切实帮助美国普通劳动者进行自我调整，以适应全球经济和科技变革的需求；应当帮助那些受到贸易和科技冲击伤害的社区；应当加强经济要素以促进共同繁荣。这四点理念共同确保美国普通劳动者在全球经济发展中取得成功。

更合理的贸易协定

更合理的贸易协定能够帮助美国实现重要目标。首先，它们能够改善国家间的关系，从而在全球范围内推动和平和繁荣。过去几十年所取得的全球经济成就要高于人类历史上任何一个相等时期所取得的经济成就。我们不应当忽略这些成就。相反，我们应当为之庆祝，并保障那些受到经济变化因素伤害的群体能够得到完全合理的补偿。

其次，合理的贸易协定能够帮助各国政府在需要协同解决的重大全球问题上进行合作。尽管政府政策是在国家层面（甚至地方层面）上制定的，但是我们依然生活在一个很多关键经济要素和政策问题都具有全球属性的世界中。比如，气候变化便是一个能影响全人类的真正意义上的全球问题，且一个国家的行为能够给世界带来影响。税收竞争和监管竞争同样也是全球性问题。如果世界各国将税收收入转移到避税港，如果环保监管使得污染性生产转移至海外，那么这些问题显然会变成全球性问题。

合理有效的贸易协定是这些问题解决方案的构成之一。国际贸易的益处能够吸引各国进行谈判，各国通过合作解决气候变化和国际避税等问题实现互惠互利。各国相互合作取得进步的成功案例，包括制定《巴黎气候协定》以及经合组织和 20 国集团的税基侵袭和利润转移项目。尽管每一个协定都只是解决这些问题所迈出的一小步，但是千里之行始于足下。这些协定是朝正确方向迈出的坚实步伐。各国单打独斗无法解决这些问题。

尽管气候变化和税收竞争不属于国际贸易的核心内容，但是我们没有理由不制定灵活的贸易协定来支持国际社会解决这些全球性问题。过去，贸易协定通常也包含非贸易内容。尽管人们对这些协议优先包含某些非贸易内容（知识产权、投资者与东道国争端解决等）表达了合理的担忧，但是贸易协定所包含的内容能够也应该超越贸易本身的范畴。各国能够通过合作来避免税收和监管竞争的有害影响，而贸易协定则为这种合作提供了一个天然的平台。的确，那种贸易政策由多国进行协商制定，而税收政策却由各国各自为政的传统做法有些不合理。[1]

此外，贸易协定并不是引发美国劳动力市场上那些令人担忧的趋势的原因，相反，其应当成为解决这些趋势的政策应对的组成部分。首先，我们制定贸易协定时应该注意要稳妥地施行贸易自由化，减缓经济变革的冲击。其次，如同《跨太平洋伙伴关系协定》那样，贸易协定可以通过包含支持核心劳动权利和鼓励劳动者谈判权力的内容来帮助改善劳动者权益。通过联合制定相关协定，各国可以减少政府所面临的竞争压力，因为这些压力会迫使政府提供宽松的监管环境以达到吸引具有高度流动性的跨国公司的目的。

巴黎气候大会：渺茫的希望

巴黎气候大会（也被称为第二十一次缔约方会议，COP21）包含了一个重大目标：挽救地球于危难。在巴黎气候协定框架下，超过 190 个国家制订了被称为国家自主贡献的减排计划。这些计划旨在防止地球温度升高 2 摄氏度这一各国一致同意的温度上升上限，但按照各国提交的计划，全球温度可能会上升 3 摄氏度，这会对人类造成巨大威胁。国家自主贡献的减排计划并没有约束力，只能依赖每个参与国家的政府通过立法和兑现承诺来实现。在该协定下，各参与国被要求从 2023 年开始，每 5 年对其取得的减排成就进行分享，供国际社会进行减排成就比照。

即便是特朗普总统宣布美国未来将退出该协定（4 年时间内完成退出），巴黎气候大会仍旧包含了包括世界上最大的排放国中国在内的 200 多个成员国。通过国际合作达成意义重大的环保规定的重要性怎么强调都不为过。地球的未来正处在危险之中。

避税的囚徒困境？

可能战略互动性研究博弈论最著名的成果就是囚徒困境了。两名罪犯被分开审讯，每一方被承诺如果认罪并检举对方就可从轻发落。在这一著名的博弈中，两名囚犯最后都会认罪，并面临更为严厉的惩罚，因为他们会出于一己私利进行认罪，而不考虑对方的选择（认罪或不认罪）。其实两名囚犯均不认罪，即相互合作，最符合双方利益。

税收竞争也属于相似的博弈游戏，政府和跨国公司都是这一战略博弈的参与者。每个国家都会出于一己私利来降低税率和提供税法漏洞，以吸引跨国公司的经营活动和扩大税基。而跨国公司则会将利润转移至避税港管辖范围，甚至创造出无须在任何管辖地纳税的收入。如果各国能够相互合作阻止税基侵蚀，那么它们会取得更多的税收收入。跨国公司的避税途径越少，政府越能从更加稳定的税基中获取税收。

这种合作并不意味着各国要选择实施相同的税率。相反，各国可以相互合作来消除容易导致近期愈演愈烈的税基侵蚀的做法。不久前，经合组织和 20 国集团联合制订了阻止公司税基侵蚀和利润转移的计划。在经过数年的谈判和完成了近 200 页提议大纲的草案后，2017 年 6 月，各国70 多位部长共同签署了一份多边协议来实施与该计划相关的税收条约措施。尽管这还不足以消除税收竞争上出现的囚徒困境，但这无疑是朝正确方向所迈出的坚实一步。

帮助普通劳动者满足全球经济发展要求

为世界贸易制度设置合理的规则至关重要，但更重要的是赋予劳动者在现代世界经济中取得成功所必备的技能。那些受到贸易或科技变革冲击的劳动者应当得到更多帮助。为此，一些政策解决方案让人期待。首先，我们可以利用税收制度对工人提供切实的帮助。劳动所得税减免（将在下一章进行阐述）是我们消除贫困最有力的方法之一，而且在政治上得到了各党派人士的支持。[2] 通过施行劳动所得税减免，低收入劳动者所挣的每一分钱都会享受税收减免。与其他很多消除贫困的传统方法不同的是，这一方法通过增加对低收入工人工作的奖励鼓励他们工作。[3]

此外，美国应该将已在小范围内施行的工资保险范围切实进行扩大。2015 年伊始，名为贸易调整援助制度的小型援助计划开始实施。如果一名劳动者因为贸易而失业，并在之后从事一份收入较低的工作，那么该计划将补偿该劳动者新旧工作收入差额的 50%，最高补偿额可达 1 万美元。该计划仅面向年龄在 50 岁以上，且新工作收入在 5 万美元以下的劳动者，此外，这些劳动者必须能证明自己的失业是由贸易压力或者公司海外运营的调整引起的。2015 年，该计划接受了 413 份申请，5.76 万名劳动者被纳入该计划保障，并符合申请某种贸易调整援助的条件。[4] 但这些人中只有一小部分人得到了工资保险补偿金。

将这种援助与贸易冲击联系起来有助于在政治上推动对国际贸易的支持，且这种联系可以将包括科技变革在内的各种经济冲击所造成的经济损失降至最低。然而，对获得该援助补偿金的认证，可能会限制享受该援助的劳动者人数。因机器人而导致失业与因进口增长而导致失业对劳动者来说同样痛苦，在 45 岁失业和在 55 岁失业对于他们来说没有太大区别。工资保险应该扩大保障范围，将更多劳动者以及更多的失业原因涵盖进来。我们应该避免因设置工作经历和享受福利的时间限制等门槛，而导致工资保险失去其应有的功能和意义。如同劳动所得税减免一样，工资保险应鼓励工作和再就业，降低因丧失劳动力身份而导致劳动者经济窘迫的可能性。

同时，工作迁移援助也会发挥重大作用。美国的经济规模巨大且种类多样，各地经济情况差异很大。如同第三章中所探讨的那样，贸易冲击具有地区特点，某些地区受到的冲击要高于另外一些地区。同样，科技变革对各地区的影响也不同。当美国的一些地区遭到负面影响时，一些地区却发展甚好，一些地区甚至会遭遇劳动力短缺。帮助劳动者迁移到机会更多的地区以及帮助他们获得能在新工作岗位中斩获成功的技能，也有助于其发展。

比如，近年来，由于水力压裂技术将石油开采的范围扩大，石油行业得以扩张，使得南达科他州、北达科他州发展迅猛。至 2017年中期，北达科他州的失业率为全美国最低，只有 2.3%；而南达科他州 3.3% 的失业率也非常低。这两州发展如此迅猛，以至该地区劳动力供给出现了短缺。美国中西部家装连锁店梅纳兹甚至每周从威斯康星州大量招聘工人，并将他们安顿在北达科他州的旅馆中。

然而，迁移协助并不是解决问题的灵丹妙药。劳动者的迁移能力可能会被一些因素限制，比如，对他们带来负面影响的经济冲击会对他们所在地的房价造成打击。当房屋贬值时，房贷便会增加，欠款便会高于房屋价值。这使得工作迁移变得困难——并且突出谨慎贷款、消费者金融保护局等机构提供的消费者保护以及社区援助方面的工作的重要性。

美国快速运转的资本主义经济对劳动力的需求不断变化，因此工人需要经常接受培训。对劳动者而言，社区大学在提供教育和颁发文凭方面扮演着重要的角色。社区大学教育应当进行扩充，享受补助并减少学费。理想情况下，社区大学应当完全免费。即便目前社区大学需要收取一些学费，近期失业的劳动者（满足某些经历要求后）在未来三年内应当能够被社区大学免费自动录取。在创作本书时，继田纳西州、俄勒冈州和明尼苏达州之后，包括加利福尼亚州在内的另外 10 个州正在考虑进行免费社区大学立法。比如，田纳西州 2015 年施行的承诺项目便对为期两年的社区大学或技术学校学习进行资助；该项目促使社区大学的录取率提高了 30%，社区大学学生保有率提高了 16%。

更广泛地讲，社区大学在为那些没有就读于 4 年制传统大学的学生提供高等教育方面发挥了重要作用。在 2015 年秋季入学的全日制本科生中，24% 的人曾经就读于社区大学；在 2015 年至 2016 年拿到学士学位的本科生中，49% 的学生曾就读于 2 年制的社区大学。此外，那些从社区大学毕业后继续进行普通本科学习的大学生和高中毕业后直接就读于普通大学的学生，在学业成功方面并无差异。

社区大学在为年长的劳动者进行技能更新方面也发挥着重要作用。社区大学一般会根据当地就业市场需求而开设相应的课程，为那些希望丰富自己简历的劳动者提供个性化课程。社区大学低廉的学费能够帮助更多人享受高等教育，2014 年至 2015 年社区大学每年的平均学费为 3 350 美元。

最后，劳动者需要更多保障。美国在向民众提供廉价医疗保险方面取得了进步（医疗保险不应像过去那样指望通过就业而获得），但是其还有很长的路要走。《平价医疗法案》是朝正确方向迈出的宏伟一步，美国应当将其发扬光大而不是对其进行削弱。美国国会最近废除了要求美国人购买医疗保险的个人强制令，这一做法实际从整体上削弱了《平价医疗法案》。[5] 经济不安全也与消费者债务息息相关。美国应当支持消费者金融保护局的工作，保障消费者免受金融不稳定的困扰。从更广泛意义上讲，美国要有足够强大的金融监管来保障金融制度的稳定性，从而保障经济的可持续增长。[6]

帮助社区更好地应对经济冲击

应对经济冲击的最佳方法是帮助那些直接受到冲击伤害的个人。然而，有时候连片的社区都会受到贸易和科技冲击的伤害。以这些社区为直接帮扶目标的政策，比如关于基础设施和教育的投资政策，会非常有效。这些投资也可能把商业活动吸引到这些社区中来。

美国联邦政府在帮助社区应对经济冲击时也能发挥较大作用。联邦政府凭借自身便能够减缓全国范围内所遭受的冲击：它可以降低对经济发展困难的地区征收的联邦税，同时加大对遭受经济危机地区实施的调查认证项目和失业保险的投入。有关研究发现，联邦税收制度能够将低收入带来的负面影响至少降低 1/3，而联邦支出的自动增加由于规模较小，效果并不明显。[7]当各地面临异常的经济危机或冲击时，增加联邦支出，尤其是增加对基础设施和教育的投资，则是明智之举。

在全球经济中保持竞争力

现代世界经济为各国家和地区带来了与竞争密切相关的重大政策挑战，但是构成各国竞争力的最重要因素则存在于各国国内。无论一个经济体的开放程度如何，这些根本要素对于其成功来说都至关重要。

铁锈地带复兴：匹兹堡2.0

宾夕法尼亚的匹兹堡已经从一个铁锈地带的工业中心，转变成了一个活力恢复且多姿多彩的城市。钢铁业的衰退使得每年大约 5 万人逃离该市，匹兹堡不得已做出巨大的改变。该市减少了对制造业的严重依赖，转而与当地的大学和医疗公司进行合作，以丰富该市的就业前景并吸引人才和资本。

对教育和基础设施的投资为匹兹堡的转型发挥了重要作用。卡内基－梅隆大学和匹兹堡大学在该市的振兴过程中做出了巨大贡献：匹兹堡大学医学中心（市值超过 80 亿美元的医疗中心）成为该市最大的雇主。匹兹堡市也与科技公司展开了合作，其在公共领域（包括兴建一座新的会议中心）和廉价住房方面进行了重大投资。该市新兴的医疗产业、先进的机器人研究以及所展现出来的经济韧性为其赢得了赞誉。2014 年，《经济学人》杂志将匹兹堡评为美国大陆最宜居的城市。

美国经济从很多具有历史意义的优势中获益。庞大的移民群体成了美国创业和创新的持续源泉。从 1890 年至 1970 年，美国国民受教育程度的稳步增长为美国培养了适应时代需求的高技能劳动力。美国的高校和对基础科学进行的公共投资为其带来了创新和创造，从而保障美国的行业处于世界知识领域的前沿位置。从州际公路体系到互联网，美国的基础设施投资为其带来了巨大的红利。其包容性的政治制度又提供了强大而稳定的民主。美国在世界事务中的领导地位，帮助美国建立了以美元为主导地位的全球贸易和金融体系，让美国资产成了极受人们欢迎的储备财富，并造福了美国劳动

者和企业。

尽管这些优势中的很多都得以完整地保留，但是仍有值得美国担心的理由。美国的教育成就无法跟上科技变革的步伐，美国对公共基础设施的投入无法满足人民的需求。美国的政治极化日益严峻，政策制定者不断地提出不完善的方案来解决经济问题，比如限制移民和贸易。这些不良趋势必须被遏制以保持美国劳动者在世界经济中的竞争力。

最重要的是不能雪上加霜，美国应避免采取那些会造成搬起石头砸自己脚的后果的政策"方案"；同时美国还需要加强其优势，特别需要加强的三个基本面是教育、研究和基础设施。

美国需要对教育制度进行大量投入并增加教育资助。如同在第三章所探讨的那样，美国从幼儿园到高中的教育状况业已落后，其需要从人们尚在幼儿时便加大投入。对幼儿的投入能够得到巨大的回报。诺贝尔奖得主詹姆斯·赫克曼两次关于学前实验的著名研究显示，对3岁至5岁的幼儿进行投入的综合项目投资回报率为13%。这些回报要超过平均的股票投资回报。[8]

免费社区大学能帮助劳动者获得新技能，也会为那些不打算花钱去读四年制普通大学的学生提供教育和培训资源。要保持强大的高等教育体制就需要持续不断地对其进行资助，对世界各地的人才，包括对那些想要赴美学习的外国学生，采取开放的态度。欢迎这些外国学生在毕业之后留在美国工作，有助于强化其上述优势。

增加对基础科学和研究的资助会带来巨大的红利，对教育的投入和对基础研究的资助相得益彰。这能够帮助劳动者在世界经济中竞争进行更好的准备，如果他们拥有将计算机变成助手而不是竞争对手的技能，那么他们便会将科技变革转化为自己的优势。如果美国公司能够在创新和成就方面走在世界前列，那么它们就会为工人提供优质的工作机会。最近，联邦政府在研发方面的支出相较于经济规模来说已经出现下降。这一趋势应当被扭转。[9]绿色能源技术方面存在大量新的投资机会。考虑到气候变化所带来的巨大挑战，美国早就应该进行相关投资。

　　良好的公共基础设施是让美国劳动者变得富有成效的关键因素。完善的道路、桥梁、港口和机场设施以及电脑和互联网的使用，能够确保货物、服务和理念的平稳传输。尤其是美国最近在上述领域投资不足的情况下，进行公共投资很可能会产生巨大红利。

美国国家卫生研究院和美国国家科学基金会

　　美国国家卫生研究院和美国国家科学基金会有责任为美国的研究人员、学生和科学家提供他们所需的资源，帮助他们将理论假设变成革命性突破。纵观这两个机构的历史，有 223 名美国国家科学基金会的研究人员和 148 名美国国家卫生研究院的研究人员获得了诺贝尔奖。美国国家科学基金会总额达 75 亿美元的拨款是美国科技、工程、电脑科学和数学研究资助的重要来源。美国很多成功的企业也得益于强大的研究投入，即使创立谷歌公司的那位学生研究员也得到了美国国家科学基金会的资助。

美国国家卫生研究院对生物医学研究的资助超过了世界上其他任何一家公共机构在相关领域的投入，每年的资助金额为 300 亿美元。受到该机构资助的研究人员则研制出了治疗最常见中风症状且得到美国食品和药物管理局批准的疗法，进行了第一次人类肝脏移植，在针对寨卡病毒、埃博拉病毒和马尔堡病毒的疗法上取得了创新。该机构研制出了很多拯救生命的药物和疫苗，其带来的投资回报在很多时候要高于长期的普通股票投资回报。这些投入对于美国极其成功的生物科技领域来说至关重要，而科技生物领域则能提供大约 700 万个就业岗位。[1]

---

[1] 详见美国国家卫生研究院官网所发布的《我们的社会》一文，网址为 https://www.nih.gov/aboutnih/whatwedo/impactnihresearch/oursociety。

美国过去对基础设施的投资现在已经得到回报。比如，《联邦助建高速公路法案》帮助美国建设了全长 46 876 英里的国内州际公

路。州际公路网帮助美国取得了经济发展，并实现了繁荣。研究人员发现，对高速公路的投资能带来很多益处；20 世纪 50 年代晚期 30% 的生产效率提高都要归功于道路设施的完善。[10]

然而，美国土木工程师学会对美国 2017 年基础设施的评价为 D+，并预测要提高一个评价量级的话，需要从现在到 2025 年追加 4.5 万亿美元的投资。考虑到目前的预算提议，到时候甚至连美国 5.6 万座"结构有问题"的桥梁都无法得到修复。目前，绝大部分对基础设施的投资来自地方政府和州政府；2014 年，只有 25% 的基础设施投资来自联邦政府。

相比而言，中国在基础设施方面进行了巨额投资。中国政府对基础设施的投资额占其经济总量的 9%（而美国的这一数字只有 2.5%）。中国对基础设施的投资将使 8 个亚洲国家从价值 1 万亿美元的"一带一路"倡议中获益。尽管有些基础设施项目依靠高额贷款，但是中国对基础设施的投资还是带来了可观的收益。[11]

美国政府应当有效增加对教育、研究和基础设施的投入。另外还有一些其他不需要过多投入但仍相当重要的基本要素，也值得重视。健全的宏观经济政策能够帮助美国避免经济衰退或不可持续增长所带来的负面影响。中央银行和美国国会（包括美国总统）能够在经济向好时避免赤字和债务，以便能够在经济衰退期更加从容地应对赤字扩大问题。[12]完善的金融监管对避免系统性的弱点和风险能起到重要作用。美国应当努力维护司法和政治制度，确保它们服务于全体美国人民而不只是精英阶层这一永恒的目标。

这些作为美国基石的基本要素的重要性怎么强调都不为过。人们经常认为，国际资本的流通性使得高工资国家在同低工资国家竞争时很难吸引工作机会和经济活动。但是数据统计却给出了相反的结论。比如，在美国跨国公司外包的工作中，1/3的工作流向了欧洲的高工资国家，而更多工作则流向了加拿大、日本、澳大利亚等其他富裕国家。[13]

为什么在有许多低工资国家作为选择的情况下，美国跨国公司将其海外工作机会都送往了其他高工资和高标准的国家？简言之，高工资国家之所以工资高是有其原因的。富裕国家拥有高生产效率的劳动者、庞大的消费者市场、稳定的制度以及完善的基础设施。如果美国能够保存这些优势，我们就无须担心会失去伴随这些优势而来的高收入工作。

生活在一个现代化和高科技的全球经济体系中本身就充满了挑战。本章显示了如何保存那些让美国经济充满活力和取得成功的优势。吸引贸易伙伴，努力改善贸易协定很重要，但更重要的是给予美国劳动者在全球经济体系中取得成功所需的技能，美国需要对其社区进行投资，并巩固自身的根本优势。

美国还需要制定适应现代经济的游戏规则。下一章将阐述这个规则中的重要部分：税法。

第九章

更加合理的税收政策

美国早就应该进行税收改革了。它上一次重大的税收改革还是在 30 年前发生的，目前的税收制度存在很大改进空间。美国目前的税法效率低下且漏洞百出，已经不能适应世界经济变化的需求，也不能够创造美国未来发展所需要的税收收入。

最新出台的《减税和就业法案》在 2017 年年末正式生效，但该法案并没有解决美国税收制度存在的问题。[1] 尽管它号称税收改革，但该法案的重点是进行税收减免。由于该法案的实施，美国的赤字预测将会进一步增加，税收制度的累进性将变弱，税基会在很多方面出现减少，更多税收扭曲和漏洞将会出现。本章的最后部分将着重讨论该法案的细节问题。简言之，在该法案实施后，美国对税收改革的需求会变得更加强烈。

可能将一本关于全球经济的书的一章单独拿出来讲述税收有些让人不解。但是税收制度是应对最近几十年给美国中产阶级造成影响的那些巨大变化的一个关键手段。给美国劳动者带来负面影响的因素很多，但是硬碰硬的解决方法通常不可取或不奏效。比如，科技变革和国际贸易通常会给中产阶级带来巨大利益，限制国际贸易或者放弃科技创新更多地会伤害而不是帮助美国劳动者。同样，降低市场支配力或改变社会规则无疑也是一种效率低下的解决方案。

美国老龄化人口造成的预算压力

在《减税和就业法案》颁布之前，美国国会预算办公室预测未来十年的赤字将会出现显著增长（如图 9.1 所示），其在国内生产总值中的比重将从 3% 增加到 5%，而政府债务和国内生产总值的比值则会由 2017 年的 77% 提高到 2027 年的 91%。[①] 如此高的债务水平将会增加由日益严峻的外国账户失衡、高利息和低投资所引发的负面影响。

未来政府预算赤字的增加是由不断增长的社会保障和医疗支出所引起的，而后者则是由人口变化而导致退休居民与在职者的比重提高所引发的。未来十年内，美国在社会保障和医疗上的支出涨幅，将超过美国国内生产总值一个百分点。

《减税和就业法案》的颁布已经加剧了这些预算压力。

该法案给未来十年的赤字增加了 1.5 万亿美元以及 3 000 亿美元的债务利息。因此，美国国会预算办公室预计到 2027年政府债务与国内生产总值的比值将上升至 98%。[2]

---

① 详见国会预算办公室 2017 年 6 月发布的《预算和经济展望最新汇报》报告。
② 详见国会预算办公室 2018 年 1 月 2 日发布的《美国国会会议委员会批准的赤字和债务预估》网址为 https://www.cbo.gov/publication/53437。

税收制度能够对美国人民的税后收入产生巨大影响，它也能产生可以激励所有企业和个人的经济动机。因此，税收制度是解决经济问题的重要途径。此外，改进后的税收制度将会减少美国现行税制产生的税收扭曲，让美国更容易增加税收收入，以满足第八章所阐述的紧急优先领域的投资需求。

本章中，我将会阐述一种同时能够实现多个目标的可行性税收制度改革大谈判。首先，税改会帮助美国人从科技变革和全球经济挑战中持续获益，确保美国国内生产总值增加的同时保障大部分美国人民的税后收入都能提高。其次，税改通过对同一纳税人的所有收入按照相同的方式征税，从而减少现行税制中出现的税收扭曲。这会减少扰乱现行税制的各种投机取巧的行为，增加税收，并减少海外利润转移。最后，税改还增加了碳排放税；碳排放税是此次大谈判的关键一环，它能同时满足我们的税收需求，降低其他税率，并保护环境。这三大优点将会确保美国的税收制度能够满足 21 世纪发展的需求，同时保证我们的税制公平、有效和具备竞争力。

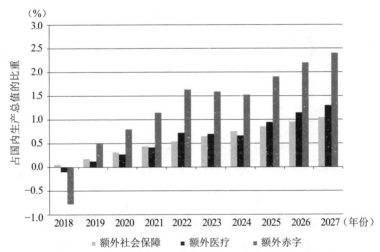

图 9.1 老年人口支出使得美国在未来 10 年内的预算将持续增长

数据来源：国会预算办公室 2017 年发布的预算前景报告。

应对全球经济和科技变革带来的挑战

如同第一章描述的那样，美国普通劳动者并没有从过去 35 年的经济增长中获得足够多的利益。尽管美国人均国内生产总值增长了 60%，但是普通美国家庭收入在同一时期只增长了 16%。这一增幅与美国人民长期以来持有的改善生活水平的期望相去甚远。90% 的在 20 世纪 40 年代出生的美国人的收入超过了其父母一代，但只有 50% 的出生在 20 世纪 80 年代的人做到了这一点。[2]

税收制度可以通过几个途径解决这些经济挑战。与工资税和大多数州的营业税不同，联邦收入税具有极高的累进性。但是美国的税制还可以为低收入劳动者提供更多帮助。目前，低收入纳税人可以获得劳动所得税减免，如果该纳税人有孩子，那么其减免的税额会更多；比如，有两个孩子的单身纳税人最高可以享受 5 600 美元的税收减免。然而，没有孩子的纳税人享受的减免税额则少得多（如图 9.2 所示）。

劳动所得税减免得到了政治上左右两派的思想家和政策制定者的强力支持；对于低收入劳动者来说，这能够提升他们的工作积极性，而对于公司来说，雇用这些工人的意愿也提高了。当收入过低时，税收减免会为参加工作提供额外的奖励，抚养两个孩子的劳动者每挣到 1 美元就会额外得到 44 美分收入。但当收入超过一定水平之后，这种税收减免额便会递减直至消失。收入在 18 340 美元至 45 007 美元之间且抚养两名子女的父亲或母亲每挣到 1 美元，他们之前的税收减免额就会减少大约 21 美分。

如同数据显示的那样，劳动所得税减免对于有孩子的工作者比对没有孩子的工作者来说要慷慨得多。考虑到较高的抚养孩子成本，以及儿童的贫困率要高于总人口的贫困率，这种额外的慷慨可以得到理解。劳动所得税减免能有效地减少家庭贫困，儿童税收抵免也发挥着同样的作用，因为这一税收减免政策规定大多数报税人每抚养一名未成年子女便会相应地减少所缴纳的税额。

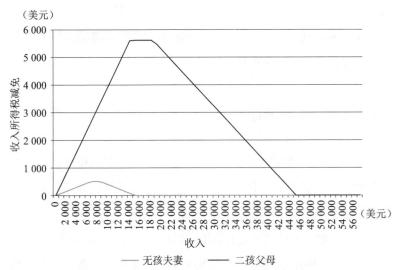

图 9.2 父母群体享受可观的收入所得税减免额度

数据来源：税收政策中心 2017 年发布的收入所得税减免参数。

如果那些没有子女的劳动者也能享受更多的劳动所得税减免，那么会有更多贫困劳动者得到帮助。美国可以通过以下几种方式来扩大劳动所得税减免：提高无子女工人的减免额百分比；提高劳动所得税减免门槛，让所有的纳税人都能从中受益；限制税收减免的逐步递减，让高收入的中产阶级纳税人也能获益。

这些改革措施能够帮助美国的税收制度更加适应现代世界经济发展的需要。美国的经济自身无法保证所有美国人都能从经济增长中获益。过去35年中，美国国内生产总值的大部分增长额都被占据收入排行榜前10%的群体纳入囊中，而底层收入群体则忍受着工资增长停滞以及失望情绪。解决这些日益加剧的不平等问题的税收政策方法就在眼前。一个累进性更高的税收制度能够帮助全体美国人民共享经济发展带来的繁荣。

不要花招，无须诡计

美国现行的税收制度中存在许多能被利用进行避税的漏洞，尤其是被高收入者和企业利用。某些收入的税率比其他收入的税率要低得多，这既会造成效率低下，并提供了避税途径，又侵蚀税基，而且相对增加了其他纳税人的负担。甚至著名投资大师沃伦·巴菲特都关注这一问题，并感叹道他的秘书的所得税税率要高于他本人的所得税税率。

税收制度创新方法

一些学者已经给出了一些能够帮助美国税制适应世界经济变化的创新性方法。比如，伯曼、希勒、莱瑟森和罗哈伊建议施行"区别对待"的税收制度，所得税的税率将自动根据美国范围的收入水平进行调整，以解决日益加剧的收入不平等问题。[1]

伦纳德·伯曼建议施行负所得税，即对 0 ～ 1.4 万美元收入进行 100% 免税，并将增值税作为税收新来源。这对于收入底层群体来说是一个意义非凡的累进性税收变化。在实践中，该建议将适用于税收减免的收入（小于 1.4 万美）元与国内生产总值增长联系起来。这确保了经济增长能够自动提高税收减免门槛，从而让更多人从经济发展中获益。[2]

---

[1]　详见伦纳德·伯曼、罗伯特·希勒、格雷戈里·莱瑟森和杰弗里·罗哈伊联合撰写的由美国税收政策中心 2006 年发布的《区别对待：指引税制解决收入不平等问题》一文。

[2]　详见美国税收政策中心 2017 年 8 月 2 日发布的由伦纳德·伯曼撰写的《帮助中产阶级增加收入的税收减免》一文。

这里我想提出一种简单的税改措施，即无论收入来源是什么，对顶级纳税人的所有收入均按同一税率征税。这样，劳动收入和资本收入将会面临同一最高税率，那种有利于资本收入而非劳动收入的税收扭曲将会消失。将劳动收入描述成资本收入进行避税的动机也会消失，美国纳税计划工作的效率将会提高。

目前，资本收益（资本资产卖出价格和原始成本的差价）与分红（由公司发放给股东）相对于劳动收入来说享受了太多的税收优惠，最高的资本收益和分红税率为20%（如果算上纯投资收入，那么最高税率则为23.8%）。这些税率差不多是39.6%的最高劳动所得税率的一半（《减税和就业法案》暂时将2018年至2025年的最高劳动所得税率降至37%）。

一些税收优惠措施使得资本收益纳税额低于规定的水平。首先，资本收益所得能够从延期交税中获益；在资本资产出售之前，资本收益无须纳税，同时增加的收益也无须纳税。其次，由于因原持有人死亡而发生资本资产继承行为时，该资本资产的收益因清零计算而可以进行完全避税（这就是所谓资产价值重新调整。当资本资产被继承时，其新的"成本"成为其市场价值）。再次，免税退休账户中的资本收入无须纳税；同理，免税的大学教育储蓄账号中的资本收入也无须纳税。最后，房产升值而产生的资本收益通常也无须纳税，因为根据纳税申报身份，房屋销售产生的资本收益中的0～25万美元或0～5万美元无须纳税。

沃伦·巴菲特谈税收政策

沃伦·巴菲特因其精明的投资、慈善行为以及以他自己命名的税收理念而为世人所熟知。被称为"巴菲特规则"的税收理念其实很简单：切实提高收入超过百万美元家庭的纳税税率，而对收入超过千万美元的家庭实行更高税率，同时降低普通员工的工资税。美国参议院 2012 年认真考虑过受到这些原则启发的一项法案：这项法案规定，收入超过 100 万美元的纳税人的所得税税率为 30%；而巴菲特本人在 2010 年的所得税税率仅有 17.4%。

富人的税率通常很低，投资为高收入做出了很大贡献，资本收入的税率又很低（工资税超过上限后也无法发挥作用）。然而，旨在提高投资收入税率的举措，经常遭到声称高税率会减少投资的人的反对。巴菲特对此表达了相反意见："在我与投资者打交道的 60 年时间里，我还没有看到任何人……因为对潜在的收益税率过高而放弃一项明智的投资"。①巴菲特的税收计划受到了美国民众的欢迎。美国有线电视新闻网的调查称，体现巴菲特理念的税收立法受到了 72% 的受访者的赞成。

① 详见沃伦·巴菲特 2011 年 8 月 14 日在《纽约时报》上发表的《不要再溺爱超级富豪们了》一文。

1986 年《税收改革法案》施行后，资本收入和劳动收入被按照相同的最高税率征税。对资本收入实行较低税率让人无法理解。比如，相对于劳动收入来说，资本收入更多地集中在富人手中；排名前 5% 的纳税人赚取了美国社会所有收入（包括资本收入和劳动收入）的 37%，更赚取了惊人的 68% 的分红收入和 87% 的长期资本收益。[3]

并且，资本收入的较低税率从效率上也说不通。现代经济理论认为，资本收入的最佳税率最少应与劳动收入的税率持平，尤其是如果我们明白很多资本收入可能是垄断所带来的超额利润这一事实。[4]

无论何种形式的公司收入，政府都应该按照相同的税率进行征税。比如，公司业务和非公司业务的税率应当相同。[5] 债务融资投资和股权融资投资的税率也应当保持一致。[6]

尽管营业税税基的流动性不断增强，但我们仍需要按照当今全球经济发展的需求改进营业税，以帮助政府对企业收入进行征税。企业收入无论在哪里登记，都需要按统一税率缴税。[7] 目前，美国面临严峻的利润转移问题，由于美国跨国公司将利润转去了避税港，一些无须在任何管辖地缴税的"无国籍收入"产生了。近年来，这一问题给美国联邦政府带来了每年超过 1 000 亿美元的损失，利润转移造成的税收收入流失在过去的 20 年内实现了巨大增长。[8]

美国的企业税制度可以被改得更加适应世界经济发展的实际需求。简单的改革便可以高效地解决利润转移问题。本着对所有收入按统一税率征税的精神，我建议对海外收入按美国国内所得税税率征税，赋予已在国外缴税的海外收入税收抵免待遇，防止重复征税。尽管有人担心这一改革可能会鼓励企业在海外创建公司，或者整体移师海外，但是简单的立法手段足以解决这一问题。[9]我在第六章也讨论了能够解决这一问题的其他一些更加意义重大的企业税改革措施。[10]

高收入纳税人和企业的税率应当是多少？当然，这取决于一国的税收收入需求。但是，对所有种类的收入按统一税率征税，则无论最高税率几何，税收收入都会出现增长，税收收入不会因为纳税人将其收入转化成税收优惠对象而减少。我们应当让最高税率低于与实际情况格格不入的税率标准。

避税港有何特殊性？

按照几乎任何可行的方式计算，美国跨国公司的子公司都在避税港登记了过多收益，当然，这是相较于它们真正在避税港从事的经济活动而言的。2010 年美国跨国公司的子公司在百慕大群岛公布的利润是该群岛经济总量的 16 倍，而在开曼群岛公布的利润是该群岛经济总量的 20 倍。[①]美国跨国公司在低税率地区积累了超过 2.6 亿美元的永久性再投资收益，而其中超过 1 万亿的收益是以现金方式持有的。美国跨国公司一半以上的海外利润都在 7 个避税港地区进行登记，而这些避税港地区的总人口却低于加利福尼亚州的总人口。我认为在这些避税港的收入登记行为是故意而为的；如果没有利润转移，那么在这些避税港地区所公布的利润要远远低于非避税港地区所公布的利润。[2]

---

[1] 即使是这些数字也低估了问题的严重性，避税天堂的国内生产总值也会因人为的利润转移而向上扭曲。
[2] 详见本书作者的《利润转移的影响》一文。

遗产税的目标是死亡还是世袭的资本主义？

在《减税和就业法案》颁布之前，联邦遗产税的征税目标为遗产中价值超过 550 万美元的房产；任何低于该起征点的遗产房产都不会被征税。而该法案暂时将此征税起征点从 2018 年到 2025 年提高到了 1 100 万美元。

尽管联邦遗产税带来了巨大的税收收入，但是 99.8% 的遗产都无须纳税（而 2018 年至 2025 年会有更多遗产无须纳税）。遗产税给家庭企业造成的税收负担也很少，在 2017 年被征税的 5 200 份遗产中，数据显示大约涉及 50 家小型农场和企业，且它们的纳税额一般不到它们资产的 6%。[①]

遗产税的最高税率为 40%，但由于税法漏洞和免税情况存在，实际税率则要低得多。此外，资本收益（如房产或股票等收益）在持有人死亡后无须纳税。当资本财产由后代继承后，其在原持有人生前任何增值部分都无须纳税。这些被忽略的资本收益占到了价值超过 1 000 万美元的遗产总值的 56%。很多人建议改革遗产税来取消因持有人死亡而出现的"资产价值重新调整"，以防止资本收益逃避缴税。

遗产税的反对者认为因死亡而征税并不公平，且遗产税会打消人们节俭生活从而为后代留下遗产的动机。然而，我们还应注意到，接受遗产或者预期能接受遗产也会阻碍继承人节俭生活和努力工作的动力。更重要的是，遗产税能够限制财产的多代继承，减少那些仅靠之前几代人努力工作和投资回报便可以生活无忧的世袭家族的经济权力。

有效的遗产税可以解决托马斯·皮凯蒂在畅销书《21 世纪资本论》中提出的对世袭资本主义的担忧。这本书中强大的数据，记录了资本在经济中的作用所引发的令人担忧的趋势。[2] 资本在收入中的占比过高且没有受到约束，导致了社会出现财富和政治权力过度集中。

---

① 详见美国预算与政策优先决策中心 2017 年 8 月 14 日发布的《政策根基：联邦遗产税》报告。
② 详见托马斯·皮凯蒂由哈佛大学贝尔纳普出版社 2014 年出版的《21 世纪资本论》一书。

碳排放税

经济不平等和中产阶级发展停滞是眼下棘手的经济问题。但是，在经济学范畴之外还存在另一个让人更加担心的问题，那就是气候变化。如若不加以阻止，气候变化就会给全人类带来威胁。即使气候变化速度放缓，整个世界也会承受其产生的破坏和针对其的治理行动所引发的巨大成本。[11]

没有政府的出面，市场很难产生解决此问题的动机，个人和企业没有理由（除了发扬公益精神）去考虑其自身活动对地球整体造成的额外影响。对于大多数人而言，气候变化与他们要飞向哪里、买什么样的汽车、在哪里居住、怎样生活没有多少关系。

碳排放税可能是最完美的经济政策了。不同政治立场的经济学家，出于三种原因都高度赞同施行碳排放税。首先，碳排放税能够拯救地球。该税通过让碳消费变得更加昂贵，督促人们在进行碳消费时更加谨慎。房间内暖气应开到多大，开车还是步行去购物，是否坐飞机参加远房亲戚的婚礼等日常生活决定，都极大地受到成本的影响。二氧化碳排放的成本越高，人们越会注意控制其排放。

更加昂贵的碳消费会敦促企业减少其产品的碳排放量，这样会节约包含碳排放税在内的能源成本。这就帮助企业形成了生产更加环保产品的内在动力。因此，像（乘用车）公司平均燃油经济性（CAFE）标准等烦琐的规定便没有存在的必要了。汽车制造商和消费者，从成本考虑会有很强烈的意愿去生产和购买燃油经济性高的汽车。针对绿色设备的税收减免措施同样没有存在的必要。此外，能源创新和改革的步伐也会加快，碳排放税提供了一个让大家时时刻刻减少碳排放的理由。

缺乏效率的CAFE

美国公司平均燃油经济性标准始创于 1975 年，目的是减少美国对国外原油的依赖。该标准寻求提高美国汽车每加仑①燃油的行驶里程，为各大汽车生产商生产的各种车型设置了最低燃油经济性标准，并对那些无法达到该标准的厂商加以处罚。该标准取得了一些成就：自实施以来，美国汽车每加仑燃油的行驶里程从 18 英里提高到 27.5 英里。据估计，如果没有实施该标准，那么美国人每天要多消耗280 万桶石油。然而，该标准从 1985 年至 2007 年没有发生任何变化，奥巴马总统 2012 年下令，新出厂汽车每加仑的行驶里程要达到 54.5 英里（这一目标要在 2025 年实现）。

尽管美国公司平均燃油经济性标准鼓励发展燃油经济性更高的汽车，但是该标准本身缺乏效率。为汽车厂商的所有车型一刀切地制定统一的燃油经济性标准，会迫使厂家在车型排产时过度生产一些不太受欢迎的燃油经济性车型，来弥补那些受欢迎但高油耗的车型被停产所造成的损失。然而，如果施行碳排放税，一切问题就会变得简单得多，碳排放税能够让消费者和汽车厂商都更青睐燃油经济性更高的汽车。

美国公司平均燃油经济性标准或许无法得到当前政府的认可。特朗普总统认为该标准是"对美国汽车制造业的侵害"，并承诺将其废除。然而，由于全球市场的要求，欧洲和亚洲（包括加利福尼亚州等一些美国大州）严

苛的标准还是让汽车厂家注重自己车型燃油经济性的
提高。

————————————

① 1 加仑 ≈ 3.785 升。——编者注

————————————

其次，碳排放税能够极大地增加政府税收收入。美国国会预算
办公室估计，每吨 25 美元的碳排放税在 10 年内能够带来大约 1 万
亿美元的税收收入。[12] 与其他大部分税收收入来源不同的是，碳排
放税能够减少市场自身过度生产的产品，从而让经济变得更有效率。
相比之下，其他大多数税种则会减少其实际应当被鼓励的行为，比
如劳动参与、储蓄行为以及创业奋斗。

最后，碳排放税是税收政策大谈判中的关键环节，因为碳排放
税产生的税收收入，一方面会满足政府的需求，另一方面又无须让
政府提高个人和企业的税率。[13] 尽管个人和企业会通过以支付高额
的能源消耗账单的形式来间接缴纳碳排放税，但是该税不会比被取
消的工资税给工人造成更多的税收负担。并且，碳排放税褒奖美德
行为（减少碳排放），而其他大部分税种都会抑制部分美德行为，比
如工作或储蓄。

税改的政治内涵

这些对税收政策改革的提议，有几方面需要各方合作才能建立更加合理的税收制度。首先，政治左派人士和右派人士都有很强的税改动机。大部分左派人士希望税制的累进性能得到进一步加强，并积极解决环境问题。而不断提高的针对低收入工人的负税率以及针对中产阶级的税收减免措施，能够确保帮助没有从美国经济增长中获益的美国人承担较小的纳税负担。此外，碳排放税也是应对气候变化极其有效的手段。

按照政治右派人士的观点，当前税法的低效率和扭曲（以及对一些经济活动过高的税率），不断地使美国劳动者失望。上文建议的税收改革要求全球化的"获胜者"公平纳税，但首先税率要合理。最高公司税率和最高个人所得税率应当统一，且比《减税和就业法案》颁布之前的税率要略低。所有类型收入的税率要统一，这样税法便会造成较少的失望和扭曲。而碳排放税所带来的税收收入将会降低对施行较高边际税率的需求。人们应当公平纳税，但税法不应当阻碍人们创业的动力或对投资决定造成扭曲。

这些税收政策改革的提议基于可行性的艺术而非抽象的最佳税收理论。它们追求的是"大致公平"以及人们能够容易理解的经验法则。如同税制应当简单且非扭曲的理念一样，累进税制也受到了广泛的政治支持。

税收制度的目标如果相对适度，就能更好地满足美国的税收收入需求。尽管人们总是倾向于通过税收制度（对储蓄、医疗花费和教育等提供额外的税收减免）追求所有的社会政策目标，但是如果这一倾向能得到抑制，那么税收制度会变得更加公平、更有效率。每当美国希望通过税收制度鼓励一些"积极"行为时，其税收收入便会减少，美国因而不得不提高其他经济活动的税率或者削减政府支出（政府的第三个选择则是发行更多债券，但此举会将税务负担转嫁给未来的美国人）。简单和有效的税法应当从根本上具有累进性，对低收入者收入的征税比例要低于对富人收入的征税比例，但对特定个人或企业的所有收入按统一税率征税。这一原则既能让税法变得简单，又能有效地创造实现文明社会目标所需要的税收收入。

纳税人的真正需求是什么？

民意调查数据显示，当前的税法亟须改革，且大部分美国民众支持彻底改革美国的税收制度。从总体上讲，纳税人的观点与本章所秉持的税制改革精神是一致的。[①]

- 超过 60% 的美国民众认为企业和富人没有缴纳足够的税款，只有 20% 的人认为穷人没有缴纳足够的税款。
- 53% 的美国民众认为他们缴纳了"足够的"税款，而 4% 的人认为自己纳税过少，另有 40% 的人认为自己纳税过多。

- 71% 的美国民众认为，为了少缴纳税款而瞒报收入属于道德问题，而 19% 的人认为这种行为与道德无关，只有 6% 的人认为此种行为在道德层面是可以接受的。

- 90% 的受访者认为投资收入应当至少与工资保持相同税率，而 57% 的受访者认为工资和投资收入应当施行同一税率，33% 的受访者认为投资收入的税率应当更高。

- 超过 3/4 的受访者认为当前税法"复杂"或"极其复杂"，只有 5% 的受访者认为当前税法"简单"或者"很简单"。

- 从 20 世纪 80 年代以来，大量的受访者呼吁对美国的资本和财富进行更加公平的分配。

- 人们开始赞同碳排放税。大多数美国民众认为气候变化"极其"或者"非常"重要，50% 的美国民众现在支持（强烈支持或某种程度上支持）碳排放税，且支持人数在过去几年出现持续增长。

---

① 民意调查信息详见皮尤研究中心 2015 年 4 月 10 日发布的塞思·莫特尔的《美国民众对税收看法的五个事实》；个人理财网站 WalletHub2016 年 9 月 1 日发布的约翰·基尔南的《2016 年 WalletHub 税收公平性调查》；盖洛普公司官网发表的《税种》一文，http://www.gallup.com/poll/1714/taxes.aspx；美国碳税中心发布的《2018 年 8 月耶

鲁大学对气候变化和政策公共观点的调查》，https://www.carbontax.org/polls/。

《减税和就业法案》：朝错误方向迈出的一大步

2017 年年末，在经过一番匆忙和混乱的税收政策制定程序后，《减税和就业法案》正式颁布。围绕该法案并没有举行任何听证会，税收收入评估人员赶在仓促的投票之前草草地计算了其对赤字和收入分配所产生的影响。最后，该法案在众议院和参议院获得通过，但两院中占少数派的民主党人并未投出一张赞成票。2017 年 12 月 22 日，特朗普总统将其正式签署为法律。

众所周知，共和党人长期以来就致力于减税，而减税也是该法案最重要的目标。然而，尽管该法案提出的一些减税措施具有永久效力，但是其他一些减税措施却是临时之举（有效期从 2018 年到 2025 年），因为预算规则规定超过 1.5 万亿美元的新预算赤字需要参议院 60 票的支持，也就是需要参议院中民主党人的支持。该法案的主要内容包含以下几个方面：

- 个人税率降低的期限为 2018 年到 2025 年。
- 临时增加所得税标准扣除额度，临时废除个人免税额，州和地方减税额上限为 1 万美元。

- 遗产税起征点临时提高一倍，为 1 100 万美元。
- 临时规定某些中转实体企业 20% 的中转收入不再进行征税。
- 企业所得税税率永久性地从 35% 降低到 21%。
- 公司的海外收入永久性地无须纳税。之前，公司海外收入在汇回国内时要按照国内税率（35%）进行缴税，而对在海外已经纳税的收入则给予税收减免。
- 对之前未汇回国内的美国公司海外收入按 8% 或 15.5% 的税率进行一次性征税，并减少相应的税收减免额度。
- 在对待未来的海外收入方面，政府将对美国跨国公司所取得的海外收入按美国国内税率的一半征收最低税额，并只对收益率超过 10% 的投资收益（相对于有形资产而言）征税。因为最低税额是在全球范围内进行税额评估，所以在高税率国家纳税而获得的海外税收减免额度可以用来抵消在低税率国家取得收入而需要缴纳的最低税额。相较于美国的国内收入，美国跨国公司更青睐在避税港取得收入（在超过某一起征点后，税率只有国内税率的一半），或在高税率国家取得收入（可以用来减轻在低税率国家取得收入所缴纳的最低税额负担）。

总体而言，该法案与本章所建议的税收改革原则进一步背道而驰。特别是该法案具有四个重大缺陷：它会扩大赤字数额，加剧美国的赤字压力；它会加剧收入不平等问题，拉大近几十年来经济上取得成功的群体和不成功的群体之间的鸿沟；它会让美国的税法变得更加复杂，给偷税漏税行为提供新的可乘之机；它无法解决美国的利润向海外转移这一重大问题。

首先，新增赤字达 1.5 万亿美元。[14] 这些巨大的赤字非常危险，它们削弱了美国应对下一次经济衰退的能力，要记住经济衰退总是会发生的。巨大的赤字也会削弱美国对一些极其重要的优先项目进行投资的能力，这些项目包括教育、基础设施、基础研究资助和医疗。

其次，从分配方面对该法案的分析表明，该法案规定 1.5 万亿美元的税收减免额度的绝大部分被占据收入榜排名靠前的人群享受，这进一步加剧了收入不平等问题。2018 年，收入榜排名前 5% 群体的税后收入增幅（4%）是收入榜排名后 40% 的群体税后收入增幅（0.8%）的 5 倍。2018 年，收入榜排名后 80% 的群体所享受的平均税收减免额度低于 800 美元，而排名前 1% 的群体所享受的平均税收减免额度超过 5 万美元。[15]

等到该法案完全实施后，美国底层 80% 的人口的纳税额将会（平均）增加 15 美元，而顶层 1% 的群体将会享受超过 2 万美元的税收减免额度。个人税收减免的废除以及税收指数化的变化，会导致个人实际纳税额的变相增加，通货膨胀会让他们缴纳更多税款。

很明显，该法案削弱了美国税收制度的累进性。必须记住的一点是赤字需要付出代价；它们变成了纳税义务由未来的纳税人负担。一切尘埃落定之后，该法案很可能让大多数美国中产阶级的状况更加不尽如人意。

再次，该法案会产生很多提高美国税收制度复杂性的新源头。

尽管提高标准扣除额度将会减少税制复杂性的一个源头（较少的纳税者会选择列项扣除），但是该法案给税制带来的复杂性远远超过其所降低的复杂性。针对企业收入（中转收入和普通企业收入）的新税收减免措施，会让纳税人（一般为顶层收入群体）倾向于将收入包装成企业收入或资本收入。该法案会导致资本收入的低纳税额和劳动收入的相对高纳税额之间出现巨大的鸿沟。[16]

最后，该法案继续将税收优惠的天平倒向海外收入。美国目前面临非常严峻的利润转移问题，而该法案又将这一问题的严重性进一步扩大。综合考虑，该法案关于企业海外经营的条款会导致美国税收收入的流失。[17]这意味着美国的企业税基侵蚀问题在该法案出台后将变得更为严重，考虑到在旧税法下该问题的严重性，很难想象新税法竟会让该问题变得更加严峻。[18]

但该法案最让人沮丧的一点是，让未来的税收改革变得难上加难。企业被赋予太多的永久性税收减免额度后，它们便不愿积极地回到谈判桌前讨论税收改革。尽管预算压力无疑会要求美国在未来数年内制定新税法，向某些纳税人征收较高额度的税款，但是《减税和就业法案》让本章所提到的大谈判很难顺利开展。即使如此，坚持进行这样的大谈判也是必要的。[19]

实现真正的税收改革

真正的税收改革与《减税和就业法案》大不一样，但比起以往任何时候，这样一次真正的改革都更加迫在眉睫。尽管如此，想要在美国国会通过这样的税收改革会很困难。但是 1986 年的《税收改革法案》为综合性税改提供了先例。那次通过的税改可谓美国税改史上一次令人骄傲的壮举，广受欢迎的《古琦峡谷大摊牌》一书对该税改进行了记录。[20]该书提到的关于税改框架制订、日程设置以及持续领导力方面的经验至今仍具有参考意义。

古琦峡谷

1986 年的《税收改革法案》的通过是美国税收历史上的高光时刻。《古琦峡谷大摊牌》一书将该立法来之不易的胜利描述为"惊世骇俗、不可思议以及让人回味无穷……如同取得投资百分之百完美回报所带来的那一瞬间的快乐一样"。

该法案之所以名声大噪，是因为大量身穿名贵西服的说客排队聚集在参议院听证会议室外等候消息。这些说客身着的昂贵西服和皮鞋与该法案所涉及的减税金额相比简直是九牛一毛：该法案将最高个人税率从 50% 降低到 28%，消除的税法漏洞金额达 1 000 亿美元，对劳动和资本收入施行同一税率，为最贫穷的美国人民减轻了税收负担，当然这一切都是在非常排斥税收的美国总统罗纳德·里根任期内实现的。

重要的是，该法案从本质上实现了收入中立（不会减少税收收入）、分配中立（不会在不同收入群体间转移税收负担）、以及党派中立。最后，该法案得到参议院财政委员会的一致通过，并在参议院以 97∶3 的投票结果获得通过。而这一结果与《减税和就业法案》截然不同，后者增加了赤字，加剧了税后收入不平等问题，并在参议院财政委员会和参议院中只获得共和党人的支持。

美国早就应该进行关于税收制度改革的大谈判了。改革税法，是改进美国经济政策以更好地适应以高科技为特点的全球经济需求的重要一步。税收改革可以实现三个重大目标。

首先，税改可以帮助个人经济发展没有跟上美国经济发展步伐的美国中下层工人，确保美国的经济繁荣能够惠及更多人。税收制度累进性变革有助于突如其来的巨大变革造福绝大多数美国人民。

其次，税改能够避免造成扭曲和浪费的低效率税收。聪颖的美国年轻人应当投身于制造未来的伟大产品，发展科学以及从事有创造性的活动，而非绞尽脑汁地利用税法漏洞蚕食本应上缴国库的税收收入。通过消除税法漏洞，包括阻止利润向海外转移，美国的税收制度能够带来更多的税收收入而无须提高税率。

最后，在大谈判中加入碳排放税是进一步保护地球和完善税收制度的重要一步。碳排放税能够增加新的税收收入，对低税率税收收入进行弥补，同时又能保护地球家园，从而保证我们自己和子孙后代的利益。这三大税改支柱将会确保美国的税收制度能够适应21世纪发展的需求，同时保障美国税制的公平、效率以及竞争力。

这一税收改革将会为企业活动创造出一个稳定和可预测的环境。尽管一些企业可能最终会缴纳较多的税款，但是总体上说，美国的税法会变得更加简单、更有效率。合理的税率将会出现，所有企业都将根据自己的利润按照这些合理的税率进行缴税。但是要想和企业建立良好的合作关系，除了税收，还有很多其他因素可以利用。第十章将会探讨这些有助于与企业建立更加良好合作关系的其他因素。

第十章

与企业建立新型合作关系

人们今天倾向于责怪造成我们经济问题的罪魁祸首。这不仅能简化问题，而且会让其变得更加吸引眼球，使得一些简单直接的政策方案产生悦人的间接效果。有些人责怪外国人和移民让美国的工资出现下降，有些人责怪政府施行的繁重税收和监管措施打压了美国人民的创业热情，还有人责怪企业出于贪婪和自私的目的将经营活动移向海外以降低成本和增加利润。只要能找到责怪的对象，那么一般来说，快速和简易的政策解决方案便会出现：退出贸易协定、设置贸易壁垒、减税减规，或者通过政府干预的手段打压企业。

这样一味地责怪有效果吗？可能人们所谴责的问题有其真实的一面。贸易和移民的确对分配产生了影响，美国的一些税收和监管确实与实际情况严重脱离，美国企业为了股东而非全体员工的利益将利润移向海外，并且无须承担任何责任。尽管如此，一味地责怪绝对不是一种建设性的解决方案。第四章和第七章我们已经阐述了减少贸易和移民造成的危害要高于其能提供的帮助，而第六章也讨论了为什么税收和监管压力不是当前的主要问题。

本章将论证美国需要与企业建立一种新的合作关系。指责企业和其股东与指责外国人和政府一样徒劳无功。大多数企业家都以自己所从事的事业为豪：创造就业、生产优质产品、进行创新和取得进步。社会的利益与企业的利益经常重叠。健康的企业会创造大量的就业机会、稳定的创新和琳琅满目的廉价消费品。健康和繁荣的社会又会反哺企业，为它们提供需求旺盛的消费者市场，教育程度良好的劳动力，能够保证良好商业氛围的稳定和包容的制度和政策。

新西兰是企业的天堂吗？

根据世界银行公布的数据，新西兰是最佳的创业场所，是进行公司经营的乐土。[①] 但如果你还没准备好穿越半个地球去新西兰创业，那么请不要沮丧：美国在世界最佳创业场所的排名中位列第六名，世界经济论坛将美国评选为世界上第二大最具竞争力的经济体。[②] 美国的排名实至名归，其拥有高度发达的企业、巨大的市场、创新以及知名的高等教育学府，这些因素帮助美国消除了基础设施和小学教育相对落后所产生的负面影响。

① 所有排名详见 http://www.doingbusiness.org/rankings。
② 详见世界经济论坛 2017 年 9 月 26 日发布的名为《2017—2018 年全球
    竞争力报告》。

为了提供一个更加公平的全球化所需的环境，美国需要与企业
建立更加良好的合作关系。为了建立一个强大、繁荣和开放的经济体，
并使所有人从经济发展中获益，政府和企业需要携手支持重大且合
理的政策变革。为了建立这一更加良好的合作关系，美国必须满足
五个关键因素：

- 支持发展全球化经济。
- 制定简单且公平的监管措施。
- 颁布简洁、公平的税法，并让税收更加透明。
- 让工资结构和劳动包容性更加透明。
- 颁布更加有效力的反垄断法。

这些议程的一些目标会得到企业支持，而另外一些则会遭到企
业抵制。企业会从开放的市场，简单且公平的税收和监管措施中获
益。然而，一些企业最后会缴纳更多税款，或者看到它们的市场垄
断地位受到反垄断法的威胁，或者对税收和工资结构变得更加透明

表示厌恶。

然而，要建立企业和社会间良好的合作关系，上述五个关键要素缺一不可。要为资本主义和民主提供健康的发展环境，我们必须在经济问题出现时便勇于解决，而不是不闻不问，祈求一切安好。我们处于一个人们对经济发展不满的时代，而寻求大胆且合理的解决方案才是我们的最佳出路。

企业在解决这些问题时可以发挥作用。然而，本章提出的建议不是要依赖那些如同照亮一间黑暗房间的千盏明灯一样的热心肠企业来发挥它们的公益精神。政府必须致力于立法，并切实解决我们的经济问题。这要求政府向企业做出巨大的妥协，但二者又不必陷入剑拔弩张的局面。双方可以秉承艰巨任务需要人人参与的理念进行合作，为一个更加包容和繁荣的美国经济打下符合时代需求的根基（如图 10.1 所示）。[1]

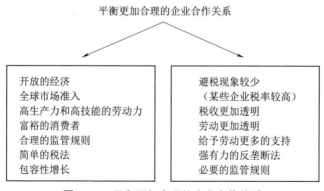

图 10.1 平衡更加合理的企业合作关系

支柱之一：拥抱全球化经济

　　总体而言，企业能够通过参与开放的全球化经济获益良多。很多美国企业依赖于全球供应链；它们的生产工序遍布世界各个角落。进口半制成品对于美国企业来说至关重要，而将产品销往海外市场的能力同样不可忽视。国际资本市场也是美国投资的重要融资渠道。美国企业的成功离不开移民的贡献。很多移民不仅具有创业能力，而且具备美国急需的技能，这会帮助美国企业保持竞争力。

　　最近我在一个论坛上与来自俄勒冈州的企业家进行了交谈，他们无一例外地明确且热烈地表示，国际贸易是他们企业成功不可或缺的因素。一家轨道车辆生产商将产品销往世界各地，其在墨西哥分厂的生产保证了生产效率，否则它无法与国外同行进行竞争。当地的红酒酿造商表示它们的酒桶、玻璃瓶以及酵母都是从国外进口的，且它们的出口产品为它们提供了至关重要的市场机会。哥伦比亚运动服装公司和耐克公司作为成功的企业为美国提供了无数的设计和营销工作，它们将产品销往世界各地，同时也在海外生产它们的服饰和鞋类产品。一家刀具制造商在当地生产产品部件，然后将产品销往海外。所有这些美国企业都极其热衷于保持国际商贸的自由流通。（这些公司对现存的贸易限制措施颇有微词。哥伦比亚服装公司和耐克公司为进口货物支付了大量的关税，而这提高了美国消费者购买它们产品的价格。）

　　美国企业经常强调公平竞争的重要性，在世界贸易组织框架下达成的国际贸易协定，能够确保企业不受外来不正当竞争的影响。比如，世界贸易组织制定了很多规则防止政府通过发放出口补贴或设置不公平贸易壁垒的方式采取"以邻为壑"的贸易政策。在世界贸易组织和其他地区论坛框架下与贸易伙伴的持续谈判能够帮助政府避免采取政策竞争的手段，同时帮助各国企业参与全球市场。第四章和第八章探讨了美国应如何改进其贸易协定，但从根本上讲，美国应当保持开放并参与世界经济发展。

支柱之二：公平监管

毫无疑问，政府监管对于那些市场无法依靠自身妥善处理的有关合理性和安全性的问题必不可少。比如，食品和药物安全、工作场所安全、环境监管和建筑监管对于安全和有效的经济来说都不可或缺。但这并不意味着不用持续地审视和改进美国的监管措施，以确保其发挥最大效率。以前的成功案例可以提供许多经验，比如美国的重塑政府运动。

如果有可能，基于价格的机制应当取代监管措施。比如，通过对污染环境的行为进行征税，政府既可以增加税收收入用以资助社会的高层次发展，又可以确保环境变得更加清洁和安全。这一个强大而有效的解决环境污染问题的温和方法，企业应当容易理解和适应。

重塑政府行动

1993 年，克林顿政府组建了一个跨部门特别行动小组以精简联邦政府，提高其工作效率。重塑政府国家伙伴委员会在克林顿两任总统任期内一直发挥效力，并由时任副总统阿尔·戈尔领导。重塑政府行动是一场重要的改革：通过这次改革，联邦政府的雇员人数在 1993 年到 2000 年减少了 42.6 万人，政府内部条例减少了 64 万页，2 000 个外地办事处以及 250 个项目和相关机构被取消。该改革还通过立法要求政府机构清晰地阐述其战略计划，每年制定新的业绩规划以描述其成就。这一方法让政府雇员集思广益，最佳理念会获得"金锤奖"（该奖项的命名用以讽刺五角大楼采购锤子时的巨额花费）。

重塑政府行动不仅仅出于降低政府运行成本的考虑。重视政府行为、国民满意度和创新开启了被后来政府接力的联邦政府现代化改革的历程。小布什政府创立了项目评估定级工具，1 000 多个联邦政府项目因而得到评估。联邦政府机构被要求对其服务质量和满意度进行调查。奥巴马总统 2011 年签署了行政命令，号召联邦政府机构借助科技手段重新制订国民服务计划。总体而言，削减政府额外支出的重塑政府行动由于务实而受到国民的欢迎。

不列颠哥伦比亚省实施的碳排放税

不列颠哥伦比亚省实施的碳排放税，是可以被效仿实施的基于价格的环境监管措施。该税法于 2008 年由加拿大右翼政党自由党倡议实施，从 2008 年每吨征税 10 加元（约 8 美元）提高到 2012 年的每吨征税 30 加元（约合 23 美元），同时，碳排放税并没有给该省的经济发展造成负面影响。在该法实施后的 5 年内，不列颠哥伦比亚省的人均碳排放率下降了 12.9%，是其他地区人均碳排放率降幅的 3 倍多；同时，该省的国内生产总值增幅超过其他地区。当地人民很支持该税法的实施。尽管其税率在增长，但是当地人目前对该税法的支持率超过该法最初开始施行的支持率。接下来，加拿大打算于 2018 年在全国范围内征收碳排放税，起征点为 10 加元每吨，并计划到 2022 年提高到 50 加元每吨。

支柱之三：简单公平的税法和更加透明的税收

相较于 2017 年以前的税法，第九章提到的税收政策改革会提高某些企业的实际税率，同时降低另外一些企业的实际税率。当然，理想的税改是对所有形式的企业收入都采用相同的税率征税。这样会显著减少税收筹划的资源投入，降低守法纳税以及税收管理的成本。同时，该税制也会减少避税漏洞，强化税基。相较于之前的税法，这些变革会降低收入中性税率，或者既提高税收预算，又降低税率。

不幸的是，2017 年年末通过的税法改革使得做出这些妥协变得更加困难。《减税和就业法案》大幅削减了营业税，以至第九章提到的税改的赢家和输家之间不太可能实现平衡关系。尽管这些税法改革让税收改革变得更加困难，但是预算的压力会使美国有很强的意愿在未来实施税改。[2]

除了税法改革，另一措施也应被考虑：每家美国公司每年公布一份关于其全球业务的"阳光税收报告"，报告中应包含其业务涉及的每一个国家，其业务规模的所有数据，其在每一个国家的缴税额和收入情况等重要内容。报告还应包含这些公司在美国各州的详细业务数据和纳税额。

公司管理者可能会认为这样的报告会泄露太多的商业秘密，但是这种想法自私且站不住脚。如果某公司在爱尔兰或开曼群岛的业务真有什么特别之处，且公开其在这些管辖地所登记的收入（以及由此产生的较低的纳税额）属于泄露公司秘密，那么可能这一秘密本身就是一个问题。简言之，公司应当公布它们的全球业务和财务报告。当然，如果公布登记在避税港的 90% 的全球利润会令它们感到难堪，那么它们肯定不愿公布。[3]

如果实行第六章和第九章所建议的税收改革，公司就不太会故意将利润向海外转移。然而，这样的税改即便是民心所向，也很难在美国国会得到通过。同时，将公司的全球业务公开能够在几个方面带来巨大益处。

首先，公司会重视它们的社会责任动机。因为顾客和投资者都很在意公司行为，所以公司重视自己的声誉。阳光税收报告会激励公司避免采取极其激进的税收立场，并能更好地将公司的经济利益与其业务所在地区的经济利益进行协调。

美国通用电气公司，避税冠军

与公司避税行为最为接近的体育运动当属躲避球了，而美国通用电气公司则是当仁不让的"躲避球冠军"。根据美国税收与经济政策研究所的统计，从 2008 年至 2015 年，产业巨头美国通用电气公司娴熟地避掉了所有企业所得税，并通过利用避税港使其实际税率仅为 -3.4%。该公司将利润转移至避税港，并在那里登记了巨额的海外利润，同时使其数十亿美元收入远离了美国国库。

尽管通用电气的这种行为可能没有违规，但是它逃脱不掉公众的眼睛。美国研究企业声誉的声誉研究所在其每年发布的公司声誉排行榜（RepTrak）中给通用电气公司的排名为第 199 位的中游位置，通用电气避税的坏名声是导致其排名较低的关键因素。避税也成了评估企业责任感的考量内容。投资公司摩根士丹利资本国际公司专门挑选出有责任感的企业为它们提供指数基金服务，该公司表示，企业的纳税行为会直接影响其是否被列为服务目标。

——————————

其次，国别报告（见下文文字框）能够帮助政府解决税收纷争，避免有害税收竞争带来的压力，并加强现有税法的效力。

最后，更加透明的税收有助于改变与企业纳税相关的社会规范。尽管我们可以理解企业专注于追逐利润的底线，但并不是所有文化都将避税视为一件光荣的事情。不同国家的纳税人道德以及对待依法纳税和避税的社会态度不尽相同。[4] 尽管美国企业很难从文化层面做出改变，但是阳光税收报告有助于敦促企业在本国范围内重视纳税行为。

支柱之四：让劳动更透明、更受认可

与每年的"阳光税收报告"大致一样，我也建议企业每年发布"阳光劳动报告"。在该报告中，企业将被要求公布关于工资结构和劳动包容性的一系列基准数据。这些数据应包含高层管理者工资数据、普通员工平均工资数据以及关于该企业全部收入分配的一些基本信息。企业还应公布员工包容性的指标，比如员工股东、企业决策中的员工代表指标以及员工满意度衡量标准等。

公开收入情况

经济合作与发展组织和 20 国集团联合开展了税基侵蚀和利润转移项目。该项目旨在阻止跨国公司人为地将利润转移至避税港的避税行径。该项目行动计划提出的一个关键建议是"国别报告"。国别报告要求企业以国别为基础每年向国家税收机构报告它们收入的登记地点以及纳税地点。如果缺少这一报告，那么企业多半是在通过极其复杂的手段来遮掩自己的财务安排，而这通常会导致数额巨大的避税行为。

国别报告能让税收机构对跨国企业纳税人的财务运作

有一个整体把握，帮助各国税收机构在税收执法和实现税务管理透明方面进行合作。政府也应要求企业将这些报告的简化版公布于众，让企业税政策讨论拥有更多透明度。尽管企业会抵制这种让其财务运作昭示于天下的报告，但税收透明是实现更加诚实的税收文化的重要一步。

企业也应当有责任报告它们的外包决定，无论是国内外包还是国外外包。由于企业专注于发展自己的核心能力，因此越来越多的业务活动会被外包或者转包给其他公司：比如保洁服务、薪资处理、会计以及人力资源服务等。这些被外包的业务所属的劳动力市场一般竞争极其激烈，而与生产场所的"分离"会使产品的销售方对向市场提供产品的劳动者拥有较少的控制权。尽管如此，企业有能力监督它们的转包商，并要求其执行质量标准，企业也可以对其供应方的劳动行为进行监督。[5]因此，劳动行为的透明除了包含企业员工劳动行为的透明，如果将该企业供应商劳动行为的透明度也纳入其中，那么可能会产生良好的效果。

这些措施的目的是鼓励企业将员工赋权和满意度作为其业务的另外一个目标。这只是一个报告要求，并不是规定，也不是要限制首席执行官的工资，或者要求在劳动代表方面做出某些特别改变。

我们的目的是对企业自身的利润动机进行调整，引导其为实现有价值的社会目标而服务。由于消费者、投资者、潜在新员工和媒体都会对报告加以关注，因此这些年度阳光报告能够激励企业在其管理决策中考虑这些关注者。

开市客的成功和睿智

开市客和沃尔玛的业务大致相同，但它们各自的现代劳动行为大相径庭。2014 年，开市客员工平均时薪为 21 美元，比沃尔玛员工的时薪（12 美元）高 75%。82% 的开市客员工享有公司提供的医疗保险（他们个人只需要支付 8% 的保险费用），而低于一半的沃尔玛员工拥有公司提供的医疗保险。更高的工资待遇和福利标准并没有对开市客的利润产生负面影响：开市客股价在过去 10 年增长了 150%，而同一时期沃尔玛的股票价格只增长了 78%。

为何开市客实行如此慷慨的劳动政策却依旧能保持高利润额？由于普通开市客员工的工资要远远超过沃尔玛员工的工资，因此开市客员工的低流动率让其"员工更替"的成本很低。尽管开市客的成功可能也归功于其他一些因素，但是其市场支配力离不开那些帮助其销售"量大实惠"

商品的高收入员工。

这些提议比起那些要求公司限制高管工资，或者要求公司不得裁员的规定来说更容易被公司接受。公司在做出这些决定时应当建立在经济要素的基础之上。同时，公司劳动行为还应当接受公众的公开监督。这种监督有助于公司管理人员在给员工增加工资，或者帮助员工更好地平衡工作和生活时免受股东的打扰。公司在做出这些决定时会很自然地重视自己的声誉，因为声誉能够影响消费者营销、股票价格和员工招聘。

尽管媒体经常报道一些关于个别公司吸引人眼球的故事，暂时让公众的注意力集中在被媒体公开的例子上，但是这些阳光报告会提供关于整个企业界的更加均衡、及时以及系统的信息，让任何感兴趣的消费者、拥趸、员工和投资者更加容易地从互联网上查找到。

这些税收和劳动阳光报告，有助于在尊重市场的基础上重新思考社会规范。人们掌握的信息越多，就越能利用作为公民、消费者、员工和投资者的权利来打造一个更加包容的经济，帮助资本和消费者流向那些充满责任感的企业。员工在寻找工作时可以很方便地上网查阅公司的劳动行为和薪资结构，这也会帮助公司吸引人才。

尽管我们不能过分夸大这些措施的有效性，但是这些措施的确能在改变社会规范方面发挥巨大作用。而社会规范能够决定劳动成果。比如，德国优秀的劳动力市场成果，通常是员工股东更多地参与企业决策制定的结果。[6]

最后，还有一些有用的方法能帮助改进值得人们深思的劳动法，以适应当今经济发展的要求。比如，我们在更新劳动法时必须考虑在当今的"零工经济"时代，很多劳动者都在为自己工作这一事实（比如为线上打车软件 Lyft 或优步工作）。[7]

飞越友善的天空？

最近，美国航空公司宣布要提高其飞行员和乘务人员的工资，因为它感受到达美航空公司和美联航员工的高工资所造成的竞争压力。而股市分析师却给出反对意见，他们描述了该航空公司的股东利益会如何因这一对劳动过分的慷慨而受到伤害，随即该航空公司的股价在一天之内下跌了 5%。其他航空公司的股价在该消息透露之后也纷纷下跌，原因是投资者担心民用航空业工资会出现普遍增长。摩根大通集团的一位分析师写道，他"为美国航空公司把近 10 亿美元的财富转让给其员工而感到烦恼"。[①]投资者担心股价下跌而给公司的管理层施加压力，让他们降低成本并提高利润。但是我们可以证明这些压力从整体上降低了工资和消费者的支出，这也让其他公司的利润出现下降。如同第一章探讨的那样，社会规范和谈判能力是造成劳动收入份额降低的重要原因。

① 参见《洛杉矶时报》2017 年 4 月 27 日发表的美联社《美国航空公司宣布加薪而投资者却举棋不定》一文；或详见马修·伊格莱西亚斯 2017 年 4 月 29 日发表在新闻网站 Vox 上的深度评论《美国航空公司加薪让华尔街大惊失措》。

支柱之五：更加强有力的反垄断法

如同第六章阐述的那样，世界上最大的跨国公司正在变得越来越强大，其赚取的利润也越来越高。企业利润和资本收入份额都在增长，全世界排名前 10% 的上市公司赚取了全世界企业总利润的 80%。[8] 这些规模巨大、利润极高的跨国公司也做出了了不起的贡献。我们很多人都从苹果、谷歌（及其母公司 Alphabet）、亚马逊、星巴克和其他跨国企业巨头的创造和创新活动中受益匪浅。

然而，在垄断程度越来越高的全球化发展中，我们必须通过现代化的反垄断法来保证市场竞争。从亚当·斯密起，我们就意识到市场竞争对确保市场结果符合公众利益来说至关重要。企业变得规模过大或极其强大的后果，既有损消费者利益又会破坏未来的创新之路。

政府对垄断力量的监管并不容易，而关于垄断企业对消费者所造成的威胁也存在合理的不同意见。一些著名的垄断企业，比如美国电话电报公司已经成为创新的引领者。贝尔实验室进行了很多意义重大的研究，比如发明了激光和晶体管；此外，该实验室还荣获了8项诺贝尔奖。然而，过多的权力集中于极少数公司，并不利于保护消费者的利益和维护竞争，并且超级公司还会对政治施加不正当的影响。

令人沮丧的康卡斯特电信公司

在谷歌上搜索美国康卡斯特电信公司时，我们会发现愤怒能够激发人们巨大创造力的最好证据，而这种愤怒则是由该公司在众多市场的垄断地位造成的。康卡斯特公司的用户在网上发挥各自的创造力，尽情地表达对该公司的各种不满情绪。康卡斯特公司在电视、互联网和电话服务领域中的客户满意度排名，要低于其最强的"竞争对手"

（和几乎其他所有电信公司）。2017 年，该公司的客户满意度排名要低于其他所有美国公司和政府机构，2013 年，该公司的用户支持率甚至比美国国税局的支持率还低 28 个百分点。尽管如此，康卡斯特公司依然是美国电信行业的龙头老大，拥有成千上万名用户，原因是这些用户通常别无选择。在法国，享受相同的互联网服务（比美国更好）的费用为美国的 1/4，而苏黎世的互联网服务费为美国的 1/5，首尔的互联网服务费只有美国的 1/10。① 康卡斯特公司可能不会承认自己是一家垄断企业，但实际上它的行为与垄断企业无异。

与美国电话电报公司一起垄断市场

2017 年是美国电话电报公司成立的第 140 周年，该公司取得了很多值得庆祝的成就：赚取了巨额的年收入（1 600 亿美元），成了美国排名第二的无线运营商，制订了收购娱乐巨头时代华纳公司的计划，解决了反垄断机构的起诉。其实从苏格兰发明家亚历山大·格雷厄姆·贝尔于 1877 年同时创建该公司和贝尔电话公司之日起，美国政府就一直对该公司的商业行为施行严密监控。1913 年，该公司通过允许地方电话公司使用其发达的电话网络，而解决了第一起由反垄断机构发起针对该公司的诉讼案。第二起针对该公司的诉讼案开始于 1949 年，直到 1956 年才得以结束，其代价是该公司同意退出计算机业务领域的竞争。1974 年，由美国司法部发起的针对该公司的第三起诉讼案，导致了其在 1984 年分裂成七家地方电话公司（"贝尔七兄弟"）。如同人类一样，这七家地方电话公司逐渐羽翼丰满并抱团成长。其中两家公司贝尔大西洋公司和纽约电话公司合并成今天的威瑞森无线通信公司，另一家子公司美国西部电信公司发展成今天的世纪电信公司，而西南贝尔电话公司在完成了足以让上帝都嫉妒的对贝尔母公司的收购后，与剩下的三家公司合并成了今天的美国电话电信公司。美国电话电信公司现在又面临美国司法部的指控，并希望能解决关于其对时代华纳公司收购的这场旷日持久的起诉。我们如果能从美国电话电信公司的发展史中得到什么启示，就是这些起诉带来的挑战要比垄断权力所产生的魅力逊色得多。

---

① 详见约翰·卡西迪 2014 年 2 月 13 日在《纽约客》上发表的《我们需要真正的竞争，而非有线电视和互联网垄断者》一文。

未来之路

本章以及之前两章提出了变革议程。美国需要应对全球市场所带来的挑战，紧跟科技变革的步伐，采用大胆而缜密的政策来解决现代经济所造成的问题。美国人取得了举世瞩目的经济成就，科技改变了美国人的生活，并从总体上提高了美国人的生活质量。但是问题依旧存在。最重要的是，在美国仅有一小部分人从全球经济的发展中受益。

科技变革和全球市场不会给所有人带来相同的结果，各国可以采用各种不同的方式应对这些挑战。如同第一章提到的那样，美国问题的根源远不止科技和贸易，还包括市场势力、赢家通吃市场、税收政策、社会规范以及普通劳动者谈判能力的削弱等重要因素。第八章至第十章提出的建议，是通过直面现实问题的方式来解决中产阶级的经济担忧，改进美国的经济政策，使其更适应 21 世纪经济发展的需求。

最重要的是，美国需要避免采取那些会给需要帮助的人造成伤害的有害政策。设置贸易壁垒、移民障碍，为高收入群体减税，采纳更不可靠的医疗保障，取消金融市场监管，削弱反垄断法，恰好是最不应该采取的对策。美国可以做得更好。

第十一章

让全球化更加公平

警惕政治极化

前面三章阐述了建设更加公平的全球化所需的无畏的政策建议：采用更先进的政策帮助普通劳动者更好地适应现代经济的发展，实施更合理的税收政策，与企业建立更加良好的合作关系。但这些良性措施需要在经济学家所不熟悉的政治范畴中予以实施。在我的政策建议中，我清楚地阐述了美国民主党和共和党中理性人士所能达成协议的方面，并且我着重阐述了一些符合实际且通俗易懂的简单理念。但这并不意味着这些理念在政治上行得通，尤其是在当今美国出现的极化政治环境中。遗憾的是，我对政治极端化问题确实爱莫能助。但我还是能够提出可以让民主党和共和党继续展开对话的几点原则。

- 积极向上：提出一个包含促进就业、经济增长和机遇等积极措施的议程是必要的。该议程应当建立在共同的使命感之上，而不是去指责替罪羊。将别人妖魔化对于美国来讲没有任何益处。

- 英勇无畏：当前的时代充满巨大的经济挑战。只有采取大胆且明智的政策才能解决这些问题。谨小慎微的改革无法解决这些巨大的挑战。

- 保持开放：我们是共同生活在地球上的人类的一部分。理想的经济政策不应让所有国家在一个假想的成王败寇的斗争中彼此为敌。相反，经济政策应当促进各国的共同利益。一个开放的世界经济对于美国和其他各国来说都是推动人类进步的最佳途径。

- 客观务实：我们需要制定有效、容易理解和执行以及简单的政策。

解决政治极化问题并不容易，本书也无法提供准确的解决方案。但采取一些基本措施将有助于解决此问题。首先，美国国会选区划分改革一直停滞不前。国会选区应当通过计算机程序运算来进行划分，而不是由各州议会大厦根据自己的选举利益进行不正当的选区划分。按不正当方式划分出来的选区无法保证选举的竞争性，会导致国会议员更加极化、较少的选民参与以及民主功能的缺失。

其次，需要想尽一切办法让公众参与到政策决策过程中。这包括鼓励选民投票和进行公共辩论。尽管我们要想方设法地阻止选民舞弊事件的发生，但是我们没有理由让公众在工作日排大队来参与民主投票。选举应当设在周末，选票邮寄以及自动选民登记都是非常有效的方法。

再次，我们需要帮助所有人了解事实真相，并在此基础上举行积极的公共辩论，以便做出更好的政策决定。由于互联网的出现，我们的新闻和信息机制近些年发生了翻天覆地的变化。这些变化的好处就是人们可以更加容易地获取大量的全球信息。当然，这些变化也带来严峻的问题。新闻资讯的私人订制以及错误信息（又称"假新闻"）的泛滥，使得很多人生活在信息极其不对称的世界里。[1]

保卫民主，请向俄勒冈州学习

俄勒冈州现在正在引领一股比艺术咖啡和精酿啤酒更具现实意义的潮流。该州是美国第一个采用邮寄投票制度的州（始于 1998 年），也是第一个过渡到施行自动选民登记制度的州（完成于 2015 年）。华盛顿州和科罗拉多州分别于 2011 年和 2014 年开始效仿俄勒冈州的做法，另有 13 个州以及哥伦比亚特区也通过了自动选民登记的法案。今年超过 28 个州的州议会正在考虑类似的提案。[①]俄勒冈州的选民自动登记制度，要求符合条件的公民如需放弃选民登记时需填表申请（填表不是为了选民登记）。这一改变为该州节省了大量的行政开支，同时大大增加了登记的选民人数。2016 年，超过 28 万名俄勒冈州居民进行了自动选民登记，那些原本不太会进行投票的居民也进行了投票。[②]根据布伦南司法中心的估计，这一政策如果在美国范围内进行推广，美国的投票人数将增加 5 000 万人。③

如果俄勒冈州的选民投票率在美国范围得到效仿，那么这些改变将会促进更多的选民进行投票。在 2016 年 11 月的美国大选中，俄勒冈州选民的投票人数比美国选民投票人数高出不止 8 个百分点，且没有证据表明该州选民舞弊现象增加。该州的选举管理机构在该州 2016 年美国大选中，只发现两起有非公民投票的可疑情况，这一比例与美国其他地区基本持平。学习俄勒冈州的这些做法将会使美国的政治变得更具包容性。

---

① 详细数据请参见网址 https://www.brennancenter.org/analysis/automatic voterregistration。
② 详细数据请参见俄勒冈州州务卿办公室网站 http://sos.oregon.gov/elections/Documents/OMV/OMV_MonthlyReport_All_December2016.pdf；美国进步研究中心 2017 年发布的由罗布·格里芬、保罗·格伦克、托娃·王，以及利兹·肯尼迪合著的《自动登记的投票者是哪些人？》一文。
③ 详见布伦南司法中心 2016 年 7 月发布的《推广自动选民登记的缘由》。

在我的孩提时代，电视中只能收到四家新闻频道，它们分别是

哥伦比亚广播公司、美国全国广播公司、美国广播公司以及公共广播公司，无论人们收看哪一家频道的新闻，都会了解到关于世界的相同的基本事实。那时候电视上不可能只报道左派新闻或右派新闻，而且那些别有用心的家伙很难用"虚假新闻"蒙蔽大众，以达到煽动公共情绪的目的。

我们需要帮助所有人了解事实真相，即便是我们不同意针对这些事实而采取的恰当的政策措施。这就要求我们更好地普及如何使用互联网以及更加主动地为公众提供没有偏见（或不会拨弄是非）的权威信息源的相关信息。我们需要开展更多针对这些严峻问题的公共对话，以便人们可以在实际生活中谨慎地考虑他们的媒体选择。[2]

作为这些问题重要来源的科技产业可以反过来解决这些问题。[3]比如，脸书正在采取措施消除"虚假信息"，这包括加强事实核查以及降低新闻供应中有争议内容所造成的影响。维基百科也发起了名为 Wikitribune 的服务，组织记者和志愿者建立一个经过事实核查、校对以及进行持续更新的文章数据库。非营利组织也在努力减缓虚假新闻在互联网上的传播速度。

复次、竞选筹资改革能够帮助美国的政治进程更多地服务美国人民而不是经济利益集团。美国民粹主义观点认为，美国的政治制度被人为地操纵以服务美国最富裕人群和企业的利益，而上层人群所掌握的过多政治权力又加深了这一观点。美国的经济政策和社会规则也反映出政治权力的过度集中。尽管竞选筹资改革属于最困难的改革之一，但它同时也是最重要的改革之一。

开 放

最后，如同消极的经济后果能引发极化政治运动一样，经济成功也可以形成良性循环。当就业和机遇充足时，公众利益便会得到更多关注。这样，温和且渐进的政策才更能推动社会进步。合理的经济政策能带来政治红利。

完全有理由对美国人民抱有乐观的态度。尽管民意调查显示，小部分美国人对外国人和移民心怀疑虑，但大多数美国人还是支持对国际贸易采取开放的态度，并认为移民增强了美国经济的活力。大多数美国人也赞成本书所提出的几种政策理念，同意政府应当采取累进制税收制度，投资教育和基础设施，并期待美国企业公平经营。

美国需要能够激发出其人民最大潜能的领袖，指引美国走上积极、无畏、开放和务实的前进道路。

更加公平

本书已经论证了全球市场所带来的利益要高于其造成的危害。全球贸易能够让国家变得更加富裕，提高人们的生活水平，造福消费者，让世界变得更加团结。当国家进行借贷时，国际资本市场能够帮助它们获益，贸易赤字对于美国来说并不是一个棘手的问题。国际贸易能够带来效率和创新。纵观历史，美国一直受益于移民，时至今日，移民依然为美国带来巨大的利益。移民能够促进经济增长、创新和创业，并且移民还能缓解老龄化造成的人口压力。

美国普通劳动者目前忧心忡忡。在经历了几十年的中产阶级收入增长迟滞之后，经济不安全已演变成一个严峻的问题。收入不平等造成了社会的分化，劳动在经济中的角色变化令人心生不安。这些趋势让美国人怀疑政治制度"被人操纵"，并让政客们变得冷漠和效率低下。审视今天的现代经济，美国人担心全球化带来的利益无法抵消其所产生的成本。

国际贸易和外国移民很快便成了沮丧的美国人民倾向于责怪的对象。但是闭关锁国和设置贸易壁垒并不是解决这些棘手的社会问题的正确方案。这些限制措施很可能给普通劳动者造成伤害，而不是给予他们帮助。这些限制性政策往往会造成意想不到的后果，带来巨大的间接伤害和混乱。

重要的是，这些政策只是针对近几十年来造成劳动力市场混乱的一小部分原因而提出的应对措施。另一个重要的原因是科技变革，尤其是自动化、信息化和互联网的兴起。美国经济出现的这些变化使得美国劳动力市场不可能再回到 20 世纪六七十年代的状况。此外，还有很多因素影响着劳动结果，包括不断演化的社会规则、税收政策变化、具有市场势力的公司不断扩大的影响，以及在赢家通吃市场中超级巨星的作用。

本书提出一种积极的政策建议，以解决中产阶级收入增长迟滞问题以及收入不平等加剧的问题。这些问题不可小觑，它们需要美国认真应对。第八章至第十章描述的建议并不是民主党建议或共和党建议，而是将务实的理念结合起来，推动经济增长，增加就业和支持中产阶级。这些理念告诉美国要适应全球经济发展应该做什么以及不应该做什么。

这一变革性建议分为三大类别，每一类别的重点都是为了打造更加公平的全球化。建议的内容大致可以理解为呼吁采取更先进的政策，帮助普通劳动者适应现代世界经济的发展，实施更合理的税收政策，以及与企业建立更加良好的合作关系。

迈向更加公平的全球化

第一步：采取更加先进的政策帮助普通劳动者适应现代经济的要求。

- 充分利用贸易协定抵制政策竞争，保持世界经济的开放性。
- 通过提供劳动所得税减免、工资保险、免费社区学院以及更大的经济安全，帮助普通劳动者满足世界经济发展的要求。
- 支持社区进行调整以适应贸易和科技冲击。
- 加强经济基础，尤其是加强教育、研发资助和基础设施等，以便在世界经济中保持竞争力。

第二步：施行适应现代世界经济发展的税收政策。

- 提高低收入劳动者的所得税减免额度，帮助底层群体取得成功。

- 保持并加强累进税制，确保所有人从现代世界经济发展中受益。
- 对同一个人或企业的所有收入施行同一税率征税，无论其收入形式或地点有何不同；消除税法漏洞，包括消除国际避税行为。
- 应对气候变化问题，施行较低税率的碳排放税。
- 团结所有股东举行税改大谈判。

第三步：与企业建立更加良好的合作关系。
- 拥抱全球化经济发展。
- 施行简单且公平的监管措施。
- 制定简单且公平的税法，让税收更加透明。
- 让工资结构和劳动包容性更加透明。
- 实施强有力的反垄断法。

避免伤害

上述政策理念的直接目标是解决中产阶级收入增长迟滞和收入不平等问题。即便是这些政策执行起来的过程缓慢，但其出发点却显而易见，即不会给中产阶级造成伤害。应当避免实施南辕北辙的政策，这会降低普通劳动者的经济安全，让税制公平性大打折扣。道理虽然浅显易懂，但是美国过去35年经济增长的唯一受益者是占据收入分配塔尖的群体，而理想的政策是不要再为这一群体提供更多的税收减免额度。削弱社会保障以及医疗保障同样不明智，这只会加剧中产阶级经济不安全的严重性。

此外，美国普通劳动者面对的重大挑战并不需要放弃全球化。这种放弃也是不明智、草率和危险的。将美国的经济问题归咎于他国贸易和移民，会伤害那些最近几十年经历经济发展迟滞的美国普通劳动者。

如果美国设置贸易壁垒，那么美国出口产业的普通劳动者将会因贸易体系开放程度较低和美国贸易伙伴的报复行为而受到伤害。成本较高的进口半制成品会削弱美国制造业的生产力，减少美国公司在世界经济中的市场份额。消费者的购物成本会增加，而实际工资会减少，这是由进口消费品较高的成本（以及与进口产品相竞争的国内产品价格增加）而引发的。

如果减少移民人数，美国在硅谷的工程师数量将会减少，在纽约进行首次小规模创业人数将会减少，美国采摘果蔬和照顾老人的劳动者人数将会减少，美国的投资者和获得诺贝尔奖的科学家人数将会减少。美国也会拥有更少的因感激生活质量改善而热爱美国且兢兢业业工作的新美国人。美国人口老龄化带来的压力将随生育率和人口增长的降低而增加。

放弃全球化会让各国处于相互对峙的风险之中，使得气候变化、难民、世界贫困和国际安全等人类目前面临的问题更难以解决。第二次世界大战后，各国领导人努力总结两次世界大战和经济大衰退带来的经验教训。他们建立了国际货币基金组织、世界银行和国际贸易组织等国际机构来团结各国，努力维护世界和平和繁荣。[4] 这些机构创建了国际贸易体系、国际金融体系，成为战后重建和发展的国际资金来源。在欧洲，欧盟也在为相同的目标而努力，通过更加紧密的一体化来促进和平。[5] 这些国际机构在促进各国团结和世界和平方面取得了巨大成功。过去 70 年是有记载以来欧洲历史上最成功的一段时期，尽管也有很多意外悲剧，但是总体来说，世界范围内由于暴力冲突而造成的死亡人数最近几十年来在持续减少。[6]

目前的确存在针对和平和繁荣的政策威胁。除了特朗普政府给全球贸易和移民带来的威胁，很多其他国家也发生了相似的反全球化浪潮。英国最近启动了《里斯本条约》第 50 条寻求脱离欧盟，这是英国反对移民和自由劳动力流通势力的胜利，也是转向自我封闭的明确一步。极左和极右政党在欧洲全面兴起，两派几无妥协的余地，甚至威胁到像波兰和匈牙利等一些国家的民主制度。

当然，我们也看到一些鼓舞人心的事例，比如法国前进运动和埃马纽埃尔·马克龙的胜利。同时开放的贸易体系也不乏其他支持者。中国领导人就明确地捍卫开放的贸易体系，且中国在"一带一路"倡议的框架下进行了大量的公共投资，极大地促进了国际贸易的发展。[7] 人口大国印度最近几十年也在致力于追求更加开放的经济政策。

诚然，让美国在错误的道路上迷途知返困难重重。最近，美国在国际舞台上由领导者变成了笑柄，有时候还扮演着搅局者的角色。美国是唯一不支持针对气候变化而签署《巴黎协定》的国家，特朗普上台之初就宣布了这一不支持的立场。2017 年 6 月，当来自 70 多个国家的代表齐聚一堂，签署防止企业税基侵蚀的税收公约时，美国依然保持缺席。美国全球经济领导者的身份正在衰落。

美国正处在历史的重要关头，为全球化充分发声且在论证时真正考虑美国中产阶级所面临的实际困难至关重要。几十年来不尽如人意的经济结果已经让选民感到失望。政治极化加剧，每一政治派别都将令人沮丧的经济结果作为支持各自观点的证据。精英们正在重新考虑安慰失望的选民的最佳方式。会有便捷轻松的方法来取代激发一个国家潜力所需的那种任重道远的努力付出吗？美国是应该继续对外开放还是闭关锁国？美国应当如何建立包容且能实现共同繁荣的经济和政治制度？

自第二次世界大战以来，我们的世界已经取得了巨大的进步。尽管世界上还有很多令人担忧的问题存在，但是我们已经成功地阻止了更加糟糕的问题出现。我们现在的世界比以往任何历史时期都更加和平和富裕。以史为鉴，总结经济学规律能够帮助我们避免重蹈 20 世纪二三十年代的政策错误，或者以新的方式重蹈这些错误的覆辙。有害的政策选择可能在政治上很有吸引力，但它们的确能给世界繁荣和人类自身带来破坏。我们可以做得更好。我们需一心向善、意志坚定、砥砺前行——为实现更加公平的全球化而努力。[8]

后 记

　　谨以此书献给我们身边无处不在的观念之争，希望其能为世界发展尽一丝绵薄之力。无论此目的是否能够达成，我都很高兴能将自己对国际经济学 30 年的思考而得来的知识加以运用。我非常感恩能够拥有这样一次机会，同时对给予我不懈支持的同事、朋友和家人表示衷心的感谢。

　　创作此书的最初想法出现在 2016 年 11 月，我很感激在那段暗淡的时光里给予我鼓舞的人。在此之前的一个月我与汉密尔顿计划结缘，而林－曼纽尔·米兰达无与伦比的才华赋予了我乐观的信念，并让我坚信写作可以发挥重要的作用。同时，我也很感激艾伦·布林德 1987 年出版的《脑冷心热》一书。该书在我早年思索如何成为一名出色的经济学家时给了我巨大的帮助。从那时起我经常反思在一个困难重重的现实世界中那意味着什么。

　　现在，我要感谢我现实中认识的朋友。2016 年 11 月中旬的一天，我与精力充沛且聪明伶俐的希瑟·鲍施伊的电话通话对坚定我创作此书的决心至关重要。希瑟为此书做出了很多贡献。她帮我出主意，为我加油，有求必应，她还介绍我认识了哈佛大学出版社编辑伊恩·马尔科姆。在此书的出版过程中，我和伊恩进行了非常愉悦的合作，我感谢他所展现出来的热情和专业技能，并为本书提供了题目。我要感谢哈佛大学出版社的奥利维娅·伍兹为此书做出的积极努力。我要感谢我的制作编辑茱莉娅·柯比用专业的技能和过人的理解力为此书所做的编辑工作。我还要感谢吉尔·布赖特巴特在本书封面设计时毫无保留地提供的帮助。我最后要感谢我的读者。卡迪·拉斯对原书草稿提出了大量、及时且热情满满的评论。迈克尔·克莱恩为本书的关键部分提出了重要的反馈意见。

在本书的构思阶段，塔玛拉·梅茨帮我联系了她的前任编辑蒂姆·沙利文，而后者在我了解出版事宜上提供了宝贵的帮助；戴维·韦塞尔也在出版事宜上为我提供了宝贵的建议。鲁文·阿维–约纳、埃里克·伯恩斯坦、沃尔特·弗里克、艾丽斯·哈拉、罗伯特·库特纳以及托马斯·皮凯蒂都为本书提供了大量宝贵的建议。

我的朋友和同事在本书的创作到出版的整个过程中始终给予我支持。我要感谢史蒂文·阿克诺维奇在本书题目创作上付出的令人钦佩的努力以及始终对本书抱有的坚定信心。马克·伯福德慷慨地对本书早期的样章提供了宝贵意见。保罗·西尔弗斯坦自始至终对本书提供了支持。安德鲁·贾利勒是本书早期的热情读者，我很感激他对本书抱有坚定的乐观态度。保罗·布坎南和安德鲁·阿特休尔在阅读本书的手稿后对本书予以了肯定。对我提供支持和鼓励的还有伦纳德·伯曼、克里斯·科斯基、埃米·科斯基、爱德华·科林伯德、埃伦·泰勒、卡伦·珀金斯、凯利·赖尔登、吉尔·霍维茨、特德·帕森、彼得·安德烈亚斯、彭妮·塞吕里耶、詹姆斯·海因斯、洛兰·阿尔文、迈尔斯·布坎南、谢利·布坎南、凯文·迈尔斯、道恩·蒂尔、乔希·西蒙、马列拉·舒瓦兹伯格·达比、沃尔特·恩格勒特、摩根·卢克、狄柏丽·穆霍帕迪亚、杰伊·梅利斯、厄尔·布卢门诺和罗恩·怀登。

我的学生也为本书的创作做出了重要贡献。我的教学经验让我明白了将专业的经济学文献向大众普及的重要性。我的学生不遗余力地抓住每个机会为本书做宣传。我以前指导过论文的学生（即将成为博士）迈克尔·金凯德和阿言·帕尼瓦尼为本书提供了有用的建议和反馈。我的同事丹尼丝·黑尔和乔恩·洛克慷慨地与我分享了他们的观点。

我要特别感谢我强大的研究助手团队，她们为本书做出了卓越的贡献。乌马·艾拉瓦拉桑是我遇到的最有能力的人之一，她领导该团队的意愿极大地激发了我创作本书的热情。我向该团队的所有四名成员表示由衷的感谢，她们是：乌马、苏哈·艾哈迈德、卡罗琳·科尔、乌娜·帕尔默。四位成员极富成效，事无巨细且满腔热情。我还要感谢弗洛林·法伊尔对参考书目所做的排版工作以及加比·布莱克曼对该书所表现出来的极大热忱。

我非常感谢华盛顿公平增长中心对本书提供的巨大资助和对我工作的极大支持。他们的肯定对我来说是至高无上的荣耀。我很感激里德学院和经济系对我的支持，帮助我间接地扩大了本书的影响。其他大多数学校都无法像里德学院那样提供给我通过教学活动综合性地研究经济学中很多重要课题的机会。

最后，我要感谢我伟大的、一直激励我的父母：阿瑟·克劳辛和威拉·克劳辛。我很感激他们对我不懈的支持和对本书初稿所做的通读工作。我还要感谢我的孩子，厄休拉和霍尔登，你们是我的生命之光。

注 释

序 美国的错误

1. Recent work by Raj Chetty and collaborators shows that the percentage of American children that can expect to exceed the living standards of their parents has fallen steadily in recent decades. Children born in 1940 had a greater than 90 percent chance of earning more than their parents, whereas those born in 1980 had only a 50 percent chance of earning more than their parents. See the Equality of Opportunity Project's website (http://www.equality-of-opportunity.org/) for more on this line of research.

2. Corporate profits data are from Federal Reserve Economic Data at https://research.stlouisfed.org/fred2. Data on the declining labor share are discussed in Margaret M. Jacobson and Filippo Occhino, "Labor's Declining Share of Income and Rising Inequality," Working Paper 2012-13, Economic Commentary, Federal Reserve Bank of Cleveland, 2012; ILO and OECD, "The Labour Share in G20 Economies," Report, International Labour Organization and Organisation for Economic Co-operation and Development, 2015; Loukas Karabarbounis and Brent Neiman, "The Global Decline of the Labor Share," *Quarterly Journal of Economics* 129:1 (2013), 61–103; and Loukas Karabarbounis and Brent Neiman, "Capital Depreciation and Labor Shares around the World: Measurement and Implications," Working Paper 20606, NBER Working Papers, National Bureau of Economic Research, 2014.

3. I suspect those that assume American negotiators are not acting "toughly" in our national interest know very little about US trade negotiations.

4. For more on polarization, see Marina Azzimonti, "The Political Polarization Index," Working Paper 13-41, FRB of Philadelphia Working Papers, Federal Reserve Bank of Philadelphia, 2013. For evidence linking income inequality and political polarization, see Adam Bonica, Nolan McCarty, Keith T, Poole, and Howard Rosenthal, "Why Hasn't Democracy Slowed Rising Inequality?" *Journal of Economic Perspectives* 27:3 (2013), 103–123.

5. The eight wealthiest men have $426 billion; the assets of the bottom half of the world's income distribution total $409 billion. The fact that many people in the bottom half of the wealth distribution have negative wealth, however, may cloud such comparisons. See "Are Eight Men as Wealthy as Half the World's Population?" *Economist*, January 19, 2017; Gerry Mullany, "World's 8 Richest Have as Much Wealth as Bottom Half, Oxfam Says," *New York Times*, January 16, 2017.

第一章　中产阶级的停滞和经济不平等

1. See Raj Chetty, David Grusky, Maximilian Hell, Nathaniel Hendren, Robert Manduca, and Jimmy Narang, "The Fading American Dream: Trends in Absolute Income Mobility since 1940." *Science* 356:6336 (April 2017), 398–406.

2. Some of these ideas are discussed in greater detail within Kimberly Clausing, "Labor and Capital in The Global Economy," *Democracy: A Journal of Ideas*, 43:1 (2017).

3. See Loukas Karabarbounis and Brent Neiman, "The Global Decline of the Labor Share," *Quarterly Journal of Economics* 129:1 (2013), 61–103.

4. For capital income data, see https://www.irs.gov/uac/soi-tax-stats-indi vidual-statistical-tables-by-tax-rate-and-income-percentile for all income, and http://www.taxpolicycenter.org/model-estimates/distribution-capital-gains-and-qualified-dividends/distribution-long-term-capital-2. The US Treasury also reports data on the top four hundred taxpayers. This particularly small group of taxpayers reports 1.48 percent of total income in 2012, but 0.16 percent of total wage and salary income, 8.3 percent of total dividend income, and 12.3 percent of total capital gains income. This group of taxpayers is a tiny fraction of an American population totaling about 325 million people. See https://www.irs.gov/pub/irs-soi/13intop400.pdf.

5. See ILO and OECD, "The Labour Share in G20 Economies," Report, International Labour Organization and Organisation for Economic Co-operation and Development, 2015; Margaret M. Jacobson and Filippo Occhino, "Labor's Declining Share of Income and Rising Inequality," Working Paper 2012-13, Economic Commentary, Federal Reserve Bank of Cleveland; Loukas Karabarbounis and Brent Neiman, "The Global Decline of the Labor Share," *Quarterly Journal of Economics* 129:1 (2013), 61–103; Loukas Karabarbounis and Brent Neiman, "Capital Depreciation and Labor

Shares Around the World: Measurement and Implications," Working Paper 20606, NBER Working Papers, National Bureau of Economic Research, 2014; Michael W. L. Elsby, Bart Hobijn, and Ayşegül Şahin, "The Decline of the US Labor Share," *Brookings Papers on Economic Activity,* 2013, no. 2 (2013): 1-63. https://muse.jhu.edu/.

6. The graph focuses on major countries included in the Group of 20; these are the largest economies in the world.

7. Some argue that the capital share of income is also declining, and that it is the profit share (excess profits above the "normal" return to capital) that is driving down the other two shares. These trends may result from the increasing market power of large companies. See Simcha Barkai, "Declining Labor and Capital Shares," Working Paper No. 2, New Working Paper Series, University of Chicago Booth School of Business, November 2016. And see David Autor, David Dorn, Lawrence F. Katz, Christina Patterson, and John Van Reenen, "Concentrating on the Fall of the Labor Share," Working Paper 23108, NBER Working Papers, National Bureau of Economic Research, 2017.

8. A diminished labor share of income, an increased dispersion of labor incomes, and an increased dispersion of capital incomes *all* contributed to rising income inequality. Increased dispersion of capital incomes occurs when those at the top have higher returns to their investments than those at the bottom. Most data confirm that pattern.

9. These data are frequently omitted from surveys.

10. China's income share of the bottom half of the population has shrunk, and it is now similar to that in the United States. But income for US workers in the bottom half has stagnated, while income for Chinese workers in the bottom half of the population has increased fivefold over its 1978 level, See "The Great Divide of China," *Economist,* February 16, 2017.

11. For example, see Bruce Sacerdote, "Fifty Years of Growth in American Consumption, Income, and Wages," Working Paper 23292, NBER Working Papers, National Bureau of Economic Research, 2017.

12. Sarah Sattelmeyer and Sheida Elmi, "Policymakers Should Focus on Economic Security in 2017," *The PEW Charitable Trusts,* March 1, 2017.

13. For example, survey results in multiple countries show that respondents without growing income view both trade and immigration much more negatively than others. See Laura Tyson and Anu Madgavkar, "The Great Income Stagnation," *Project Syndicate,* September 7, 2016.

14. For more on polarization, see Marina Azzimonti, "The Political Polarization Index," Working Paper 13-41, FRB of Philadelphia Working Papers, Federal Reserve Bank of Philadelphia, 2013. For evidence linking income inequality and political polarization, see Adam Bonica, Nolan McCarty, Keith T. Poole, and Howard Rosenthal, "Why Hasn't Democracy Slowed Rising Inequality?" *Journal of Economic Perspectives* 27:3 (2013), 103–123.

15. See Bonica et al., "Why Hasn't Democracy," for evidence on political contributions and income concentration as well as the increasing importance of the top 0.01 percent and large donors in driving political campaign funding.

16. See Robert J. Gordon, *The Rise and Fall of American Growth: The US Standard of Living since the Civil War* (Princeton: Princeton University Press, 2016), 624–625.

17. See Anya Kamenetz and Cory Turner, "The High School Graduation Rate Reaches a Record High—Again," *NPR Oregon Public Broadcasting*, October 17, 2016.

18. National Center for Education Statistics, "International Educational Attainment," May 2016.

19. Angel Gurría, "PISA 2015 Results in Focus," *PISA in Focus: Paris* 67 (2016), 1–14.

20. The WTO website lists the history of membership for each country. WTO, "Members and Observers," wto.org, https://www.wto.org/english/thewto_e/whatis_e/tif_e/org6_e.htm. Officially, members did not belong to the WTO until it became an organization in 1995; prior to that, members were merely "contracting parties" under the General Agreement on Tariffs and Trade (GATT).

21. Foreign countries are not typically more open to international trade in terms of their policy choices.

22. For an extensive discussion of these indicators of the importance of multinational companies, see Chapter 6.

23. For example, see World Bank Group, *Taking on Inequality,* 2016, 10–12.

24. It could also be the case that international trade raises demand for skill and capital across all countries. In poor countries, for example, jobs sewing shirts could require *more* skill than the average job, whereas that would not

be the case in the United States, where sewing shirts would be a job for un-skilled workers. Thus, when the United States trades software or soybeans with a poor country in exchange for shirts, that increases demand for capital (for tractors and computers) and skilled labor the United States, but it may also increase demand for capital (for sewing machines and factories) and skilled labor in poor countries. While this is not a standard result of trade theory, it is possible. Traditional Heckscher-Ohlin trade theory requires international trade to reduce income inequality in poor countries, since demand for unskilled labor must increase in the unskilled-labor-abundant country. However, other models of trade (for example, those based on the disintegration of the production process) can allow for the demand for skilled workers to increase in both rich and poor countries.

25. See Marie Connolly and Alan B. Krueger, "Rockonomics: The Economics of Popular Music," in *Handbook of the Economics of Art and Culture* 1, eds. Victor A. Ginsburgh and David Throsby (Amsterdam: Elesevier, 2006), 667–719.

26. See David Autor et al., "Concentrating"; and David Autor, David Dorn, Lawrence F. Katz, Christina Patterson, and John Van Reenen, "The Fall of the Labor Share and the Rise of Superstar Firms," Discussion Paper 1482, CEP Discussion Papers, Centre for Economic Performance, 2017.

27. In the United States, corporate profits in recent years are higher as a share of GDP than they have been at any point in the last fifty years, in both before-tax and after-tax terms, as shown by Federal Reserve data. Since 1980, after-tax corporate profits have increased several percentage points, from about 6 percent of GDP to over 9 percent. See Chapter 7 for more data on these trends.

28. See Figure 1 in Loukas Karabarbounis and Brent Neiman, "Declining Labor Shares and the Global Rise of Corporate Saving," Working Paper 18154, NBER Working Papers, National Bureau of Economic Research, 2012.

29. Interested readers are referred to Larry Summers's excellent pieces on these concerns. Lawrence H. Summers, "The Age of Secular Stagnation," *Larry Summers Blog*, February 15, 2016. And Lawrence H. Summers, "Secular Stagnation and Monetary Policy," *Federal Reserve Bank of St. Louis* 98:2 (2016), 93–110.

30. Treasury economists calculate that the fraction of the corporate tax base that consists of excess profits averaged 60 percent from 1992 to 2002,

but has since increased to about 75 percent over the period 2003–2013. See Laura Power and Austin Frerick, "Have Excess Returns to Corporations Been Increasing Over Time?" *National Tax Journal* 69:4 (2016): 831–846.

31. See McKinsey Global Institute, *Playing to Win: The New Global Competition for Corporate Profits*, Report, September 2015.

32. See David Autor et al., "Concentrating," and see David Autor et al., "The Fall of the Labor Share."

33. US data are from the US Bureau of Labor Statistics. Data from other OECD countries are from https://stats.oecd.org/Index.aspx?DataSetCode= UN_DEN#. Other aspects of labor bargaining power, aside from the unionization rate, are also important. For example, while the unionization rate in Germany has fallen, observers note that labor has more power in Germany due to greater representation in corporate decision making, a greater cultural emphasis on including labor "stakeholders," a greater sense of trust between management and workers, and a strong social commitment to providing a safety net. For a good news story on this issue, see Stephen J. Dubner, "What are the Secrets of the German Economy, and Should We Steal Them?" *Freakonomics Radio*, October 11, 2017.

34. See Brantly Callaway and William J. Collins, "Unions, Workers, and Wages at the Peak of the American Labor Movement," *Explorations in Economic History*, August 2017.

35. Right-to-work laws prevent agreements between businesses and workers that require employees to belong to a union or pay union dues.

36. This example is discussed further in Chapter 8.

37. See Lawrence Mishel and Alyssa Davis, "Top CEOs Make 300 Times More than Typical Workers," Issue Brief 399, Economic Policy Institute, June 2015. Opinions differ within the profession regarding whether high CEO pay is merely a reflection of very high productivity. For a review of studies that argue in both directions, see James Kwak, *Economism: Bad Economics and the Rise of Inequality* (New York: Pantheon Books, 2017), 80.

38. This is also true in several other countries, including Australia, Canada, and the United Kingdom. Other countries such as Japan, Germany, France, and Sweden have seen a different pattern, where the top share fell in the first half of the century, but did not rise in the second half of the century. See Facundo Alvaredo, Anthony B. Atkinson, Thomas Piketty, and Emmanuel Saez, "The Top 1 Percent in International and Historical Perspective," *Journal of Economic Perspectives* 27:3 (2013), 3–20.

39. Additional evidence on this mechanism is provided within Enrico Rubolino and Daniel Waldenström, "Tax Progressivity and Top Incomes: Evidence from Tax Reforms," IZA Discussion Paper No. 10666, IZA Institute of Labor Economics, March 2017.

40. These are long-term capital gains tax rates. Data are available at http://www.taxpolicycenter.org/statistics/historical-capital-gains-and-taxes.

41. While statutory corporate tax rates remained relatively high until 2018 (at 35 percent), the effective tax rates paid by businesses have fallen steadily in the same time period, due to tax avoidance through both international profit shifting and changes in the organizational form of business. This issue is covered more extensively in Chapter 7.

42. See Alvaredo et al. "The Top 1 Percent," and Thomas Piketty, Emmanuel Saez, and Stefanie Stantcheva, "Optimal Taxation of Top Labor Incomes: A Tale of Three Elasticities," Working Paper 17616, NBER Working Papers, National Bureau of Economic Research, 2011.

43. Poorer countries also often experience increasing inequality, but in some important cases, it occurs amidst much stronger growth. In China, economic growth has raised standards of living for even the poorest workers, even as economic inequality has increased. See "The Great Divide," *Economist*, February 16, 2017.

44. After climate change—if that is classified as an "economic" problem. Many refer to climate change as an environmental problem, though economic questions surely have an essential role to play in understanding the causes, consequences, and policy responses to climate change.

第二章　国际贸易与经济发展

1. For a discussion, see Yuval Noah Harari and Derek Perkins, *Sapiens: A Brief History of Humankind* (New York: Harper, 2015), 34–36; and "Homo Economicus?" *Economist,* April 7, 2005.

2. John Mueller and Karl Mueller, "Sanctions of Mass Destruction," *Foreign Affairs* 78:3 (May 1999), 43–53.

3. During recessions, there may be a lot of "slack" in the economy, and it will be comparatively easy to raise employment.

4. For a discussion of recent trends in labor force participation, see Stephanie Aaronson, Tomaz Cajner, Bruce Fallick, Felix Galbis-Reig, Christopher Smith, and William Wascher, "Labor Force Participation: Recent Developments and Future Prospects," *Brookings Papers on Economic Activity*, Fall 2014, 197–275.

5. For detailed data, see Council of Economic Advisers, *Economic Report of the President*, (Washington, DC: United States Government Printing Office, 2015), 291, 307. For more background, see Council of Economic Advisers, *The Economic Benefits of US Trade*, Report, May 2015.

6. This share could be as large as 40 percent. See Robert Koopman, William Powers, Zhi Wang, and Shang-Jin Wei, "Give Credit Where Credit Is Due: Tracing Value Added in Global Production Chains," Working Paper 16426, NBER Working Papers, National Bureau of Economic Research, 2010, Table A3. A more recent analysis suggests a share of 27 percent. See Alonso de Gortari, "Disentangling Global Value Chains," Harvard University Working Paper, November 26, 2017.

7. Andrew B. Bernard, J. Bradford Jensen, Stephen J. Redding, and Peter K. Schott, "Global Firms," Working Paper 22727, NBER Working Papers, National Bureau of Economic Research, 2016.

8. See Kenneth L. Kraemer, Greg Linden, and Jason Dedrick, "Capturing Value in Global Networks: Apple's iPad and iPhone," University of California, Irvine, University of California, Berkeley, and Syracuse University Working Paper, 2011.

9. Jeffrey Hall, *Jobs Supported by State Exports, 2016*, Report, Office of Trade and Economic Analysis, International Trade Administration, December, 2017.

10. Joseph Parilla and Mark Muro, "US Metros Most Exposed to a Trump Trade Shock," Brookings Institution, January 30, 2017.

11. Examples of such factors include whether the economy is in a recession or not, the actions of the Central Bank that determine the liquidity of the economy (monetary policy), and government decisions regarding the budget balance (fiscal policy).

12. Paul Krugman, "The China Shock and the Trump Shock," Blog, *Opinion: The New York Times*, December 25, 2016. Krugman used the joke to argue that "a protectionist turn, reversing the trade growth that has already happened, would be the same kind of shock [as prior trade shocks] given where we are now."

13. See David Dollar and Aart Kraay, "Trade, Growth, and Poverty," *The Economic Journal* 114:493 (2004), F22–F49. Findings are updated here using more current World Bank data and the same methodology. "Rich countries" are OECD members (omitting Chile, Hungary, Mexico, and Poland) and Hong Kong, Singapore, Malta, Lithuania, and San Marino, while "globalizers" are the top twenty-four non-advanced economies in terms of trade-to-GDP ratio growth between 1975–1979 and 2000–2007. "Non-globalizers" are the remaining economies for which data are available. The seventy-four "non-advanced" economies were classified by comparing their trade-to-GDP ratio growth between these two periods. Dollar and Kraay applied this same method, but compared data from 1975–1979 and 1995–1997. Average GDP per capita growth and average unemployment rate were both population-weighted, using data from the final year of each period of observation.

14. One intriguing study uses geographic variation across countries to identify the exogenous effects of trade on growth, finding that trade has helpful effects on economic growth. See Jeffrey A. Frankel and David Romer, "Does Trade Cause Growth?" *The American Economic Review*, 89:3 (1999): 379–399.

15. These figures are from the World Bank's World Development Indicators database; all dollar figures are in 2011 international dollars.

16. As one example, say there are ten hours in each workday and Karen makes four units of H per hour of hunting and four units of G per hour of gathering; Peter makes one unit of H per hour or hunting and two units of G per hour of gathering. If they each spend seven hours of the day hunting and three hours of the day gathering, they will end up with thirty-five units of H ((7 hours *4)+(7 hours *1)) and 18 units of G ((3 hours *4)+(3 hours *2)). However, if they specialize by having Karen focus solely on the hunting at which she is relatively better, and Peter on the other good, the household will make forty (10 hours *4) units of H and twenty (10 hours *2) units of G, so they can have more of both goods. More generally, we can show that production of both goods can increase if each person specializes in the good that they are *relatively* better at producing. In this case, Karen is relatively better at hunting than gathering, and Peter is relatively better at gathering, in that his relative disadvantage in this activity is lower.

17. Robert L. Heilbroner, *Teachings from the Worldly Philosophy* (New York: WW Norton, 1997), 24–28.

18. This is true in general, but when the labor share of income (GDP) falls, this need not always be the case. While countries with higher productivity

reliably have higher wages, many countries have also recently experienced declining shares of labor income, as discussed in Chapter 2. This implies that capitalists are receiving disproportionate amounts of the productivity gains. However, unless the declining share of labor income is more severe for some countries than others, countries with higher productivity gains should generally experience higher wage growth.

第三章　国际贸易中的赢家和输家

1. The US government also subsidizes many farm products, including cotton, corn, soybeans, and others. Nonetheless, even absent subsidies, the high productivity of US agriculture would likely generate substantial US exports.

2. Here I follow the professional convention of referring to less-educated workers as *less-skilled*. Of course, less-educated workers often have substantial practical skills. But since the term has been used so extensively in the economics literature, I continue to use it here.

3. For an important study that documented stylized facts on the labor market outcomes of trade-displaced workers, see Lori G. Kletzer, "Trade-related Job Loss and Wage Insurance: A Synthetic Review," *Review of International Economics* 12:5 (2004), 724–748.

4. See David Autor, David Dorn, and Gordon H. Hanson, "The China Shock: Learning from Labor-Market Adjustment to Large Changes in Trade," *Annual Review of Economics* 8:1 (2016), 205–240.

5. See Daron Acemoglu, David Autor, David Dorn, Gordon H. Hanson, and Brendan Price, 2015, "Import Competition and the Great US Employment Sag of the 2000s," *Journal of Labor Economics* 34 (S1): S141–S198.

6. See David Autor, David Dorn, Gordon Hanson, and Kaveh Majlesi, 2016, "Importing Political Polarization? The Electoral Consequences of Rising Trade Exposure," Working Paper 22637, NBER Working Papers, National Bureau of Economic Research.

7. The numbers have since rebounded somewhat, as trade has become a less noticeable issues in the early days of the Trump Presidency. In April 2017, the numbers were 52 percent good and 40 percent bad. See: http://assets. pewresearch.org/wp-content/uploads/sites/12/2017/04/24163506/Trade_agreements_topline_for_release.pdf.

8. This section's subtitle was inspired by the title of another study: Edward E. Leamer, Lawrence Mishel and T. N. Srinivasan, "Foreigners and Robots: Assistants of Some, Competitors of Others," in *Social Dimensions of US Trade Policies* Alan V. Deardorff and Robert M. Stern, eds. (Ann Arbor: University of Michigan Press, 2000), 19–52.

9. Jon Sheesley, "The 80's Supercomputer That's Sitting in Your Lap," *TechRepublic*, October 13, 2008; "A Modern Smartphone or a Vintage Supercomputer: Which Is More Powerful?" *Phone Arena*, June, 2014.

10. Michael J. Hicks and Srikant Devaraj, "The Myth and Reality of Manufacturing in America," Ball State University, Center for Business and Economic Research, 2015.

11. Brett Smith, quoted in Danielle Paquette, "The Real Reason Ford Abandoned Its Plant in Mexico Has Little to Do with Trump," Washingtonpost. com, Wonkblog, January 4, 2017.

12. Stanley Lebergott, "Labor Force and Employment, 1800-1960," in *Output, Employment, and Productivity in the United States after 1800* (New York: National Bureau of Economic Research, 1966), 117–204. Also see "Farm Demographics: US Farmers by Gender, Age, Race, Ethnicity, and More," *USDA Census of Agriculture*, May, 2014.

13. J. Bradford DeLong, "NAFTA and Other Trade Deals Have Not Gutted American Manufacturing—Period," *Vox*, January 24, 2017.

14. See, for example, Xuejun Liu, Albert Park, and Yaohui Zhao, "Explaining Rising Returns to Education in Urban China in the 1990s," IZA Discussion Paper No. 4872, IZA Institute of Labor Economics, 2010.

15. Note that while inequality is increasing in many countries throughout the world, between-country inequality is falling, as incomes are rising in poorer countries relative to incomes in richer countries, particularly when one considers the large populations in the fastest-growing poor countries.

16. Increasing company concentration is documented across all major industries. See David Autor, David Dorn, Lawrence F. Katz, Christina Patterson, and John Van Reenen, "Concentrating on the Fall of the Labor Share," Working Paper 23108, NBER Working Papers, National Bureau of Economic Research, 2017. There is also evidence that conventional measures of market concentration may understate the problem due to common ownership patterns of large firms, as large institutional investors hold large shares of competitor companies. For a discussion of the implications of this

problem, see Jose Azar, Martin C. Schmalz, and Isabel Tecu, "Anti-Competitive Effects of Common Ownership," *Journal of Finance*, 2017; Jose Azar, Sahil Raina, and Martin C, Schmalz, "Ultimate Ownership and Bank Competition," CEPR Working Paper, July, 2016.

17. For a discussion of these trends, see Jason Furman and Peter Orszag, "A Firm-Level Perspective on the Role of Rents in the Rise in Inequality," presented at the "A Just Society" Centennial Event in Honor of Joseph Stiglitz, Columbia University, October 16, 2015. More evidence is found in Erling Barth, Alex Bryson, James C. Davis, and Richard Freeman, "It's Where You Work: Increases in the Dispersion of Earnings across Establishments and Individuals in the United States," *Journal of Labor Economics* 34:S2 (2016), S67–S97; and Jae Song, David J. Price, Fatih Guvenen, Nicholas Bloom, and Till von Wachter, "Firming Up Inequality," NBER Working Paper no, 21199, National Bureau of Economic Research, 2015.

18. Over the previous thirty years, corporate savings have increased their share of total global savings by about twenty percentage points. See Chapter 1. Also see Loukas Karabarbounis and Brent Neiman, "Declining Labor Shares and the Global Rise of Corporate Saving," Working Paper 18154, NBER Working Papers, National Bureau of Economic Research, 2012.

19. In the United States, corporate profits in recent years are higher as a share of GDP than they have been at any point in the last fifty years, in either before-tax or after-tax terms. Since 1980, after-tax corporate profits have increased more than 50 percent as a share of GDP, from about 6 percent of GDP to over 9 percent of GDP.

20. Treasury economists calculate that the fraction of the corporate tax base that is excess returns averaged 60 percent from 1992 to 2002, but has since increased to about 75 percent over the period 2003–2013. See Laura Power and Austin Frerick, "Have Excess Returns to Corporations Been Increasing Over Time?" *National Tax Journal* 69:4 (2016), 831–846.

21. For a discussion of the evidence, see David Autor, David Dorn, Lawrence F. Katz, Christina Patterson, and John Van Reenen, "Concentrating on the Fall of the Labor Share," *American Economic Review: Papers & Proceedings 2017*, 107:5, 180–185.

第四章　贸易政治和贸易政策

1. See Christian Broda and David E. Weinstein, "Globalization and the Gains from Variety," *Quarterly Journal of Economics* 121:2 (2006), 541–585; Shalah M. Mostashari, "Expanding Variety of Goods Underscores Battle for Comparative Advantage," *Economic Letter, Federal Reserve Bank of Dallas,* 5:15 (2010).

2. Gary Clyde Hufbauer, Diane T. Berliner, and Kimberly Ann Elliott, *Trade Protection in the United States: 31 Case Studies*, Washington: Peterson Institute for International Economics, 1986.

3. See Gary Clyde Hufbauer and Sean Lowry, "US Tire Tariffs: Saving Few Jobs at High Cost," Policy Brief PB 12-9, Peterson Institute for International Economics, 2012.

4. See Edward Gresser, "Toughest on the Poor: America's Flawed Tariff System Comment," *Foreign Affairs* 81:6 (2002): 9–14.

5. See Pablo D. Fajgelbaum and Amit K. Khandelwal, "Measuring the Unequal Gains from Trade," *The Quarterly Journal of Economics* 131:3 (2016): 1113–1180.

6. See Jason Furman, Katheryn Russ, and Jay Shambaugh, "US Tariffs Are an Arbitrary and Regressive Tax," *VoxEU.org.* January 12, 2017.

7. See J. Bradford DeLong, "NAFTA and Other Trade Deals Have Not Gutted American Manufacturing—Period," *Vox*, January 24, 2017.

8. See M. Angeles Villarreal and Ian F. Fergusson, "The North American Free Trade Agreement (NAFTA)," R42965, Congressional Research Service, April 16, 2015; Gary Clyde Hufbauer, Cathleen Cimino, and Tyler Moran, "NAFTA at 20: Misleading Charges and Positive Achievements," PB 14-13, Peterson Institute for International Economics, 2014.

9. For one example, see Andrew K. Rose, "Do We Really Know That the WTO Increases Trade?," *The American Economic Review* 94:1 (2004): 98–114.

10. Andrew Rose, the author of the WTO study, notes that countries' desire to join the "club" may affect trade in prior years in a manner akin to how the author's child gained access to an airport lounge based on good behavior ahead of time. Once they are in, there is no longer any incentive to behave well; it is prior to joining that behavior improves.

11. The European Union is integrated in many ways that go further and deeper than a mere customs union. For instance, there are agreements es-

tablishing a single market, allowing free labor mobility, and adopting a common currency. The adoption of the Euro is considered by many economists to have been a step too far in terms of economic integration, since it is unclear that Euro member countries were well suited to share one monetary policy. For a review of some of the related troubles, see Joseph E. Stiglitz, *The Euro: How a Common Currency Threatens the Future of Europe* (New York: W. W. Norton & Company, 2016).

12. Under a free trade agreement (FTA), members are free to determine their own trade policies on other (non-member) nations independently. This necessitates rules of origin—that is, agreed criteria to assign nationality to products, since goods are often transshipped from a country outside the FTA to a member country through another member country.

13. WTO members generally agree to treat other members as "most favored nations," so they are not allowed to single out particular members for more or less advantageous trade treatment. There are, however, various exceptions, including provisions that allow free trade agreements so long as all trade among members of such agreements is completely liberalized.

第五章　谁惧怕贸易赤字？

1. Figure 5.1 shows the current account balance, which is a broader measure than the simple balance of traded goods and services. It also includes investment income, which can be loosely thought of as trade in the services of financial capital, and net international transfers such as foreign aid.

2. Such tariffs sometimes result from "antidumping" disputes, for example, which accuse foreign exporters of selling goods abroad at prices lower than what their domestic customers pay. These disputes are often protectionist moves in disguise, as dumping rulings typically have little to do with whether the foreign firm engaged in predatory pricing practices. See Douglas A. Irwin, *Free Trade under Fire: Fourth Edition.* (Princeton: Princeton University Press, 2015), 164–194.

3. See, as one example, the meta-analysis by Ross Levine and David Renelt. "A Sensitivity Analysis of Cross-Country Growth Regressions," *American Economic Review* 82:4 (1992): 942–963.

4. See "China and Currency Manipulation," *Economist.* March 2, 2017; and Eduardo Porter, "Trump Isn't Wrong on China Currency Manipulation, Just Late," *New York Times*, April 11, 2017.

5. 529 plans are so called because they are authorized by Section 529 of the Internal Revenue Code; likewise, 401K plans are named for the subsection that describes them.

6. Governments, like individuals, would be wiser to finance investments with their borrowings than to spend on greater consumption. A person who takes out a student loan, for example, may spend more than he or she earns while in school, but the investment in education typically yields greater income in the years that follow. The person who goes into debt throwing lavish parties, by contrast, does not typically benefit from financial returns later.

第六章　全球贸易中的跨国公司

1. Indeed, if one goes back to the East India Company (1600–1874) or the Hudson Bay Company (1670–), one finds two companies with extraordinary market power and control over international trade. In the *Inquiry into the Nature and Causes of the Wealth of Nations*, Adam Smith persistently critiques the market power of large businesses, and expresses dismay at the role of the state in sponsoring and facilitating their market power. For example, Smith argues: "To widen the market and to narrow the competition, is always the interest of the dealers . . . . The proposal of any new law or regulation of commerce which comes from this order, ought always to be listened to with great precaution, and ought never to be adopted till after having been long and carefully examined, not only with the most scrupulous, but with the most suspicious attention. It comes from an order of men, whose interest is never exactly the same with that of the public, who have generally an interest to deceive and even oppress the public, and who accordingly have, upon many occasions, both deceived and oppressed it."

2. All data on multinational operations are from the US Bureau of Economic Analysis. As in Figure 7.1, GDP numbers are provided to give an indication of scale, not to imply that sales of different parties would add up to GDP. GDP is a value-added concept, whereas sales are not.

3. While multinational companies perform the vast majority of trade by volume, about 97 percent of the companies that export are small companies with fewer than five hundred employees. However, the 3 percent of companies that export that are large are doing the vast majority of trade. For more discussion of the role of small companies in trade, see Patrick Delehanty, "Small Businesses Key Players in International Trade," Office of Advocacy

Issue Brief No. 11, Small Business Administration, December 1, 2015, https://www.sba.gov/sites/default/files/advocacy/Issue-Brief-11-Small-Biz-Key-Players-International-Trade.pdf

4. See studies and data cited within Andrew B. Bernard, J. Bradford Jensen, Stephen J. Redding, and Peter K. Schott, "Global Firms," Working Paper 22727, NBER Working Papers, National Bureau of Economic Research, 2016.

5. Mihir A. Desai, "The Decentering of the Global Firm," *World Economy* 32:9 (2009): 1271–1290.

6. "How Much of Your Car Is Made in America," *Consumer Reports News*, June 15, 2011, https://www.consumerreports.org/cro/news/2011/06/how-much-of-your-car-is-made-in-america/index.htm.

7. "Trade in Value Added," TiVA Indicators database, Organisation for Economic Co-operation and Development (OECD), http://www.oecd.org/industry/ind/measuringtradeinvalue-addedanoecd-wtojointinitiative.htm.

8. Richard Dobbs, Tim Koller, Sree Ramaswamy, Jonathan Woetzel, James Manyika, Rohit Krishnan, and Andreula Nicolo, "The New Global Competition for Corporate Profits," *McKinsey Global Institute*, September 2015. Beyond these measures, the problem may be even larger due to the common ownership patterns of large firms. For discussions of the implications of common ownership, see Jose Azar, Martin C. Schmalz, and Isabel Tecu, "Anticompetitive Effects of Common Ownership," *Journal of Finance*, 73:4 (2018); Jose Azar, Sahil Raina, and Martin C. Schmalz, "Ultimate Ownership and Bank Competition," CEPR Working Paper, July 2016.

9. For an overview of the data describing these trends and a discussion of their implications, see Jason Furman and Peter Orszag, "A Firm-Level Perspective on the Role of Rents in the Rise in Inequality," presented at "A Just Society" Centennial Event in Honor of Joseph Stiglitz, Columbia University, October 16, 2015.

10. US Treasury Department economists calculate that the fraction of the corporate tax base that is excess returns averaged 60 percent from 1992 to 2002, but has since increased to about 75 percent over the period 2003–2013. Laura Power and Austin Frerick, "Have Excess Returns to Corporations Been Increasing Over Time?" *National Tax Journal* 69:4 (2016): 831–846.

11. David Autor, David Dorn, Lawrence F, Katz, Christina Patterson, and John Van Reenen, "Concentrating on the Fall of the Labor Share," Working

Paper 23108, NBER Working Papers, National Bureau of Economic Research, 2017; David Autor, David Dorn, Lawrence F. Katz, Christina Patterson, and John Van Reenen, "The Fall of the Labor Share and the Rise of Superstar Firms," Discussion Paper 1482, CEP Discussion Papers, Centre for Economic Performance, 2017.

12. Over the previous thirty years, corporate savings have increased their share of total global savings by about twenty percentage points. See Loukas Karabarbounis and Brent Neiman, "Declining Labor Shares and the Global Rise of Corporate Saving," Working Paper 18154, NBER Working Papers, National Bureau of Economic Research, 2012.

13. Yet, the typical firm is not more profitable; the highly successful companies at the top of the distribution drive these trends.

14. See Germán Gutiérrez and Thomas Philippon, "Investment-Less Growth: An Empirical Investigation," Working Paper 22897, NBER Working Papers, National Bureau of Economic Research, 2016.

15. On the savings glut, see: Ben S. Bernanke, "Why Are Interest Rates so Low, Part 3: The Global Savings Glut," *Brookings*, April 1, 2015, https://www.brookings.edu/blog/ben-bernanke/2015/04/01/why-are-interest-rates-so-low-part-3-the-global-savings-glut/. On secular stagnation, see Lawrence H. Summers, "Secular Stagnation and Monetary Policy," *Federal Reserve Bank of St. Louis* 98:2 (2016), 93–110.

16. See David Weil, *The Fissured Workplace: Why Work Became So Bad for So Many and What Can Be Done to Improve It* (Cambridge, MA: Harvard University Press, 2014).

17. Furman and Orszag, "A Firm-Level Perspective." Firms with market power do not generate optimal outcomes for pricing, capital allocation, or labor mobility, unlike their perfectly competitive counterparts.

18. Furman and Orszag, "A Firm-Level Perspective."

19. US Treasury data indicate that the top 5 percent of taxpayers receive 65 percent of dividends and 80 percent of long-term capital gains. See Tax Policy Center, "Distribution of Long-Term Capital Gains and Qualified Dividends by Cash Income Percentile, 2017," Tax Policy Center T17-0082, March 21, 2017.

20. Opinions differ within the profession regarding whether high CEO pay is merely a reflection of very high productivity. For a review of studies that argue in both directions, see James Kwak, *Economism: Bad Economics and the Rise of Inequality* (New York: Pantheon Books,

2017), 80.

21. Thomas Akabzaa, "African Mining Codes, a Race to the Bottom," *African Agenda* 7:3 (2004): 62–63; Enrico Carisch, "Conflict Gold to Criminal Gold," Open Society Initiative of Southern Africa (OSISA), November 13, 2012; Mark Olalde, "The Haunting Legacy of South Africa's Gold Mines," *Yale Environment 360*, November 12, 2015.

22. For a thorough discussion of this example, see Elizabeth R. DeSombre, *Flagging Standards* (Cambridge, MA: MIT Press, 2006).

23. A rigorous empirical investigation confirms that employment and other real measures of multinational activity are less negatively correlated with tax rates across countries, when controlling for other variables, than are profits or financial measures. See Kimberly Clausing, "The Nature and Practice of Capital Tax Competition" *Global Tax Governance* (Colchester, UK: ECPR Press, 2016), 27–54.

24. This is the share of total net income earned by foreign US multinational firm affiliates that was booked in Bermuda. Data are from the US Bureau of Economic Analysis surveys of US multinational companies. For data on the Ohio State study body, see "Ohio State University Statistical Summary," https://www.osu.edu/osutoday/stuinfo.php.

25. Indeed, this comparison understates the likely magnitude of the problem, since the measurement of GDP in Bermuda is likely distorted by tax avoidance and the huge amounts of "paper profits" that are booked in Bermuda. In 2014, Bermudan GDP was $5.9 billion, implying an implausibly high GDP per capita of about $91,500.

26. While law requires companies to price such transactions as if they were occurring at "arm's length" with unrelated entities, in practice these laws are difficult to enforce, as there is often substantial ambiguity regarding the true arm's-length price. Evidence of tax-motivated transfer pricing is substantial; see Kimberly Clausing, "Tax-Motivated Transfer Pricing and US Intrafirm Trade Prices," *Journal of Public Economics* 87:9 (2003), 2207–2223; Kimberly Clausing, "International Tax Avoidance US International Trade," *National Tax Journal* 59:2 (2006), 269–287.

27. For examples of press coverage, see articles on tax avoidance by Jesse Drucker, including "Google 2.4% Rate Shows How $60 Billion Is Lost to Tax Loopholes," Bloomberg, October 21, 2010, https://www.bloomberg.com/news/articles/2010-10-21/google-2-4-rate-shows-how-60-billion-u-s-revenue-lost-to-tax-loopholes. For a seminal treatment of the larger problem,

revenue-lost-to-tax-loopholes. For a seminal treatment of the larger problem, see Edward D. Kleinbard, "The Lessons of Stateless Income," *Tax Law Review* 65:1 (2011), 99–171.

28. See Kimberly Clausing, "The Effect of Profit Shifting on the Corporate Tax Base in the United States and Beyond," *National Tax Journal* 69:4 (2016): 905–934. The numbers in the text reflect some extrapolation to the present year from estimates for 2012, which were $77 to $111 billion in revenue loss for the United States, and about $280 billion in revenue loss for non-haven countries, including the United States.

29. Related issues will be discussed in greater detail in Chapter 8.

30. Office of the US Trade Representative, "Transatlantic Trade and Investment Partnership (T-TIP)," September 28, 2017.

31. The agreement was reached in October 2016; it must still be approved by parliaments before implementation. For details regarding the agreement, see "CETA Chapter by Chapter," *Trade—European Commission*, September 28, 2017, http://ec.europa.eu/trade/policy/in-focus/ceta/ceta-chapter-by-chapter/.

32. Environmental issues present a classic example of market failure. Without government intervention, the market will produce too much of goods that cause environmental harms, since neither the producer nor consumer of harmful products bear the full social cost of their production. This means governments must intervene to discourage the production of goods that generate environmental harms, either by taxing the harm directly (for example, a tax on pollutant emissions) or by implementing regulatory policies that seek the same aim.

33. See Eric V. Edmonds and Nina Pavcnik, "International Trade and Child Labor: Cross-Country Evidence," *Journal of International Economics* 68:1 (2006), 115–140; ILO, "The End of Child Labour: Within Reach," Report, International Labour Organization, 2006.

34. PPP numbers adjust for price differences across countries. Such data make the United States a smaller share of the world economy since price levels are lower in most developing countries. For example, India's economy is much larger in terms of PPP than in terms of USD, since a dollar of income can buy more goods and services in India than in the United States.

35. For example, the Pfizer-Allergan inversion deal was scuttled due to the Treasury inversion regulations, although there is talk of possible revival given the changing regulatory climate in the Trump Administration.

36. Kimberly Clausing, "Corporate Inversions," Tax Policy Center; Urban Institute and Brookings Institution, August 20, 2014.

37. The official title of the law is Public Law 115-97.

38. The US tax base is notoriously narrow and there is a preference in the US tax code for noncorporate business structures. There are also important distortions within the corporate tax code. For example, debt-financed investments are tax-favored relative to equity-financed investments. By providing an incentive to increase leverage, this creates financial vulnerability for the US economy. For more, see Kimberly A. Clausing, "Strengthening the Indispensable US Corporate Tax," Working Paper, Washington Center for Equitable Growth, September 12, 2016.

39. Only about 30 percent of US equity income is taxable at the individual level by the US government, in part due to tax-free treatment for most income earned in retirement accounts, pensions, college savings accounts, and non-profits. Also, the corporate tax is a "backstop" for the individual tax; without a corporate tax, the corporate form becomes a tax shelter. See Leonard E. Burman, Kimberly A. Clausing, and Lydia Austin, "Is US Corporate Income Double-Taxed?" *National Tax Journal* 70:3 (2017): 675–706.

40. For a thorough treatment of the burden of the corporate tax, see Kimberly A. Clausing, "In Search of Corporate Tax Incidence," *Tax Law Review* 65:3 (2012), 433–472.

41. Double taxation is avoided by providing foreign tax credits for taxes paid to foreign governments. Still, foreign tax credits will be very small for income earned in tax havens since so little foreign tax is paid.

42. A per-country minimum tax especially reduces the incentive to earn income in tax havens. A global minimum tax may perversely encourage foreign income in both high- and low- tax (haven) foreign countries relative to income earned in the United States, since high-tax foreign income can offset minimum tax due on haven income.

43. An astounding 82 percent of profit shifting occurs with respect to seven havens with effective tax rates lower than 5 percent. See Clausing, "The Effect of Profit Shifting."

44. Corporate inversions occur when companies are driven by tax considerations to rearrange their organizational structure to move their headquarters overseas on paper. An exit tax would require such corporations to pay their tax due before expatriating. For more on inversions, see Kimberly

Clausing, "Corporate Inversions," Tax Policy Center; Urban Institute and Brookings Institution, August 20, 2014.

45. It would also necessitate rules to help establish corporate residence. The anti-inversion laws suggested in Clausing, "Corporate Inversions," would be a useful step in that direction.

46. Multinational companies exist because they earn more working together as one commonly-owned global company than they would if they were separate domestic companies operating at arms' length. Yet, where should this extra income be booked? In some respects, it has no true national source, since it is the global integration of business activity that generates the additional income.

47. A thorough discussion of such proposals is provided in Reuven S. Avi-Yonah and Kimberly A. Clausing, "Reforming Corporate Taxation in a Global Economy: A Proposal To Adopt Formulary Apportionment" in *Path to Prosperity: Hamilton Project Ideas on Income Security, Education, and Taxes* (Washington: Brookings Institution Press, 2008), 319–344; Reuven S. Avi-Yonah, Kimberly A. Clausing, and Michael C. Durst, "Allocating Business Profits for Tax Purposes: A Proposal to Adopt a Formulary Profit Split," *Florida Tax Review* 9:5 (2009), 497–553.

48. See Kimberly A. Clausing, "The US State Experience under Formulary Apportionment: Are There Lessons for International Reform?" *National Tax Journal* 69:2 (2016), 353–385. For more on implementation details, see Michael C. Durst, *A Formulary System for Dividing Income among Taxing Jurisdictions*, Bloomberg BNA Tax Management Portfolio No. 6938 (2015), https://www.bna.com/formulary-system-dividing-p73014475964/.

49. For a more detailed treatment of these issues, see Clausing, "Strengthening the Indispensable US Corporate Tax."

第七章 移民为什么会成为问题？

1. At a key point in the musical, as Alexander Hamilton fights the Revolutionary War alongside Marquis de Lafayette, they turn to each other and exclaim, "Immigrants, we get the job done!" This line forms the basis of an excellent song on *The Hamilton Mixtape*, an album released in December 2016 by the brilliant creator of the Hamilton musical, Lin-Manuel Miranda.

2. In recent decades, much evidence indicates that American economic mobility is no greater than that of other countries. The narrative of the American dream, however, lives on.

3. This figure includes both legal and undocumented migrants.

4. For an example from Germany, see "Startup-Kultur: Immigrants Are Bringing Entrepreneurial Flair to Germany," *Economist*, February 4, 2017.

5. The Partnership for a New American Economy and the Partnership for New York City, "Not Coming to America," May 22, 2012. Together, immigrants and their children are nearly one in four Americans. See Francine Blau and Christopher Mackie, eds. *The Economic and Fiscal Consequences of Immigration.* National Academy of Sciences, Engineering and Medicine Panel Report. September 2016.

6. Information is for the 87 U.S. startup companies valued at over $1 billion (as of January 1, 2016) that are not yet publicly traded and that are tracked by The Wall Street Journal and Dow Jones VentureSource. See Stuart Anderson "Immigrants and Billion Dollar Startups," Policy Brief, National Foundation for American Policy, 2016.

7. Stuart Anderson, *American Made 2.0: How Immigrant Entrepreneurs Continue to Contribute to the US Economy,* National Venture Capital Association, July 2013.

8. Rachel Massaro, "2016 Silicon Valley Index," Institute for Regional Studies, 2016.

9. Ethan Lewis and Giovanni Peri, "Immigration and the Economy of Cities and Regions," In *Handbook of Regional and Urban Economics Volume 5* (New York: Elsevier, 2015), 625–685.

10. For evidence on higher patent rates, see Jennifer Hunt and Marjolaine Gauthier-Loiselle, "How Much Does Immigration Boost Innovation?" *American Economic Journal: Macroeconomics.* 2:2 (2010), 31–56. For evidence on greater innovation in communities with immigrants, see William R. Kerr and William F. Lincoln, "The Supply Side of Innovation: H-1B Visa Reforms and US Ethnic Invention," *Journal of Labor Economics* 28:3 (2010), 473–508. For resulting positive effects on native workers, see Asadul Islam, Faridul Islam, and Chau Nguyen, "Skilled Immigration, Innovation, and the Wages of Native-Born Americans," *Industrial Relations: A Journal of Economy and Society* 56:3 (2017): 459–488.

11. The number for economics is 58 percent. For data, see "Table 21: Graduate

students in science, engineering, and health in all institutions, by detailed field, citizenship, ethnicity, and race: 2015," National Science Foundation. "Survey of Graduate Students and Postdoctorates in Science and Engineering, Fall 2015," https://ncsesdata.nsf.gov/datatables/gradpostdoc/2015/html/GSS2015_DST_21.html.

12. Giovanni Peri, Kevin Shih, and Chad Sparber, "STEM Workers, H-1B Visas, and Productivity in US Cities," *Journal of Labor Economics* 33:S1 (2015): S225–S255.

13. Seth Stephens-Davidowitz, *Everybody Lies: Big Data, New Data, and What the Internet Can Tell Us About Who We Really Are.* (New York: HarperCollins, 2017), 184–185.

14. Sari Pekkala Kerr, William Kerr, Çağlar Özden, and Christopher Parsons, "Global Talent Flows," *Journal of Economic Perspectives* 30:4 (2016), 83–106: 87.

15. These trends also hold for immigrants in other rich countries. See "Six Degrees and Separation: Immigrants to America Are Better Educated than Ever Before," *Economist*, June 8, 2017; and Jeanne Batalova and Michael Fix, "New Brain Gain: Rising Human Capital among Recent Immigrants to the United States," Fact Sheet. Migration Policy Institute, 2017.

16. Blau and Mackie, *The Economic and Fiscal Consequences*, 243.

17. There is substantial evidence that immigrant diversity enhances measures of economic prosperity. Alberto Alesina, Johann Harnoss, and Hillel Rapoport, "Birthplace Diversity and Economic Prosperity," *Journal of Economic Growth* 21:2 (2016): 101–138.

18. Lewis and Peri. "Immigration."

19. For a review of studies and evidence on these points, see Blau and Mackie, *The Economic and Fiscal Consequences*, chapter 6.

20. Gustavo López and Kristen Bialik, "Key Findings about US Immigrants," *Pew Research Center*, May 3, 2017.

21. In 2015, this excluded natives of the following countries: Bangladesh, Brazil, Canada, China (mainland-born, excluding Hong Kong SAR and Taiwan), Columbia, Dominican Republic, Ecuador, El Salvador, Haiti, India, Jamaica, Mexico, Nigeria, Pakistan, Peru, The Philippines, South Korea, United Kingdom (except Northern Ireland) and its dependent territories, and Vietnam. See "Diversity Visa Lottery Results," USA Diversity Lottery, http://www.usadiversitylottery.com/diversity-visa-lottery-results/

dv2015-result.php.

22. Michael A. Clemens, Claudio E. Montenegro, and Lant Pritchett, "The Place Premium: Wage Differences for Identical Workers Across the US Border," SDT Working Paper Series 321, Universidad de Chile, 2010.

23. Dani Rodrik, "Is Global Equality the Enemy of National Equality?" SSRN Scholarly Paper, Social Science Research Network, 2017, 7.

24. Michael A. Clemens, "Economics and Emigration: Trillion-Dollar Bills on the Sidewalk?" *Journal of Economic Perspectives* 25:3 (2011), 83–106. See also John Kennan, "Open Borders," *Review of Economic Dynamics* 16:2 (2013), L1–L13.

25. Peri, "Immigrants, Productivity"; Blau and Mackie, *The Economic and Fiscal Consequences.*

26. For examples of studies with this conclusion, see George J. Borjas, Jeffrey Grogger, and Gordon H. Hanson, "Immigration and the Economic Status of African-American Men," *Economica* 77:306 (2010), 255–282; and George J. Borjas, Jeffrey Grogger, and Gordon H. Hanson, "Substitution Between Immigrants, Natives, and Skill Groups," Working Paper 17461. NBER Working Papers. National Bureau of Economic Research, 2011.

27. See Giovanni Peri, "Immigrants, Productivity, and Labor Markets," *Journal of Economic Perspectives* 30:4 (2016), 3–30; and Blau and Mackie, *The Economic and Fiscal Consequences*, for overviews of studies that consider the labor market effects of immigrants on wages and employment. Employment effects are generally small, and where they are negative, the adverse consequences are confined to hours worked (rather than employment rates) of native teens and employment of prior immigrants.

28. As one example, see Islam, Islam, and Nguyen, "Skilled Immigration."

29. Immigrants were even more concentrated in the top five cities in 1990–2000, with about half of all migrants in New York, Miami, Los Angeles, Chicago, and San Francisco. See William H. Frey, "Where Immigrant Growth Matters Most," *Brookings*, May, 2017.

30. Lisa Christensen Gee, Matthew Gardner, and Meg Wiehe, "Undocumented Immigrants' State & Local Tax Contributions," The Institute on Taxation & Economic Policy, 2016.

31. For an overview of the evidence on this question, see Blau and Mackie, *The Economic and Fiscal Consequences.*

32. Data are from the US Census.

33. Data are from the US Census.

34. Yet fears of terrorism by refugee immigrants border on the absurd; over the period 1975 to 2015, "the annual chance of an American being killed in a terrorist attack committed on U.S. soil by a refugee was one in 3.6 billion." See Nowrasteh, Alex. 2017. "Syrian Refugees and the Precautionary Principle." *Cato Institute*. January 28.

35. J. R. Clark, Robert Lawson, Alex Nowrasteh, Benjamin Powell, and Ryan Murphy, "Does Immigration Impact Institutions?" *Public Choice* 163:3-4 (2015): 321–335.

36. Muzaffar Chrishti and Michelle Mittelstadt, "Unauthorized Immigrants with Criminal Convictions: Who Might Be a Priority for Removal?" *Migrationpolicy.org*. November 2016; Vivian Yee, "Here's the Reality about Illegal Immigrants in the United States," *New York Times*, March 6, 2017.

37. National Academies of Sciences, Engineering, and Medicine, Division of Behavioral and Social Sciences and Education, Committee on Population, *The Integration of Immigrants into American Society*. National Academies Press, 2016.

38. Keith Head and John Ries, "Immigration and Trade Creation: Econometric Evidence from Canada," *The Canadian Journal of Economics / Revue Canadienne d'Economique* 31:1 (1998), 47–62; Sourafel Girma and Zhihao Yu, "The Link between Immigration and Trade: Evidence from the United Kingdom," *Weltwirtschaftliches Archiv* 138:1 (2002): 115–130.

39. Kerr et al., "Global Talent Flows," 95.

40. Facts for India are from the US Census and the World Bank. Facts for Mexico are from The Pew Research Center, Global Attitudes and Trends, and the World Bank.

41. Michael A. Clemens, "Do Visas Kill? Health Effects of African Health Professional Emigration," Working Paper 114, Center for Global Development, 2007.

42. John Gibson and David McKenzie, "Eight Questions about Brain Drain," *Journal of Economic Perspectives* 25:3 (2011), 107–128: 135.

43. There is a possible two-year extension for STEM (science, technology, engineering, and mathematics) students.

44. A 2015 survey found that 48 percent of international doctoral STEM

(science, technology, engineering, and mathematics) students want to stay in the United States after graduation, with 40.5 percent undecided and 12 percent wanting to leave. Those who planned to return home cited family as an important motivator. See Xueying Han and Richard P. Appelbaum, "Will They Stay or Will They Go?: International STEM Students Are Up for Grabs," Ewing Marion Kauffman Foundation, 2016.

45. For a discussion of recent aspects of this problem, see Deanne Fitzmaurice and Katie Benner, "Meet the Foreign Tech Workers Left in Limbo by Trump," *New York Times*, April 19, 2017.

46. Moni Basu, "Why the Highly Coveted Visa That Changed My Life Is Now Reviled in America," *CNN.com*. June 4, 2017.

47. William A. Kandel, "US Family-Based Immigration Policy," R43145, Congressional Research Service, February 9, 2018.

48. Presently, the largest sources of refugee migrants to the United States are the Democratic Republic of Congo, Syria, Burma, and Iraq. Gustavo Lopez and Kristin Bialik, "Key Findings about US Immigrants," Pew Research Center. May 3, 2017.

49. There is no single number that would be ideal here. Thirty percent is an increase that could be handled without creating undue stress to our infrastructure or to state and local budgets. Completely open borders are not realistic, or even desirable, but there is certainly a strong case for more immigration.

50. William N. Evans and Daniel Fitzgerald, "The Economic and Social Outcomes of Refugees in the United States: Evidence from the ACS," NBER Working Paper 23498, June 2017.

51. Lopez and Bialik, "Key Findings."

52. While tough enforcement may have contributed to these trends, the dominant reason that migrants have returned home is family reunification. Rising standards of living in Mexico may have also played a role. See Ana Gonzalez-Barrera, "More Mexicans Leaving than Coming to the US," *Pew Research Center's Hispanic Trends Project*. November 19, 2015.

53. An electronic employment verification system could be effective. For statistics on the relative size of border-control spending, see Council of Economic Advisers, *Economic Report of the President* (Washington DC: United States Government Printing Office, 2013), 152.

54. See Robert Warren and Donald Kerwin, "The 2,000 Mile Wall in Search of a Purpose: Since 2007 Visa Overstays have Outnumbered Undocumented Border Crossers by a Half Million," *Journal on Migration and Human Security* 5:1 (2017), 124-136.

55. Congressional Budget Office, *Senate Amendment 1150 to S. 1348, the Comprehensive Immigration Reform Act of 2007,* June 4, 2007.

第八章 让普通劳动者真正受益

1. Of course, countries often have different preferences about the optimal tax rate or level of regulation, and cooperation need not involve harmonization. Cooperation can, however, help countries avoid some of the harmful aspects of tax and regulatory competition.

2. Milton Friedman argued for a negative income tax similar to the Earned Income Tax Credit (EITC), and such proposals are also popular with thinkers on the left. Both House GOP Speaker Paul Ryan and President Barack Obama have supported expanding the EITC. While design issues are important, the EITC is a deservedly popular tool for fighting poverty.

3. In theory, a net positive inducement to work requires that the work-encouraging effect of the tax credit (the substitution effect) prevail over the desire to work less due to higher incomes (the income effect). For workers in this economic group, this is likely. There are also possible adverse effects due to the phase-out of the tax credit at higher incomes.

4. Trade adjustment programs include various types of assistance, including training benefits, job search allowances, relocation allowances, and health tax credits.

5. The Congressional Budget Office has estimated that the repeal of the individual mandate will mean that 13 million fewer Americans will be insured by 2027. Insurance premiums are likely to rise for others, since healthy individuals are more likely to opt out of buying insurance. The repeal was enacted as part of tax legislation, known as the Tax Cuts and Jobs Act (TCJA), to save $314 billion (over ten years) that would otherwise have gone to subsidize the premiums of people legally required by the Affordable Care Act (ACA) to have insurance but unable to afford it. This weakens the entire structure of the ACA. See Congressional Budget Office, *Repealing the Individual Health Insurance Mandate: An Updated Estimate*, November 8, 2017.

6. The 2008 financial crisis was caused in part by insufficient financial regulation, leading to hazardous lending practices and large systemic risks that endangered the economy. In response, Congress passed the Dodd-Frank Wall Street Reform and Consumer Protection Act in 2010. Among other things, this legislation established the Consumer Financial Protection Bureau (CFPB), the first financial agency specifically tasked with looking out for consumers' interests. The CFPB's straightforward mandate—to give consumers the tools they need to achieve financial success and stability—has kept its staff busy. For example, in January 2017, the CFPB found that two of the three major credit-reporting agencies, Equifax and Transunion, engaged in deceptive marketing practices, and demanded that Equifax and Transunion pay more than $23 million to their victims. Yet the goals of the CFPB are in danger. Congress has recently revisited many key components of Dodd-Frank, including the requirement that compels retirement advisers to value their clients' interests above their own.

7. See James Feyrer and Bruce Sacerdote, "How Much Would US Style Fiscal Integration Buffer European Unemployment and Income Shocks? (A Comparative Empirical Analysis)," *The American Economic Review* 103:3 (2013), 125–28; and Xavier Sala-i-Martin and Jeffrey Sachs, "Fiscal Federalism and Optimum Currency Areas: Evidence for Europe from the United States," Working Paper 3855, NBER Working Papers, National Bureau of Economic Research, 1991.

8. About 43 percent of American children live in low-income households; providing these children with care and resources can counteract some of poverty's negative health and life outcomes. Education and adult-income outcomes are substantially better for people who were enrolled in high-quality care as children than for those who received lower-quality care or stayed at home. See https://heckmanequation.org/resource/13-roi-toolbox/ for an overview of this research area. Also see Jorge Luis García, James J. Heckman, Duncan Ermini Leaf, and María José Prados, "Quantifying the Life-Cycle Benefits of a Prototypical Early Childhood Program," Working Paper 23479, NBER Working Papers, National Bureau of Economic Research, 2017.

9. In 1980, federal civilian R&D spending was about 1.2 percent of GDP. In 2015, it was only 0.8 percent of GDP. For a discussion, see Jeffrey D. Sachs, *Building the New American Economy: Smart, Fair, and Sustainable* (New York: Columbia University Press, 2017), Chapter 2.

10. M. Ishaq Nadiri and Theofanis P. Mamuneas, "The Effects of Public In-

frastructure and R&D Capital on the Cost Structure and Performance of US Manufacturing Industries," *The Review of Economics and Statistics* 76:1 (1994), 22–37.

11. Chris Buckley, "China's New Bridges: Rising High, But Buried in Debt," *New York Times,* June 10, 2017.

12. Unfortunately, recent tax legislation—known the Tax Cuts and Jobs Act—violates this principle. TCJA will increase deficits by about $1.5 trillion over the coming ten-year period, at a time when the economy is already at, or perhaps beyond, full employment. As the legislation was passed in December 2017, the unemployment rate was 4.1 percent.

13. These facts are based on 2014 data from the US Bureau of Economic Analysis survey of US multinational companies and their affiliates abroad.

第九章　更加合理的税收政策

1. The official title of the law is Public Law 115-97.

2. Raj Chetty, David Grusky, Maximilian Hell, Nathaniel Hendren, Robert Manduca, and Jimmy Narang, "The Fading American Dream: Trends in Absolute Income Mobility since 1940," *Science* 356 (6336) (2017), 398–406.

3. Data are from 2012. Sources can be found at https://www.irs.gov/uac/soi-tax-stats-individual-statistical-tables-by-tax-rate-and-income-percentile and http://www.taxpolicycenter.org/model-estimates/distribution-capital-gains-and-qualified-dividends/distribution-long-term-capital-2.

4. See Juan Carlos Conesa, Sagiri Kitao, and Dirk Krueger, "Taxing Capital? Not a Bad Idea after All!" *American Economic Review* 99:1 (2009), 25–48; Peter Diamond and Emmanuel Saez, "The Case for a Progressive Tax: From Basic Research to Policy Recommendations," *Journal of Economic Perspectives* 25:4 (2011), 165–190; Emmanuel Farhi, Christopher Sleet, Iván Werning, and Sevin Yeltekin, "Non-Linear Capital Taxation Without Commitment," *The Review of Economic Studies* 79:4 (2012), 1469–1493; Thomas Piketty and Emmanuel Saez, "A Theory of Optimal Capital Taxation," Working Paper 17989, NBER Working Papers, National Bureau of Economic Research, 2012; Thomas Piketty and Emmanuel Saez, "A Theory of Optimal Inheritance Taxation," *Econometrica* 81:5 (2013), 1851–1886.

5. In recent years, there was a large preference for pass-through income relative to corporate income for domestic companies. A key study shows that the US government likely loses substantial revenue due to the favorable treatment of noncorporate business income, which has increased the share of business income that is more lightly taxed. If the corporate share of business income had remained constant in recent years, the US government would have over $100 billion additional revenue from the taxation of business income. See Michael Cooper, John McClelland, James Pearce, Richard Prisinzano, Joseph Sullivan, Danny Yagan, Owen Zidar, and Eric Zwick, "Business in the United States: Who Owns It, and How Much Tax Do They Pay?" *Tax Policy and the Economy*, 30:1 (2016), 91–128. The TCJA may have changed that relative preference, since the statutory corporate tax rate was cut dramatically, from 35 percent to 21 percent. However, there are also new preferences for pass-through income, as many pass-through business owners are allowed to deduct 20 percent of their qualified business income.

6. In recent years, our business tax system subsidized debt-financed investments and may have taxed equity-financed investments twice. One option for reform is to exempt the "normal" return to capital at the business level by allowing immediate expensing of investment purchases and removing the deductibility of interest expense; this would treat different types of investment the same. Since most of the corporate tax base is "excess" returns to capital, and the normal returns to capital would still be taxed at the individual level, this favorable treatment of the normal return to capital may have a smaller impact on the tax base than one might think. US Treasury Department economists calculate that the fraction of the corporate tax base that is excess returns was about 75 percent over the period 2003–2013. See Laura Power and Austin Frerick, "Have Excess Returns to Corporations Been Increasing Over Time?" *National Tax Journal* 69:4 (2016), 831–846. However, it is important to note that the vast majority of US equity income is not taxed at the individual level by the US government. See Leonard E. Burman, Kimberly A. Clausing, and Lydia Austin, 2017, "Is US Corporate Income Double-Taxed?" *National Tax Journal* 70 (3), 675–706. Thus, some taxation of the normal return to capital at the corporate level is likely justified. Also, rethinking some of the tax preferences that shelter capital income from tax at the individual level makes good sense. Options include mark-to-market taxation for high-income individuals, limits on the size of tax-exempt retirement accounts, interest charges for deferred capital gains, and reforms to estate taxation that would eliminate the nontaxation of capital gains due to step-up in basis at death.

7. A foreign tax credit for foreign taxes paid avoids double taxation.

8. Extrapolating to the present year generates larger estimates, but for 2012 estimates, see Kimberly Clausing, "The Effect of Profit Shifting on the Corporate Tax Base in the United States and Beyond," *National Tax Journal* 69:4 (2016), 905–934. For a discussion of stateless income tax planning, see Edward D. Kleinbard, "The Lessons of Stateless Income," *Tax Law Review* 65:1 (2012), 99–171. In many respects, this problem will be worse under the TCJA. The legislation exempts foreign income from taxation, making explicit, and permanent, the tax preference for foreign income. While a minimum tax is meant to reduce profit-shifting to low-tax havens, it still incentivizes income earned abroad relative to that earned in the United States. The first ten percent of return on assets in foreign countries is tax free, and the minimum tax rate is half the US rate. Also, since income earned in high-tax countries can generate foreign tax credits that offset the minimum tax due, the new system makes the United States the least desirable place to book income: both havens and high-tax countries are tax-preferred relative to the United States.

9. Kimberly Clausing, "Corporate Inversions," Tax Policy Center; Urban Institute and Brookings Institution, August 20, 2014.

10. A particularly promising long-term reform option is formulary apportionment of corporate income. Chapter 7 discusses this option further. See also Reuven S. Avi-Yonah and Kimberly A. Clausing, "Reforming Corporate Taxation in a Global Economy: A Proposal to Adopt Formulary Apportionment," In *Path to Prosperity: Hamilton Project Ideas on Income Security, Education, and Taxes* (Washington: Brookings Institution Press, 2008), 319–344. And for details on the US state experience with formulary apportionment, see Kimberly Clausing, "The US State Experience under Formulary Apportionment: Are There Lessons for International Reform?" *National Tax Journal* 69:2 (2016), 353–385.

11. According to the OECD, the cumulative effects of climate change will reduce global annual GDP between 1.0 and 3.3 percent by 2060. Estimates vary due to the impossibility of predetermining the planet's sensitivity to changes in the atmospheric concentration of greenhouse gases. Research done by the US Environmental Protection Agency suggests that efforts to reduce the temperature rise due to climate change could save the US economy hundreds of billions of dollars due to saved lives, and the avoidance of property damage, droughts, flooding, and other costs. See US Environmental Protection Agency, OAR, "Climate Change in the United States: Benefits of Global Action," Report, *US EPA*, April, 2015.

12. This tax rate is lower than many estimates of the tax rate that would cause market participants to find the ideal level of carbon dioxide emissions, but it would be a sizable step in the right direction, and the tax rate could be increased over time. Arguably, the rate should eventually be about twice as high.

13. One option would be to simply refund the revenue from the carbon tax to the population on an equal per-person basis. Although the poor spend a higher *share* of their income on carbon-intensive products than the rich, those with higher incomes pay higher carbon taxes in absolute terms. Thus, refunding the revenue evenly would make the majority of Americans better off, with particularly large benefits for those in the lower half of the income distribution.

14. This does not include the additional costs of servicing the debt. Some "dynamic" estimates suggest the deficit cost will be lower due to higher economic growth, but still greater than $1 trillion. Other dynamic estimates suggest that the growth drag of higher deficits will offset any positive growth effects, so that the overall effect will still be about $1.5 trillion in new deficits. There are also concerns that the new loopholes provided in the legislation will raise deficits beyond these forecasts. See, for example, Reuven Avi-Yonah et al. "The Games They Will Play: An Update on the Conference Committee Bill," Social Science Research Network Working Paper, December 28, 2017.

15. The best source for information on the effects of this legislation is the nonpartisan Tax Policy Center. They estimate the effects on both deficits and distribution. See Tax Policy Center, *Distributional Analysis of the Conference Agreement for the Tax Cuts and Jobs Act*, Report, December 18, 2017; and Benjamin R. Page, Joseph Rosenberg, James R. Nunns, Jeffrey Rohaly, and Daniel Berger, *Macroeconomic Analysis of the Tax Cuts and Jobs Act*, Report, Tax Policy Center, December 20, 2017. Also, the Joint Committee on Taxation website provides the full breakdown of the forecast revenue costs of the bill's provisions. Additional distributional estimates are available from both the Joint Committee on Taxation and the Congressional Budget Office.

16. A nice study on the additional complexity generated by the legislation is provided by thirteen expert tax lawyers: Reuven Avi-Yonah et al. "The Games They Will Play: An Update on the Conference Committee Bill," Social Science Research Network Working Paper, December 28, 2017.

17. This observation is based on JCT revenue estimates of the bill's provisions. The comparison sets aside the revenues associated with the one-time tax on prior unrepatriated earnings. While that provision raises revenue, it represents a tax cut relative to prior law.

18. The overall influence of the legislation on profit shifting is confounded by several conflicting effects. The fact that foreign income is typically exempt from US taxation, even upon repatriation, will increase incentives for profit shifting, but there are also provisions in the legislation that combat profit shifting, including the colorful acronyms GILTI and BEAT. Overall, however, the JCT revenue estimates indicate that the international provisions in the bill lose revenue over ten-years, relative to prior law. (Again, this disregards the revenues from the tax on prior repatriated earnings.)

19. As Barack Obama put it, "The real test is not whether you avoid this failure, because you won't. It's whether you let it harden or shame you into inaction, or whether you learn from it; whether you choose to persevere." Barack Obama, "Our Past, Our Future, and Vision for America," Speech to the Campus Progress Annual Conference, July 12, 2006.

20. *Showdown at Gucci Gulch* is an excellent book on the passage of the Tax Reform Act of 1986, written by two *Wall Street Journal* journalists who covered this chapter in tax history. Alan Murray and Jeffrey Birnbaum, *Showdown at Gucci Gulch: Lawmakers, Lobbyists, and the Unlikely Triumph of Tax Reform* (New York: Vintage, 1988).

第十章　与企业建立新型合作关系

1. International organizations like the International Monetary Fund and the World Bank have long promoted inclusive growth. Inclusive growth has even become a marquee goal of the World Economic Forum, an organization best known for its annual meeting hosting the global elite each winter in Davos, Switzerland. Since 2015, the World Economic Forum has compiled and published an Inclusive Development Index. Despite being one of the richest countries in the world, the United States ranks twenty-third among advanced economies in the Inclusive Development Index in 2018.

2. The Tax Cuts and Jobs Act (TCJA) cut business (corporate and pass-through) tax revenues by over $900 billion over ten years, putting to one side the temporary revenue gains from the repatriation tax break. Thus, starting from the reduced revenues scheduled for 2018 and beyond, most true tax

reforms would likely increase taxes on most businesses. It is also important to keep in mind that the TCJA is likely to expand the business tax base by causing artificial shifting of labor income into capital income, since capital income is now taxed far more lightly than labor income. This will act to buttress business tax revenues even as it drains individual income tax revenues. However, this effect is not due to additional business activity; instead, it results from a tax-motivated relabeling of existing economic activities.

3. Companies may argue that such reporting is burdensome, but this, too, is a red herring. Companies already have this information at their fingertips, and providing such simple breakdowns is far less administratively burdensome than most reporting requirements.

4. See Ahmed Riahi-Belkaoui, "Relationship between Tax Compliance Internationally and Selected Determinants of Tax Morale," *Journal of International Accounting, Auditing and Taxation* 13:2 (2004), 135–143; Grant Richardson, "Determinants of Tax Evasion: A Cross-Country Investigation," *Journal of International Accounting, Auditing and Taxation* 15:2 (2006), 150–169; Grant Richardson, "The Relationship between Culture and Tax Evasion across Countries: Additional Evidence and Extensions," *Journal of International Accounting, Auditing and Taxation* 17:2 (2008), 67–78; and Jason DeBacker, Bradley T. Heim, and Anh Tran, "Importing Corruption Culture from Overseas: Evidence from Corporate Tax Evasion in the United States," *Journal of Financial Economics* 117:1 (2015), 122–138.

5. David Weil, *The Fissured Workplace: Why Work Became So Bad for So Many and What Can Be Done to Improve It* (Cambridge, MA: Harvard University Press, 2014).

6. For detailed reporting on the German case, see Steven J. Dubner, "What Are the Secrets of the German Economy, and Should We Steal Them?" *Freakonomics Radio,* October 11, 2017.

7. For one set of proposals to modernize labor laws with this in mind, see Seth D. Harris and Alan B. Krueger, "A Proposal for Modernizing Labor Laws for Twenty-First-Century Work: The 'Independent Worker,'" Discussion Paper 2015-10, The Hamilton Project, 2015.

8. Also, conventional measures of market concentration may understate the problem due to common ownership patterns of large firms. There is evidence that common ownership can worsen competitive outcomes. See José Azar, Martin C. Schmalz, and Isabel Tecu, "Anticompetitive Effects of Common Ownership," *Journal of Finance,* 73:4 (May 2018); Jose Azar, Sahil Raina, and Martin C. Schmalz, "Ultimate Ownership and Bank Competition," CEPR Working Paper, July, 2016.

第十一章　让全球化更加公平

1. Although, interestingly, research suggests that people are more likely to interact with people of disparate political views on the internet than in their personal lives. See Seth Stephens-Davidowitz, *Everybody Lies: Big Data, New Data, and What the Internet Can Tell Us about Who We Really Are* (New York: HarperCollins, 2017), 144.

2. One nice, short book makes this call to action clearly and persuasively: Bruce R. Bartlett, *The Truth Matters: A Citizen's Guide to Separating Facts from Lies and Stopping Fake News in Its Tracks* (New York: Crown, 2017).

3. Some have even called for antitrust solutions to address these problems. See, for example, Luther Lowe, "It's Time to Bust the Online Trusts," *Wall Street Journal*, October 31, 2017.

4. The International Trade Organization itself never came into being. Instead, the General Agreement on Tariffs and Trade (GATT) liberalized trade, and nations worked together as contracting parties to the agreement. Eventually, the GATT evolved into the World Trade Organization in 1995, after the Uruguay Round of trade liberalization.

5. This process began with the Treaty of Rome in 1957. Originally the European Economic Community, the European Union was established in 1993.

6. See Max Roser, "War and Peace," *Our World in Data*, 2016, https://ourworldindata.org/war-and-peace/.

7. At a recent World Economic Forum in Davos, Xi Jinping said: "Pursuing protectionism is like locking oneself in a dark room. Wind and rain may be kept outside, but so are light and air."

8. The phrasing of this last line evokes a book that I found inspirational early in my college education: Alan S. Blinder, *Hard Heads, Soft Hearts: Tough-Minded Economics for a Just Society* (Reading, MA: Basic Books, 1987).